필리버스터의 역사와 이론

- 의회 의사진행방해제도의 헌법학적 연구 -

필리버스터의 역사와 이론

– 의회 의사진행방해제도의 헌법학적 연구 –

양태건 저

경인문화사

서 문

역사를 공부하다 보면 시대구분을 가능하게 하는 획을 긋는 사건들이 종종 나타나곤 하는데 어쩌면 바로 요즈음이 그러한 시기가 아닐까 하는 생각이 든다. 2020년 코로나 19 감염병 사태에서 비롯된 사회경제적 위기가 전 지구를 강타했고 2021년 현재까지도 그 위기는 국내외 모두에서 지속중이다. 그런데 이러한 위기를 맞이하여 오히려 우리나라는 그동안 축적해 온 사회적 역량과 제도적 성취의 결과를 유감없이 내보임으로써 명실공히 그리고 대내외적으로 의문의 여지없이 발전된 선진 민주국가로 인정받고 있는 것이다.

이러한 급격한 사회적 변화와 인식의 변화는 그동안 우리가 쌓아 온 것, 성취해 온 것 그리고 걸어 온 길에 대한 본격적인 탐구와 학문적 의문을 제기하게 만들기에 충분하다. 19세기 서세동점의 물결을 타고 우리에게 의회 민주주의가 소개되고 정치적 격변을 초래하기 시작한지도 이미 100여년이 훌쩍 넘는다. 그리고 그간의 시간을 되돌아 볼 때 과연 우리의 의회 민주주의 시스템이 국민의 기대만큼 훌륭한 역할을 해 왔는지에 대해서도 상당한 의문을 가질 수 있다. 그러나 최근 코로나 19 국면에서 나타난 우리의 사회국가적 역량의 훌륭함과 높은 시민의식 그리고 그에 못지않게 시의적절하게 이루어지고 있는 의회의 대응 등은 이제 그 제도적 역량에 대한 확실한 신뢰를 넘어 도대체 어떻게 그러한 것이 가능하게 되었느냐 하는 궁금증과 의문을 증폭시켜 나가고 있다고 생각한다. 즉, 그동안 우리의 정치적, 학문적, 제도적 역사는 서구 선진국의 것을 열심히 배우고, 도입하고, 정착시키기 위해 노력해 왔으나 어느덧 그러한 것들이 성공적인 결과를 낳기에 이르렀고, 이제는 변화된 시대에 걸맞는 새로운 물음, 즉 어떻게 우리는 그것을 가능하게 해 왔는지 그 역사적 경로를 되새겨보고 앞으로 나아갈 방향은 어디인가를 스스로 고민해야 하는 단계에 도달했다는 것이다.

이 책은 저자의 박사학위논문인 「의회 의사진행방해제도에 관한 헌법학적 연구」(서울대학교 대학원, 2014)를 약간 수정보완한 것이다. 그동안 시간이 흘렀기 때문에 완전히 새롭게 써 보고 싶은 생각도 없지 않았으나 개인적으로 더 깊이 공부할 시간적 여유를 가지지 못하였고, 국내외적으로 이론적 발전도 별로 없었기 때문에 결국은 당시 내용을 거의 그대로 유지하기로 하였다. 다만 말미에 그간 이루어진 국회 필리버스터에 대한 약간의 고찰과 간략한 역사적 조망을 통해 심화된 생각을 덧붙이는 정도로 시간적 변화를 반영하였고, 좀 더 읽기 쉽게 문장을 다듬었다.

당시 학위논문을 쓸 때에는 2012년 개정 국회법에서 처음으로 필리버스터(의사진행방해) 제도를 도입했을 때였고, 의사진행방해에 대한 국내의 연구가 충분히 이루어져 있지 않았기 때문에 이 제도의 역할과 기능을 조명하는 연구를 미국 상원의 경우와 비교하면서 수행해 보고자 했다.

의사진행방해제도는 의사절차에서 소수파의 이익을 보호하기 위한 제도이다. 따라서 필연적으로 다수결 원리와의 대립을 초래하는데, 의사진행방해제도가 형성되고 유지되려면 반드시 소수보호의 근거가 발견될 수 있어야 한다. 의사진행방해제도를 운영하고 있는 미국 상원의 경우에는 다수결 원리를 일정부분 극복하는 근거를 그 기관의 설계와 지향에서 발견하였다. 즉, 헌법제정자들이 소수의 보호를 위해 상원을 주마다 평등하게 2인씩의 대표를 갖는 것으로 설계한 역사적 사실로부터 상원은 그 기관의 지향을 소수의 의견을 보호하는 것에 두게 되었고, 이것이 의사진행방해제도를 미국 상원이 유지하는 근거가 되었던 것이다. 그럼에도 미국에서는 필리버스터의 폐해를 지적하는 논의가 많고 그러한 주장의 가장 주된 논조는 필리버스터가 다수지배를 소수지배로 변질시키고 있다는 것인데, 그 실상을 들어가서 살펴보면 상당히 일리가 있음을 알 수 있다.

그와 비교할 때 이 책은 우리나라의 경우 정당민주주의의 구조 그 자체에서 소수보호의 근거를 발견할 수 있다고 본다. 그리고 다수당의 독주로 소수당이 의사결정에서 소외되면 될수록, 정당대립이 심할수록 소수보호의 필요성은 더욱 높아진다고 할 수 있다. 따라서 이러한 새로운 근거의 제시는 의사진행방해제도에 대한 수많은 비판에도 불구하고 그 제도의 가치를 다시 한번 되돌아보게 할 수 있다고 생각한다. 그러나 소수의 보호는 정당민주주의에서 나타나는 다수결 원리의 한계를 보완하기 위한 것이라는 원리적 한계를 지켜야 한다. 소수의 보호를 위한 수단이 남용되어 다수의 지배를 다시 소수의 지배로 변질시키는 정도에 이르러서는 안 될 것이다.

우리나라에서 2012년 개정 국회법을 통해 국회가 의사진행방해제도를 도입한 것은 그 이전까지 만연했던 국회 폭력 사태의 근본적 원인이 소수의 보호가 불충분했던 우리 국회의 의사절차 구조에서 유래한 것이었다는 반성에 기반한 것이었다. 그리고 약간의 위기는 있었지만 그러한 노력은 어느 정도 결실을 거두면서 이제 절차 민주주의의 공고화라는 단계에 이르렀다고 생각한다. 그러나 민주주의의 성패는 이 같은 소수보호를 포함한 절차의 보장 그 자체가 아니라 그러한 절차의 보장을 통하여 내용적으로 더 나은 결정을 내릴 수 있느냐 하는 데에 달려 있다. 따라서 필리버스터(의사진행방해)는 지나치게 불균형했던 다수와 소수간에 절차적 균형을 도모하기 위한 하나의 수단으로서의 가치를 지니며 필리버스터의 도입은 우리 의회민주주의의 절차적 발전의 한 단계를 상징하는 의의를 가진다. 그러나 이제는 그러한 절차적 보장 단계의 성과를 딛고 한 발 더 나아가

지금까지보다 더 나은 결정을 가져올 수 있는 제도적 틀을 모색해야 할 때라고 생각한다. 향후 이러한 측면으로 보다 더 심화된 연구와 제도적 발전이 있기를 기대한다.

2021년 2월
양 태 건

목 차

[용어표]

〈미국 상원의 의회용어와 의사진행방해 관련 주요 용어〉
* ( )안은 국내의 다른 문헌들에서 제시하고 있는 번역어로 함께 부기해 둠.

관련성 germaneness (의제와의 관련성)　'의제와의 관련성'이 보다 정확한 번역이다. 상원의사절차의 특성은 기본적으로 '관련성'을 요구하지 않는다는 것이다. 하원에서 수정안은 관련성이 있을 것을 요구하지만, 상원에서는 수정안에 관련성을 요구하지 않음이 원칙이다. 다만 토론종결이 되었거나 일반세출법안(general appropriations bills)인 때에는 관련성이 있어야 한다는 제한을 받는다.

규칙위반의 이의 point of order　상원의원이 상원의 안건을 처리하는 절차가 의사규칙에 어긋나고 있다고 이의를 제기하는 것을 말한다. 이의 제기자는 위반된 규칙을 언급해야 하고, 이의가 정당하면 의장(또는 사회자)은 이를 받아들여 지지하는 판단을 한다. 의장은 현재 상원의 절차 진행을 멈추고, 규정된 규칙에 맞는 방식으로 상원의 절차를 다시 진행하여 질서를 회복한다. 이의가 정당하지 않으면 의장은 이의가 규칙에 맞지 않는다는 판단을 하여 현재의 진행방식을 고수한다. 의장의 판단에 대하여 의원은 상원 앞으로 항의(appeal)를 제기할 수 있고, 상원의원 전체의 다수결에 의한 결정은 의장의 판단을 뒤집을 수도 지지할 수도 있지만 최종적 판단이 된다. 이 절차에 의하여 상원은 정식 규칙개정 없이도 규칙의 의미에 대한 '해석'의 변경을 통해서 단순다수결에 의해 의사규칙을 실질적으로 변경할 수 있는 방법을 보유하고 있는 셈이 된다. 이른바 '핵선택안(nuclear option)'은 이것을 이용한 것이다.

다중경로 심의제도 multi-track system (다중심사제도; 트랙제도)　본회의에서 안건을 심의하는데 필리버스터가 제기되면 기타 모든 안건의 심의도 함께 지체되게 된다. 이를 피하기 위해 1970년대 초에 도입한 제도로, 하루의 심의 시간을 여러 구획으로 나누어 각각을 하나의 본회의 심의 경로로 설정하는 것을 내용으로 한다. 예컨대 A법안의 심의에 2시간이 할당되어 있는데 필리버스터가 제기되면 그 2시간만 지체되도록 하고, 그 후에는 경로를 전환하여 B법안의 심의로 들어가는 것이다. 그러면 A법안에 대한 필리버스터는 원래의 경로에서 관념적으로 계속되고 있는 것으로 간주되고, 현실적으로는 새로운 경로에서 B법안 등 나머지 의안에 대한 절차를 계속 진행할 수가 있는 것이다. 이렇게 하여 필리버스터가 일정전체를 지체시키는 효과를 최소화하였으나, 필리버스터 수행에 힘이 별로 들지 않게 되었기 때문에 필리버스터의 개별화와 관념화를 초래하여 필리버스터의 증가를 촉진하였다.

달력일 calendar days /입법일 legislative days (역일(曆日)/입법일) 달력일은 달력에 따른 날을 의미하고, 입법일은 산회(adjournment)로부터 다음 산회까지의 기간을 말한다. 상원에서는 동일 입법일에 같은 문제에 관하여 2번 이상 발언할 수 없다는 '2회 발언규칙(two speech rule)'이 있기 때문에 입법일을 연속되게 하여 토론을 끝내기 위해 산회 대신 휴회(recess)를 이용하는 경우가 있다. 그런 경우에 입법일로는 하루로 처리되지만 실제 달력일로는 수일에 걸칠 수 있다.

동의(動議) motion 의회내 정형적 행동들의 모음 가운데서 어떠한 행동을 취하도록 의원이 요청하는 것을 말한다. 예컨대 본회의 심의 상정동의는 법안이나 기타 안건의 본회의 심의를 요청하는 것이다. (우리 국회법에서도 신속처리안건지정동의(제85조의2), 번안동의(제91조) 등 동의(動議)는 의회의 중요한 절차적 행동 중의 하나이다. 그런데 동의(動議)는 동의(同意)와 발음이 같아 말로 할 때 무척 헷갈리고, 그 의미내용 자체도 생소하여 의회용어로서 사용하기에 문제가 있다고 생각한다. 일본 의회와 대만 입법원에서도 쓰이지만 동의(動議)와 동의(同意)는 각각 도오기(どうぎ)와 도오이(どうい), 똥이(dòngyì)와 퉁이(tóngyì)로 서로 발음이 달라 그들에게는 최소한 구별에 아무

문제가 없다. 그런 면에서 일상적으로 의미가 쉽게 와 닿는 '제의(提議)'가 우리 국회법에 사용하기에는 더 나은 용어라고 생각한다. 실제로도 우리 국회법에 '제의(提議)'가 총5회 사용되었는데, 2번은 '제안'의 의미로 쓰였고, 나머지 3번은 '동의'와 거의 같은 의미로 쓰였다. 제75조(회의의 공개)와 제112조(표결)에서 '의장의 제의 또는 의원의 동의로'라고 하여 동의와 주체에 차이가 있을 뿐 대등한 의미로 쓰이고 있는 것이다. 이 5번의 용례를 모두 '제안'으로 고치면, '제의'라는 용어로 '동의(動議)'를 대체하여 사용할 수 있을 것으로 생각한다. '수정동의', '번안동의' 대신 '수정제의', '번안제의'라고 하면 무의미한 혼선도 줄어들고 의미도 명확하여 장점이 많을 것이다. 의회관계자들의 적극적 고려를 촉구한다.)

만장일치합의 unanimous consent agreements (전원일치동의)   상원에서 의사절차를 촉진하기 위한 도구이다. 만장일치합의는 심의의 총시간과 수정안의 토론여부, 표결시점, 수정안이 관련성이 있을 것 등을 미리 정하기 때문에 쟁점의안이 아닌 경우 대개 만장일치합의에 의해 신속하게 처리된다. 단 1명의 의원이라도 반대하게 되면 만장일치합의는 불가능하게 되므로 쟁점 의안의 경우는 대개 본회의심의 상정동의(motion to proceed to consider)를 통해 심의단계로 이행된다.('전원일치동의'도 올바른 번역이지만, 동의(動議)와의 혼선 때문에 이해하기 쉽게 '만장일치합의'로 번역하였다.)

보류 holds (유보)   상원의원이 법안을 만장일치로 처리하는 것을 거부하겠다는 의사를 원내대표 등 지도부에 편지로 밝히는 것을 말한다. 보류 자체는 정식 절차가 아니어서 법적 효과가 있는 것은 아니지만, 보류의 의사표시를 받으면 법안을 처리하려는 원내대표는 필리버스터가 행해질 것을 예상할 수 있게 되므로 법안 심의시기를 뒤로 미루게 된다. 보통 보류를 제기하는 의원은 법안에 대한 검토·준비를 위해 며칠간 시간이 필요하여 보류를 제기하는 경우가 많지만, 그 외의 요구사항이 있을 수도 있다. 그 며칠 사이에 협상이 이루어지면 만장일치합의로 처리될 수 있다. 이러한 관행적, 사실적 효과로 인해 보류는 '조용한 의사진행방해(silent filibuster)'로 불린다.

본회의심의 상정동의 motion to proceed to consider   상원의원이 의안을 본회의에서 심의하는 단계로 올려줄 것을 요구하는 것을 말한다. 이 동의(動議) 자체에 대해서도 토론이 가능하므로 필리버스터(무제한토론)가 가능하다.

산회 adjournment   특정일까지의 산회(adjournment to a day certain)과 무기한 산회(adjournment sine die)가 있는데, 후자는 대개 회기가 끝나는 마지막 산회를 의미한다. 3일 이상의 산회를 위해서는 양원 모두 다른 원의 동의를 얻은 동조결의(concurrent resolution)에 의하여야 한다.

선결문제 previous question (우선처리의제)   선결문제동의(motion for the previous question)는 토론을 종결하고 표결을 하자는 제의로 이 동의가 받아들여지면 토론종결의 효과를 가지게 된다. 토론종결 이후에는 수정안 제출이 금지되고, 안건에 대한 표결이 이루어진다. 선결문제동의는 토론을 제한하는 도구로서, 1806년까지는 상원 의사규칙에도 규정되어 있었으나 오늘날은 하원 의사규칙에만 존재한다. 상원에는 대신 토론종결(cloture) 제도가 채택되어 있다.

심의보류 to table /to lay on the table   의안을 테이블 위에 놓아두자고 요구하는 것이므로 심의보류를 요구하는 것이 된다. 이러한 요구는 보통 심의보류동의(motion to lay on the table) 형태로 제기되는데 이에 대해서는 토론할 수 없게 되어 있으므로(의사규칙 제22조 제1항) 다수파에게 전략적인 유용성이 있다. 다수파는 소수파가 제안한 의안을 본안심의 후 표결로 부결시키지 않고, 그 이전에 절차적인 방법으로 간편하게 심의보류동의를 제기하여 표결로 심의보류시킴으로써 사실상 의안을 폐기시킬 수 있다. 절차적인 방법은 의회 외부에 잘 노출되지 않기 때문에 유권자들의 동요나 비난을 피할 수 있어 유리한 면이 있다.

연속체 이론 continuing body　상원은 6년의 임기를 가진 상원의원의 1/3씩만을 매 2년마다 선거하므로 상원은 제OO대 의회라는 의회기 구분에도 불구하고 연방의회가 처음 문을 연때부터 지금까지 연속하는 특징을 가지는 기관이라는 이론이다. 헌법적 선택안은 이러한 이론을 부정하지만, 그런 반대를 극복하기 위해 상원 의사규칙 제5조는 '상원의 규칙은 한 대(代) 의회에서 그 다음 대 의회까지 계속된다'고 규정하여 연속체 이론을 수용하였다.

2회 발언 규칙 two speech rule　상원 의사규칙 제19조 제1항에서 상원 의원은 상원의 허가 없이는 동일 입법일(the same legislative day)에 토론중인 문제에 관하여 두 번 이상 발언할 수 없다고 규정하고 있다. 이에 따라 상원은 휴회(recess)를 통해 동일 입법일을 계속 유지함으로써 법안에 대한 토론을 조기에 마무리 지으려고 시도하는 경우가 있다.

조회(朝會)시간제도 morning hour (아침 시간; 오전 일정)　매 입법일의 첫 2시간에 수행되도록 예정되어 있는 업무들이 조회시간사안(morning business)인데 여기에는 대통령이나 하원으로부터의 요청, 집행부의 보고서, 시민의 청원, 법안 발의나 결의안제출 등이 포함된다. 휴회를 하면 새 입법일이 시작되지 않으므로 조회시간이 없어 일정이 비교적 자유로워진다.

참호구축 entrenchment　상원 의사규칙 제22조 제2항은 상원 의사규칙개정과 관련한 토론을 종결시키는 데에는 상원의원 총투표자의 3분의 2를 요구하고 있고, 또한 의사규칙 제5조 제2항은 상원 규칙이 한 대(代) 의회에서 다음 대 의회까지 계속된다고 하여 의사진행방해를 보호하는 참호를 구축하고 있다. 헌법적 선택안은 이러한 참호구축도 위헌이라고 본다.

토론종결 cloture　상원 의사규칙상의 정식절차로서 무제한토론에 의한 필리버스터를 종료시킬 수 있는 제도를 말한다. 토론종결동의(動議)는 상원의원 16인의 서명으로 제기하고, 토론종결이 가결되려면 재적상원의원 5분의 3의 찬성이 있어야 한다. 그러나 상원 의사규칙을 개정하는 의안에 대한 토론을 종결시키려면 조금 더 높은 상원의원 총투표자 3분의 2의 찬성이 필요하다. 토론종결이 가결되면, 수정안에 관련성을 요하고 토론종결 후 토론이 30시간에 한하여 허용되는 제한을 받는다. 그 토론이 끝나면 표결하게 된다.

항의 appeal   상원의원이 규칙위반의 이의를 제기한 데 대하여 사회자(의장이나 임시의장 등)가 내린 판단에 불복하는 것을 말한다. 그 불복은 상원 의원들(members of the chamber) 앞으로 한다. 그들이 과반수로 결정하면 의장의 결정을 뒤집을 수 있다. 그러나 이와 달리 하원에서는 전통적으로 의장의 결정이 최종적이고, 항의는 극히 드물게만 의장의 결정을 뒤집는 경우가 있는데, 통상 의장의 결정에 항의한다는 것은 의장에 대한 공격으로 여겨진다고 한다.

핵선택안 nuclear option (핵선택)   '핵과 같은 위력을 지니는 필리버스터 개혁 방법을 선택하는 방안'이라는 의미이다. 상원 의사규칙 제22조는 필리버스터에 대한 토론종결을 상원의원 전체의 5분의 3의 동의로 하도록 하고 있고, 특히 상원규칙개정에 관한 필리버스터의 토론종결은 상원의원 총투표자 3분의 2의 동의로 하도록 규정하고 있다. 그런데 의사규칙 제20조의 규칙위반에 관한 절차를 이용하면 단순다수에 의해 의사규칙의 의미에 관한 '해석'을 변경하거나 확정할 수 있으므로, 이러한 방법에 의해 실질적으로 상원규칙을 개혁할 수 있다. 그러나 그 파괴력과 후폭풍이 핵을 선택한 것과 같을 것이라는 뜻을 담고 있어 경계의 의미가 있다.

헌법적 선택안 constitutional option (헌법적 선택)   미 연방헌법은 '각 원은 소속 의원의 과반수가 출석함으로써 의사를 개시할 수 있다'(제1조 제5절)고 규정하고 있으므로, 헌법이 직접 밝히고 있는 몇 개의 가중다수결 요건을 제외하면 모든 의안을 다수결로 처리해야 한다고 헌법이 스스로 결정하였다는 주장이다. 이에 따르면 의회는 이런 헌법의 결정에 위배되는 의사규칙을 채택할 수 없고 따라서 가중다수 요건을 규정한 의사규칙(제22조)은 위헌이다. 그러므로 상원은 단순다수결로 상원규칙의 개혁을 할 수 있고 헌법에 합치하는 새로운 규칙을 채택해야 한다고 주장한다.

회기 session / 의회기 Congress　　회기는 의회기와 구분되는 개념이다. 미국에서 의회기는 2년이고 회기는 1년이다. 2년마다 상원의원의 3분의 1씩 개선(改選)되기 때문에 의회기를 2년으로 잡고 있고, 이 2년을 '제○○대 의회'와 같이 표현한다. 예컨대 연방의회가 처음 출범한 1789년과 1790년이 제1대 의회이다. 미국 상원에는 우리 국회와 같은 정기회와 임시회의 구분은 없고 1년을 단위로 회기를 나누며, 제1회기와 제2회기로 구분된다. 미국은 회기불계속의 원칙을 채택하여 이 1년의 회기중에 의결되지 못한 의안은 모두 폐기시킨다. 우리 국회는 회기계속의 원칙을 채택하여 임기만료시를 제외하고는 4년의 임기동안 의안이 계속 유지되도록 하고 있다.

휴회 recess　　산회와 구별되는 것으로 휴회시에는 입법일이 끝나지 않고 계속 이어지게 되어 미료안건의 심사에 중단이 없게 된다. 그러므로 한 입법일이 달력일로 수일 혹은 수주에 해당하는 경우가 있다.

[역순: 영어-한국어 순]

adjournment 산회

appeal 항의

calendar day 달력일 (역일(曆日)) / legislative day 입법일

constitutional option 헌법적 선택안

continuing body 연속체 이론

cloture 토론종결

entrenchment 참호구축

germaneness 관련성; 의제와의 관련성

morning hour 조회(朝會)시간제도; 아침 시간; 오전 일정

motion 동의(動議)

motion to proceed to consider 본회의심의 상정동의

multi-track system 다중경로 심의제도 다중심사제도 트랙제도

nuclear option 핵선택안

point of order 규칙위반의 이의

previous question 선결문제

recess 휴회

session 회기

table / to lay on the table 심의보류

two speech rule 2회 발언 규칙

unanimous consent agreements 만장일치합의 전원일치동의

holds 보류

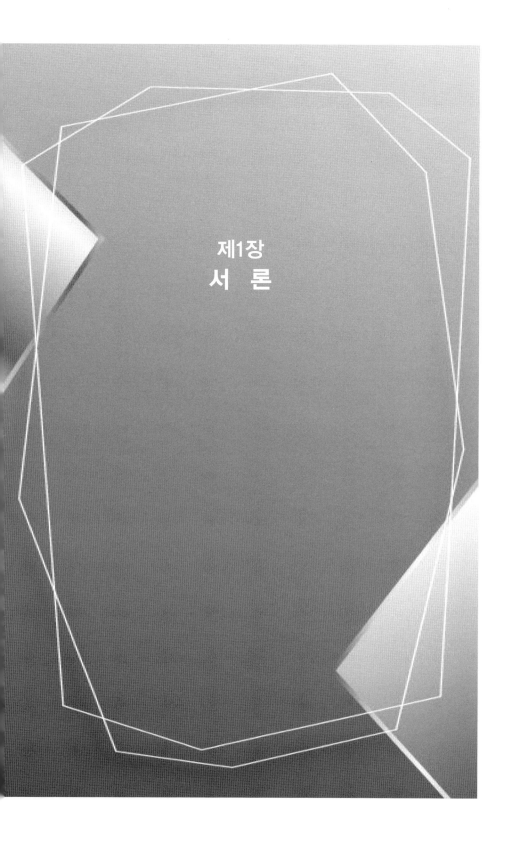

제1장
서　론

제1절 연구의 배경과 목적

현대 입헌민주주의 국가에서 의회는 중심적인 정치기관이다. 선거를 통해 대표를 뽑고 유권자들의 뜻을 반영하여 정책을 결정하는 과정을 통해 의회는 사회의 갈등을 조정하고 해결하며 사회통합을 이룬다.

그러나 우리 국회는 상당기간동안 그러한 원숙한 수준의 정치력을 발휘하지 못하였고 심지어 국회내의 의사절차 과정에서도 폭력과 날치기가 수시로 행해져 많은 국민들을 실망시켜 왔다. 1987년 민주화 이후 헌법재판소가 핵심적인 사안들에 대하여 중요한 결정을 내리면서 헌법의 규범력을 높이면서 국민들에게 신뢰를 얻고 사회적 권위를 획득해 간 것에 매우 대비되는 행보였다. 이러한 측면에서 국회가 의회기능의 제고를 통하여 정치적 중심기관성을 회복하는 것은 그 본연의 역할을 충실히 이행하기 위하여 역사적으로 국회에게 떠넘겨진 매우 중요한 과제였다.

국회에서도 그러한 역사적 소명에 대한 충분한 문제의식을 가지고 여야의 대립과 몸싸움, 날치기 등의 잘못된 과거의 악습을 반복하지 않기로 다짐하면서 앞으로는 여야의 합의로 모범적으로 운영되는 국회를 만들겠다는 결의를 보였고 마침내 그러한 노력이 2012년 5월 국회법 개정으로 결실을 이루었던 것이다.

이 연구는 위 개정 국회법상 제도인 의사진행방해제도(무제한토론제도=필리버스터)에 대한 분석과 이해를 연구의 목적으로 한다. 당시는 물론 아직까지도 국내에 의사진행방해제도에 대한 연구가 충분히 이루어져 있지 않고 있기에, 이 제도의 역사와 이론 그리고 현실적 전개에 대하여 연구할 필요성이 있다. 이 제도의 기본틀과 운영의 모습을 파악하기 위한 모델로서는 개정국회법이 제도도입의 모델로 삼았던 미국 상원의 의사진행방해제도를 대상으로 삼아 그 역할과 기능이 무엇인지를 분석하려 한다. 미국 상원의 의사진행방해제도에 대한 이러한 분석은 뒷부분에 이어지는 우리 나라 개정국회법상의 제도의 이해를 위해 중요한 분석과 비교의 수단으로 이용될 것이다.

제2절 연구의 방법

I. 헌법학적 연구방법

헌법은 국가의 기본조직과 제도를 획정함으로써 국가의 권력을 분립시키고 그를 통해 국민의 기본권을 보장하는 규범이다. 따라서 헌법은 정치질서와 권력배분의 현실에 관심을 가지면서도 특히 그 규범적 측면에 대한 탐구도 동시에 수행한다. 따라서 헌법학적 연구는 정치질서에 대한 연구를 사실적 측면과 함께 규범적인 측면에서 수행한다는 특성을 가진다고 할 수 있다.

의사진행방해에 대한 미국의 많은 연구들에서 위헌논의가 중점이 되는 규범적 연구와 행태에 관심을 두는 사실적 연구는 각기 의사진행방해에 대해 다양한 측면들을 밝혀 주고 있지만 양자가 충분히 접합되고 있지 못하다. 이것은 이들 연구가 사실적 연구와 규범적 연구를 통합할 수 있는 분석의 틀을 가지고 있지 못하기 때문이다. 따라서 이 책에서는 선행연구들의 그러한 한계를 인식하고, 의사진행방해현상에 대한 연구만이 아니라 의사진행방해현상과 제도에 대한 사실과 규범의 두 차원을 모두 포괄하는 헌법학적 연구를 수행하고자 하였다. 특히 이 책이 중점을 둔 것은 의사진행방해제도가 다수결에 반하는 제도가 아닌가라는 의문이 있는 만큼 '의사진행방해제도는 어떻게 헌법적으로 정당화될 수 있는가'라는 주제이고 이 주제를 보다 깊이 파는 데 주력하였다.

II. 헌법공학적 연구방법

헌법공학(constituional engineering)의 기본전제는 헌법을 하나의 기계와 같은 시스템으로 본다는 것이다. 보다 더 정확히 말한다면 사회의 일부로서 헌법을 사회변화를 유발하는 공학적 기계장치로 보기 때문에 사회개선을 위하여 어떻게 헌법장치를 재설계, 재조정할까 하는 방법을 고민하고자 하는 것이다. 개선가능한 기계와 같이 헌법을 바라봄으로써 헌법체계 내에서 나타나는 문제점을 확인하고, 부분적으로 개선하는 활동을 통해 헌법이 작동하는 영역인 국가와 사회에 대한 규범적 규율능력을 향상시킬 수 있다고 보는 것이다. 그런 의미에서 헌법은 국가의 의사결정 과정을 구조지우고 규율하는 형식인 것이고 권력의 행사를 통제하는 절차라고 할 수 있다.[1]

이 연구는 그러한 전제를 받아들인다. 의사진행방해제도는 의회의 의사규칙을 통해 규율되고 그러한 한도에서 그것은 실질적 의미의 헌법에 해당한다고 할 수 있다. 따라서 이 제도는 헌법의 차원에서 기능하는 하나의 제도이고 또한 여러 가지 방식으로 설계가 가능하다. 그리고 그러한 설계는 의회의 의사절차 작동방식에 심대한 영향을 미친다. 그 영향은 단순히 의회내에 머물지 않고 정치질서 전반으로 파급되고 궁극적으로는 국가의 의사결정의 양상을 변화시킴으로써 국민들의 사회생활에까지 광범위하게 전파될 것이다. 그리고 그것은 권력통제의 차원에도 변화를 가져올 것이다. 이러한 정치질서상의 깊은 영향관계를 고려하여 의사진행방해를 의사

---

1) Giovanni Sartori (1994), *Comparative Constitutional Engineering*, London: Macmillan Press Ltd., 202-203쪽.

규칙이 규정한 단순한 의사절차로서만이 아니라 보다 폭넓게 국가적 정치
제도의 작용과 영향관계라는 차원에서 거시적으로 문제를 바라보고자 하
였다. 미국의 필리버스터도 처음부터 오늘날과 같은 완정한 제도의 형태
를 갖추어 출발한 것은 아니었다. 여러 단계의 변화를 거쳐 오늘에 이르렀
는데 그 변화의 궤적이 어떤 헌법적, 정치질서적 차원의 함의를 가지는지
를 살핌으로써 제도적 변화의 모습을 파악하고자 노력하였는데, 그것은
이 제도의 전체모습을 이해하는 데에 도움이 될 것이다.

　이 책은 이와 같은 연구방법을 가지고 의사진행방해제도에 접근한다.
그리고 그 결과를 이론화함으로써 제도디자인의 모델과 유용한 설계지침
을 제공할 수 있기를 희망하였다. 그리고 이해를 돕기 위해 그림이나 도표
도 필요한 범위에서 만들어 사용하였다. 이런 그림이나 도표들은 글만으
로 설명하기에 다소 복잡한 내용을 시각적으로 단순화시켜 이해에 도움이
될 것이다.

제3절 이 책의 전체 구조

　제1장에서는 의회 의사진행방해에 대한 연구가 필요하게 된 배경과 연
구수행을 통해 얻고자 하는 성과를 연구목적으로 제시하고 아울러 그러한
연구성과를 얻기 위한 연구의 방법을 제시하였다.

　제2장에서는 미국에서 발달한 무제한토론을 중심으로 하는 필리버스터
(=의사진행방해)의 역사를 전체적으로 검토할 것이다. 미연방 의회의 탄생
에서부터 시작하여 상원과 하원에서 의사진행방해에 대한 대응방향의 차
이가 나타난 원인은 무엇인지를 분석하고, 1970년대 이후 의사진행방해의
증가현상을 어떻게 이해할 것인지 그리고 의사진행방해의 개혁론과 위헌

론을 둘러싼 다양한 논의들을 살펴볼 것이다.

제3장에서는 미국 상원을 모델로 하여 의사진행방해의 작동 모습과 역할기능에 대한 헌법적 차원의 이론을 제시하고자 한다. 의사진행방해가 의회내 다수와 소수 사이에 벌어지는 게임이라면 어떠한 헌법적 원리를 통해 그 역할과 기능을 이해할 수 있는지를 모색하였고 미국 의사진행방해의 문제점을 정리해 본다.

제4장에서는 앞장들에서 수행된 미국 상원의 의사진행방해의 역사적, 이론적 분석을 바탕으로 하여, 영국, 독일 등 여러 나라의 의회 의사규칙을 분석하여 의사진행방해에 대한 세계적인 현황은 어떤지를 먼저 개괄적으로 파악할 수 있도록 비교연구를 수행하였다. 그런 다음 우리나라에서 2012년 국회법 개정을 통해 의사진행방해 제도가 도입되는 과정과 무제한 토론 및 토론종결 조항, 그리고 그와 관련된 국회법 조항들에 대한 분석을 행하고 그 문제점 및 개선방안을 도출해본다. 그리고 그에 대한 개선이 가능하고 또 필요하다면 어떠한 측면의 보완이 우리나라 의회민주주의의 발전을 위해 필요한지에 대해 의견을 제시할 것이다.

제4절 논의의 기초

I. 의사진행방해의 개념정의

1. 의사진행방해의 어원

의사진행방해를 의미하는 용어는 '필리버스터(filibuster)'인데, 본래 '해적(freebooter)'이라는 뜻을 지닌 네덜란드어 프레이버이테르(vrijbuiter)에서 유래하였다. 네덜란드어 '프레이(vrij)'와 '버이테르(buiter)'는 각각 영어

의 '프리(free)'와 '부터(booter)'에 해당한다. 따라서 우리말로는 '자유로운'
과 '약탈자'의 결합어가 되고, 타인에 대한 약탈로 먹고 사는 이들을 나타
낸다. 이후 이 말은 영국으로 건너가 약간 변형된 형태인 플리부터
(flibutor) 혹은 프리부터(freebooter)로 사용된 용례들이 관찰되고, 1726년
무렵에는 해상의 해적이나 육상의 강도를 의미하는 것으로 쓰였다. 이 단
어는 그 후 프랑스어로 유입되어 플리뷔스띠에(Flibustier)로 바뀌고 다시
스페인어로 건너가 필리부스테로(filibustero)가 된다. 이 스페인어 단어가
19세기 중반 즈음 드디어 미국에 유입된다. 중남미의 여러 정부들과 서인
도 제도에 대한 반란과 약탈을 선동하는 군사적 모험주의자들을 지칭하는
용어로 미국내에서 필리버스터(filibuster)라는 용어가 쓰이기 시작하였다.
그 시대를 대표하는 니카라과 반란의 선동자였던 윌리엄 워커(William
Walker)는 1850년대에 미국에서 매우 유명한 '필리버스터(filibuster)'였던
것이다. 이러한 경과를 거쳐 이 용어는 의회에서도 사용되기 시작하였다.
다만, 이때부터는 이제 더 이상 사람을 지칭하는 것이 아니라 하나의 행위
를 지칭하는 용어로 변용되었다. 1853년 하원에서 한 의원이 자신의 반대
파들에 대해 "미국에 대해 강도짓을 하고 있다(filibustering against the
United States)"라고 비난한 것이 계기가 되었다. 1863년부터는 의회의사기
록에 의해 다양한 방식의 '의사방해행위들'을 지칭하는 용어로 사용되었
고, 1880년대에는 이러한 용례가 정착되었다고 한다. 이후 필리버스터는
의회의 의사진행방해(legislative obstruction)를 지칭하는 미국의 특수한 용
어로 자리 잡았다. 한편 의사진행방해를 행하는 사람을 지칭하는 경우에
는 필리버스터러(filibusterer)라는 형태로 사람을 지칭하는 접미사 '-er'을
붙여 사용하고 있다.[2]

---

2) 이상의 설명은 Sarah A. Binder and Steven S. Smith (1997), *Politics or Principle?:
Filibustering in the United States Senate*, Washington D.C.: Brookings
Institution, 3쪽; Franklin L. Burdette (1940), *Filibustering in the Senate*,

이처럼 필리버스터는 오랜 시간적 경과를 거쳐 오늘날 일반적으로 사용되는 용어가 되었고, 미국 상원의 훌륭한 전통 가운데 하나로 여겨지고 있지만, 그 원래의 의미를 살펴볼 때는 매우 강렬한 비난이 담겨 있다고 할 수 있다.

과연 이러한 비난처럼 의사진행방해가 국익을 좀먹는 행위인가는 의회 의사진행절차에 대한 매우 본질적인 문제제기에 해당한다고 할 것이고 쉽사리 답을 할 수는 없는 문제일 것이다. 그것은 의사규칙을 포함한 의사절차만이 아니라 다수와 소수를 둘러싼 의회의 기능과 역할, 사회의 역학 관계 등에 대해서까지도 모두 살펴보는 것이 필요한 거대한 문제이기 때문이다.

2. 의사진행방해와 필리버스터

방해=옵스트럭션(obstruction)과 필리버스터(filibuster)라는 용어를 굳이 구분하여 필리버스터를 무제한 토론 혹은 장시간 발언(unlimited debate or prolonged speech)이라는 협의의 의사진행방해를 지칭하는 의미로, 옵스트럭션은 보다 일반적으로 토론을 포함하여 의회의 의사절차를 지연시키는 모든 책략들을 광범위하게 지칭하는 광의의 용어로 쓰는 경우도 없지 않다. 그러나 양자의 용어를 그렇게 구분할 수는 없고 일반적으로 양자를 구분하여 그렇게 쓰지도 않는다.

미국에서 의사진행방해를 다루는 대부분의 문헌은 이를 같은 의미로 사용하며 반복을 피하기 위해 자주 혼용한다. 그러나 미국에서는 기사, 논문, 저서에 등장하는 제목에서 필리버스터(filibuster)의 용례가 두드러지고, 본문에서나 방해, 저지, 지체를 표현하는 다양한 용어들(blocking; thwarting; frustrating; delaying)을 번갈아 사용하는 모습이 관찰된다. 반면 유럽에서

Princeton: Princeton university press, 5쪽의 내용을 정리한 것이다.

는 옵스트럭션(obstructuion)이 보다 일반적인 용어인 것으로 보인다. 필리버스터라는 용어가 미국의 역사 속에서 생성된 독특한 용어라는 그 역사성을 고려한다면 충분히 이해할 수 있는 일이다.

그러나 옵스트럭션이 되었든 필리버스터가 되었든 의사진행방해에는 협의와 광의의 의미가 모두 있다는 점이 중요하다. 협의로는 '무제한 토론'을 지칭하는 것이고, 광의로는 '무제한 토론'을 포함하여 광범위하게 의회 의사절차의 진행을 방해하는 수단들을 모두 지칭한다.

우리나라에서도 언론에서 '필리버스터'라는 용어를 주로 사용하고 있어 이제는 비교적 친숙한 편이다. 그러나 언론계와 학계 전반적으로는 의사진행방해나 합법적 의사진행방해, 필리버스터의 용어를 혼용하고 있다. '합법적 의사진행방해'가 가장 완전한 번역어이지만 이 글에서는 의사진행방해를 언급하는 부분이 매우 많기 때문에 길수록 번거롭다. 그러므로 이하에서는 단순히 의사진행방해로 지칭하고, 법이 허용하지 않는 경우에만 '불법적 의사진행방해'로 지칭하여 사용하고자 한다. 따라서 이 글에서는 의사진행방해와 필리버스터의 의미는 같은 것으로 사용하였고, 가급적 의사진행방해로 통일하여 사용하되, 미국의 제도를 소개하는 부분에서는 경우에 따라 편의상 '필리버스터'로 지칭하는 부분이 있을 것임을 알려둔다. 다만 그 경우의 '필리버스터'는 언제나 상원의 '무제한 토론제도'를 지칭하는 협의의 것임을 일러둔다.

3. 의사진행방해의 개념정의

(1) 의사진행방해의 일반성

의사진행방해의 개념정의를 위한 기준적 모델을 어디에서 구해야 할까? 만약 그 기준을 오늘날 미국상원에만 특유한 것으로 여긴다면 미국 상원의 의사진행방해를 기준으로 개념정의를 하면 그만이다. 그러나 역사적인 사실을 들여다보면 그것이 그렇게 간단하지가 않다.

와우로와 쉬클러(2006)나 아렌버그와 도우브(2012) 같은 이들은 의사진행방해는 결코 미국 상원에 유일한 것도 또한 오로지 미국상원에서 기원하는 것도 아니며, 의회라는 집합적 입법기구의 역사만큼이나 오래되었다고 말한다. 기록을 찾아 멀리 올라가 이미 로마 공화정 시대에도 이런 지연전략이 종종 사용되고 있었음을 지적한다. 카이사르(Caesar)가 로마 원로원에 자신을 종신 통령(consul)의 후보로 허가해줄 것을 요청했을 때, 카토(Cato)는 이에 격렬히 반대하면서 이를 막기 위해 하루 종일 토론을 진행해 그날 회의가 끝날 때까지 아무것도 할 수 없게 만들었다고 한다.3) 또한 러더포드(1914)도 이미 20세기 초에 그 기원을 18세기 정도로 잡으면서 이 의사진행방해가 유럽과 아메리카의 입법기구에 광범위하게 퍼져 기구의 활력을 저해하고 있다고 탄식했다.4) 이러한 언급들에 비추어 보면, 의사진행방해는 미국 상원에만 존재하는 특유의 것은 아니었고 어느 의회, 어느 시대, 어느 입법기관에서도 일반적으로 있을 수 있는 현상이라고 할 수 있을 것이다.

그러나 근대 입헌주의가 성립한 이후 근대적 입법부들 가운데서는 역시 미국 연방상원이 의사진행방해를 가장 체계적으로 보유하고 발달시켜온 대표주자라고 평가할 수 있다. 그리고 와로우와 쉬클러의 경우도, 러더포드의 경우도 유럽과 미국의 의사진행방해가 별로 다른 점이 있다고 여기지 않았다. 그렇다면 의사진행방해의 개념정의는 미국 상원의 경우를 대

---

3) Gregory J. Wawro and Eric Schickler (2006), *Filibuster: Obstruction and Lawmaking in the U.S. Senate*, Princeton, N.J.: Princeton University Press, 13쪽; Richard A. Arenberg and Robert B. Dove (2012), *Defending the Filibuster : the Soul of the Senate*, Bloomington, IN: Indiana University Press, 10쪽.

4) Geddes W. Rutherford (Apr. 1914), "Some Aspects of Parliamentary Obstruction", *The Sewanee Review*, Vol. 22, No. 2, The John Hopkins University Press, 166쪽.

표적인 모델로 상정하고 이루어져도 별 무리가 없을 것이다.

(2) 의사진행방해의 개념정의

가. 코저의 정의

코저(2010)는 의사진행방해를 "전략적 이득을 얻기 위해 집합적 결정을 지연시키고자 하는 입법적 행동 (또는 그러한 행동을 하겠다는 위협)"으로 정의한다.[5] 코저가 상정하고 있는 '입법적 행동'이란 의회의 의사절차에서 통상적으로 사용되는 본회의 연설(to give a speech on the chamber floor), 수정안 제출(to offer amendments), 산회 동의(散會 動議; to move to adjourn), 투표 불참(to miss a vote) 등을 말한다. 그러나 이러한 통상적 권한들이 통상적이 아닌 목적으로 이용된다면 그것은 모두 의사진행방해의 수단들이 될 수 있는 것이다.

나. 러더포드의 정의

한편 의사진행방해에 관한 초기 연구자였던 러더포드(1914)는 코저와 유사하지만 의사진행방해를 코저보다는 다소 협소하게 정의한다. ① 그것은 오로지 악의적인 목적으로(with willful intent) 의사절차를 이용하는 것이며(목적) ② 입법 등 의회 의사절차의 진행을 저지하려고 사용되며(양태) ③ 소수파에 의해 활용된다(주체)고 규정한다. 아울러 ④ 다수파와 소수파가 뒤바뀌는 정치적 조건의 변경이 일어나더라도 그 양상은 변함이 없다는 것을 추가한다.[6]

러더포드의 경우는 의사진행방해에 대한 부정적 인식을 전제하고 있다

---

5) Gregory Koger (2010), *Filibustering: A Political History of Obstruction in the House and Senate*, Chicago; London: The University of Chicago Press, 16쪽.
6) Geddes W. Rutherford (1914), 앞의 글, 166-167쪽.

고 보아야 한다. 따라서 의사진행방해의 의도를 악의적인 것으로 규정하고 있지만, 코저의 정의에서 볼 수 있듯이 반드시 그렇게 보아야 할 이유는 없다. 소수파가 의사진행방해를 통해 얻고자 하는 것은 다수파를 압박함으로써 자신의 의사를 다수파로 하여금 받아들이도록 하는 것이다. 그에 대한 평가는 갈릴 수 있지만 그것을 반드시 부정적으로 파악해야 할 이유는 없을 것이다. 왜냐하면 의회내 소수파의 경우에도 엄연히 선거를 통해 국민의 지지를 받고 선출된 국가의 대표기관이기 때문이다. 그들은 정당하게 국가의 의사결정에 적극적으로 참여하고 국민의 위임의 취지에 따라 자신들의 의사를 의회의 최종적 의사결정에 반영할 정당한 권한이 있다고 할 수 있는 것이다. 따라서 코저와 같이 의사진행방해의 목적은 일정한 전략적 이득을 얻을 의도라고 중립적으로 이해하는 것이 별 무리가 없는 정의라고 할 수 있을 것이다. 그리고 러더포드의 정의에서 ④의 요건은 계속성을 말하고자 하는 것 같은데, 개념정의로서는 별로 필요치 않다고 할 것이다.

다. 의사진행방해의 새로운 유형에 대한 고려

한편 코저의 정의에는 1970년대 이후 발달된 '보류(holds)'라는 관행에 대한 고려도 포함되어 있다. 보류는 안건에 이해관계가 있는 상원의원 개인이 정당지도부에 자신의 의사진행방해의사를 통보함으로써 반대편 정당지도부가 안건을 본회의 의사에 상정하는 것을 주저하도록 만드는 관행을 말한다. 따라서 이것은 직접적인 의사진행방해의 행동은 아니지만, 만약 자신의 경고에도 불구하고 안건이 본회의에 상정될 경우에는 의사진행방해로 들어가겠다는 위협(threat of filibuster)에 해당한다. 많은 안건을 처리해야 하는 시간적 제한의 부담을 안고 있는 다수당으로서는 반대파의 상원의원 단 한명이라도 안건의 표결에 반대하고 의사진행방해를 감행한다면, 거기서 생기는 시간적 손실 때문에 사안이 상대적으로 중요한 것이 아닐 경우 본회의 상정에 큰 심리적 부담을 느끼게 된다. 따라서 의사진행방해의 위협은 실제 의사진행방해 행동 못지않게 큰 효과를 가지며, 보류는 이처럼 위협에 의한 의사진행방해가 가능하게 되는 상원의 독특한 관행으로 자리잡았다. 이러한 보류의 존재를 고려하여 코저는 의사진행방의의 정의 속에 '혹은 그러한 행위를 하겠다는 위협'을 추가한 것이다.

라. 종합적인 개념정의

의회의 의사결정은 최종적으로 합의나 표결로 이루어진다. 그런데 의사진행방해가 동원되는 상황은 다수파와 소수파간에 원만한 합의가 이루어지지 않은 경우이다. 따라서 그러한 경우에 의사결정은 표결로 이루어지게 마련이다. 따라서 의사진행방해는 표결에 의한 의사결정이 최종적으로 이루어지는 것을 저지, 방해, 지연시키는 방식으로 이루어진다. 의사진행방해의 정의에는 이러한 내용이 포함되어야 한다. 러더포드의 정의에는 이러한 측면의 요건이 섬세하게 표현되고 있지 못하다. 다수파의 경우에는 물론이지만 소수파도 그 궁극의 목표가 의사결정의 최종결과를 어떻게 자신에게 유리하도록 만드느냐에 놓여 있는 이상, 소수파로서는 자신의 입장을 전혀 받아들이지 않는 다수파가 표결을 통해 다수파만의 정책을 최종적인 의사결정으로 확정해 버리는 것을 저지하는 것이 자신에게 유리하고 동시에 다수파에게 압력을 가할 수 있는 현실적 수단도 됨을 인식하고 행동에 나선다. 이처럼 의사진행방해는 표결에서의 결과를 유리하게 획득하기 위해 표결의 완성이 이루어지기 전단계에서 다양하게 의사진행을 저지시키는 것이라는 측면이 정의에 포함되어야 한다. 그럼으로써 의사진행방해의 본질적 목적이 보다 명확하게 드러날 수 있다: 그것은 다수파에게 최종적인 의사결정에 이르고자 한다면 그 전단계에서 자신들과 협상하라는 소수파의 단호한 메시지인 것이다.

그리고 '보류'의 경우를 의사진행방해행위와 구별하여 의사진행방해의 위협으로 정의할 수 있지만 큰 실익은 없어 보인다. 보류가 의사진행과정의 배후에서 조용히 이루어지긴 하지만 역시 엄연한 의사진행의 방해행위이다. 따라서 '방해행위'의 한 종류나 하부유형으로 포섭하여 이해하는 것으로 충분할 것이고 별도의 추가적 정의는 불필요하다. 마지막으로, 의사진행방해는 소수파에 의해 이용되는 것이라는 점이 지적되어야 한다. 다수파(majority)와 소수파(minority)의 구분은 여당(government party)과 야당(opposition party)의 구분과 일치하는 것이 아니다. 특히 대통령제 의회에서는 야당이라도 얼마든지 다수파일 수 있다. 그리고 다수파인 야당이 소수파 여당의 의사진행을 저지하는 일도 실제로 충분히 있을 수 있다. 그러나 그것은 의사진행의 저지라기보다는 의사진행을 정당한 절차에 따라 주도하고 있는 것이다. 따라서 여당 소수파와 야당 다수파의 대립·경색은 의사진행방해와는 다른 분석의 틀을 필요로 한다. 미국 의회처럼 다수파가 야당이라도 의안을 주도하는 사례는 얼마든지 있을 수 있는 것이고, 다수결의 원리에 비추어 전혀 이상한 일이 아니다. 그러므로 의사진행방해는 다수파의 주도에 반대하는 일이고 전적으로 소수파의 행동전략이라고 할 수 있다.

이상의 내용을 종합하면, 의사진행방해는 "① 소수파가 ② 전략적 이득의 전망을 가지고 ③ 의회의 의사절차상의 행위나 수단을 활용하여 ④ 표결에 의한 의사결정에 최종적으로 이르는 것을 방해하는 행위"로 정의할 수 있다.

그것은 첫째로 정책주도권을 가진 다수파에 대항하는 소수파의 행위이다. 둘째로, 장기적인 목적에서 소수파는 자신들의 정책적 의사를 다수파에게 반영시키고자 하는 전망을 가지고 행동하는 것이며, 셋째 그것은 의회의 의사절차상의 행위 혹은 수단을 가지고 행동하는 것이다. 따라서 국회법, 의사규칙 등이 정하고 있는 의회 절차상의 각종 수단을 활용한 '합법적' 의사진행방해행위이고, 폭력 등 불법적인 수단을 사용하는 불법적 의사진행방해와는 본질적으로 구별된다. 이러한 불법적 의사진행방해는 의회내 폭력행위로서 처벌되어야 하고, 우리나라에서 2012년 5월 국회법 개정을 통해 합법적 의사진행방해제도를 도입하고자 한 목적도 바로 이 '불법적' 의사진행방해수단인 몸싸움 등의 국회내 폭력사태를 방지하고 근원적으로 탈피하려는 것이다. 위의 개정 국회법은 제106조의2에서 무제한 토론을 합법적 의사진행방해 수단으로서 도입하였다. 무제한 토론은 발언과 토론을 소수파가 시간적 제약 없이 사용함으로써 의사절차를 장기화하여 다수파에게 시간적 압력을 가하려는 것이다. 입법과정의 심의절차에서 토론이 가지는 비중과 그 수단적 효율성에 비추어 무제한 토론은 의사진행방해를 할 수 있는 가장 대표적인 수단이라고 할 수 있다. 마지막으로, 의사진행방해는 의사결정이 표결을 통해 최종적으로 이루어지는 것을 저지하는 행위이다. 소수파로서는 다수파의 뜻대로 의사가 결정되어선 안 되기 때문이다. 의사결정은 최종적으로 표결로 이루어지기 때문에 의사진행방해는 어느 단계가 되었든 궁극적으로 다수파가 표결에 의한 의사결정을 완료하는 것을 저지하는 것이 그 목적이다.

마. 본래의 의사진행행위와의 구별

이러한 정의에 기초해 볼 때, 의사진행방해는 의사진행을 위해 규정된 합법적인 수단을 의회의 의원이 별도의 정치적 목적을 위해 전용하는 고도의 정치전략적 행위이다. 예컨대 우리나라 국회법 제99조에서 규정하고 있는 '발언'은 통상적으로 의원이 의안에 대해 자신의 견해를 밝히기 위해서 행하는 것이다. 그런데 어느 의원이 이것을 의사진행을 지체시키고자 하는 의도에서 장시간 발언을 감행한다면, 그 '발언'은 바로 의사진행방해행위가 되는 것이다. 따라서 본래의 의사진행행위와 의사진행방해행위는 외관상으로는 구별되지 않는다. 그럼 양자는 어떻게 하여야 식별될 수 있는가? 앞에서 내린 개념정의에 의할 때 양자를 구별할 수 있는 기준은 오로지 목적뿐이다. 의사진행을 위한 본래 목적으로 의회의 의사진행 행위나 수단이 사용된다면 그것은 본래적인 의사진행행위이지만, 전략적 이득의 전망하에 의사방해의 목적으로 그것이 사용될 경우에는 바로 의사진행방해가 되는 것이다. 그러나 이처럼 의사진행방해의 식별을 오직 그 목적에 비추어서 판단해야 한다는 점은 어떠한 행위가 과연 의사진행방해인지에 대한 판정을 때때로 어렵게 만든다. 목적이 외부로 표출되지 않는 경우 그것을 행위로부터 추단하는 판단작용은 매우 어려운 일이기 때문이다. 이러한 점이 19세기는 물론 최근까지도 미국에서 일어난 의사진행방해행위의 정확한 통계자료를 작성하기 어렵게 만드는 요인이다. 19세기에 일어난 의사진행방해의 빈도나 횟수는 정확한 통계도 없을 뿐만 아니라 연구자들마다 기준을 달리 잡음으로써 각기 다른 자료가 획득된다. 그러나 1917년 이후에는 미국 상원에서 토론종결제도(cloture)제도가 도입되어 무제한 토론에 의한 의사방해에는 토론종결의 표결로 대응할 수 있게 되었다. 따라서 이때부터는 토론종결 절차의 요청 횟수라는 비교적 손쉽게 얻을 수 있는 통계자료에 의해서 의사진행방해의 빈도나 양상을 파악할 수 있게 되었다. 물론 그것도 일응의 추정에 불과하고 보다 정확한 양상을 알기 위해서는 실제 의사록을 들여다보고 판단하는 작업이 필요하다. 왜냐하면 토론종결이 요청되더라도 실제로는 의사진행방해의 의도가 없는 토론일 수도 있기 때문이다. 따라서 의사진행방해행위를 식별해 내는 작업은 본래 그것이 의도한 바가 무엇인가를 중점에 놓고 다수파와 소수파간의 전략적 이해상충관계와 역학관계, 그리고 양자간의 다양한 반응을 종합적으로 고려하면서 판단해야 하는 어려운 작업이지만, 토론종결제도에 힘입어 비교적 손쉽게 되었다고 할 수 있다.

II. 의사진행방해에 관한 선행연구 정리

1. 국내에서의 연구

의사진행방해에 대한 국내의 연구는 아직 많지 않다. 그러나 국회가 몸싸움의 파행을 거듭하던 2000년대 후반 이후 우리나라 국회의 폭력성과 무규율성을 반성하고 의사진행방해제도를 그 대안으로 모색하기 시작하면서 연구가 비로소 시작되었다고 할 수 있다.

종래에도 미국을 소개하는 정치학 서적에는 미국 상원의 의사진행방해가 소개되어 있었다. 대표적으로 최명·백창재(2005)[7]는 미국 상원의 해당 부분에서 무제한 발언, 토론종결제도(cloture), 보류(holds), 정족수 확인 등 본회의 심의 과정에서 사용될 수 있는 의사진행방해수단들을 간략히 소개하고 있다. 그러나 최근의 임재주(2013)[8]는 미국의 의회제도 전반에 관하여 보다 상세하고 분석적으로 접근하고 있는 모습이다. 그곳에서는 '필리버스터'를 소수의견의 존중을 위한 것으로 파악하여 설명하고 있는데, 하원에서 엄격한 의사진행으로 필리버스터가 금지되고 있는 점과 대비된다고 보고 있다. 그러한 배경에는 상원이 토론을 중시하는 100인 클럽이라는 점이 놓여 있다고 보지만, 필리버스터로 소수가 다수의 의지를 꺾는 것은 문제라는 점을 아울러 지적하고 있다. 필리버스터를 저지하는 클로처(cloture) 제도를 소개하고, 그럼에도 불구하고 이제 필리버스터는 미국 상원에서 거의 일상적이며, 거기에 더해 드러나지 않는 필리버스터로 불리는 보류(hold) 제도도 있어서 보류를 행사하면 의안의 심의가 보통 3일정도는 지연된다고 설명하고 있다. 그리고 마지막으로 우리 국회도 필리버스터를 도입했으나 토론종결 요건(재적의원의 3/5)을 만족시키기가 어렵기

---

7) 최명·백창재 (2005), 현대미국정치의 이해, 서울대학교 출판부, 329-331쪽.
8) 임재주 (2013), 국회에서 바라본 미국의회, 개정증보판, 한울 아카데미, 384-395쪽.

때문에 다시 물리력을 행사하는 상황이 초래될 수 있다는 우려를 표명하고 있다. 비록 미국상원에서 필리버스터 제도가 소수의 의견을 존중하는 데 어느 정도 역할을 하고 있지만 정치문화가 크게 다른 우리 국회에서는 어떤 결과를 낼지 의문이라고 하여 전반적으로 비판적으로 보고 있다.

다음으로, 김준석(2009)[9]은 먼저 미국 연방 상원에서 의사진행방해가 의사규칙상의 허점을 타고 전략적으로 활용되기 시작했으며, 의사진행방해제도는 소수당 영향력 극대화전략과 다수당의 의회주도권 강화가 지속적으로 충돌해 온 역사라고 규정하였다. 다수당과 소수당의 이념간극 차이가 클수록, 그리고 정당내 구성원의 이념적 동질성 정도가 높을수록 의사진행방해의 빈도는 증가한다고 보았다.

이어서 김준석(2010)[10]은 미국에서 필리버스터의 탄생과 제도화가 우연의 산물이었음을 상기시키고, 결코 선진의회의 산물이 아니라는 점을 강조하고 있다. 1806년 선결문제(previous question) 동의(動議) 조항의 삭제로 필리버스터를 전략적으로 활용할 길이 열렸으며, 1890년 토마스 리드가 하원에서 필리버스터를 폐기한 선례가 상원의 1917년 토론종결조항의 등장에 영향을 주었고, 토마스 월시(Thomas Walsh)의 헌법적 선택(constitutional option) 주장이 상원의 필리버스터를 제재하는데 이론적 밑바탕을 제공하였다고 주장하고 있다. 그리고 이 제도를 우리나라에 도입하기 위해서는 미국 상원의 경우와 유사하게 정당집단주의가 약화되고 의원의 자율성이 커지는 토양의 개선이 필요하다고 보고 있다.

임성호(2010)[11]는 국회운영과정을 '다수주의적 수의 논리'와 '합의주의

---

9) 김준석 (2009), "미국연방의회의 의사진행방해(filibuster) 제도의 실증적 접근 - 의사진행방해란 무엇이며 왜 발생하는가", 한국과 국제정치 25(4), 119-153쪽.
10) 김준석 (2010), "필리버스터의 제도화과정과 논란 - 미국 상원의 사례를 중심으로", OUGHTOPIA 25(1), 경희대학교 인류사회재건연구원, 157-190쪽.
11) 임성호 (2010), "국회운영과정상 수(數)의 논리와 선호도(選好度)의 논리: 균형적 갈등조정 메커니즘으로서의 필리버스터제도", 의정연구31, 191-227쪽.

적 선호도 논리'로 나누고 필리버스터를 합의주의 기제로 이해할 수 있다
고 본다. 그러나 주로 원내교섭단체간 합의로 이루어지는 성격이 강한 우
리 국회가 지나치게 합의주의로 가는 것은 오히려 바람직하지 않다고 주
장한다. 합의가 없으면 우리 국회는 곧 교착상태에 빠져버리게 되기 때문
이다. 그러므로 우리의 경우 다수주의와 합의주의 사이의 균형을 이루는
기제로 필리버스터가 작동하려면 정당집단주의를 완화시키려는 일정한 제
도적 노력이 필요할 것이라고 주장하고 있다. 필리버스터는 미국의 예에
서 보듯 당내 민주화가 이루어지고 과도한 정당대결구도가 약화된 곳에서
보다 잘 작동될 수 있을 것으로 보고 있기 때문이다.

   김정도·이상우(2012)[12]는 정당양극화가 심각한 우리나라 상황에서 필
리버스터가 어떤 의미를 지닐 것인가를 짚어본다. 정당양극화가 심화되는
상황에서 필리버스터는 안건상정을 가로막는 '부정적 어젠더 파워'로 작
용한다고 본다. 따라서 정당양극화가 심한 우리나라 상황에서 필리버스터
를 도입한다면 이는 정당기율을 강화시키고 원내갈등이 물리적 충돌로 이
어지는 국회의 파행을 지속시킬 가능성이 높다고 본다. 이를 시정하기 위
해서는 개별 의원들의 자율성을 강화하는 등 우리 정치환경에 대한 개선
이 우선되어야 한다고 본다.

   이처럼 대체적으로 우리나라의 연구자들은 의사진행방해제도의 우리나
라에의 도입을 긍정적으로 보지 않고 있다. 그리고 의사진행방해제도가
제대로 작동하기 위해서는 미국의 경우와 같이 개별 의원들의 자율성을
강화하고 정당대결을 약화시키는 것이 전제조건이라는 공통적인 시각을
가지고 있다.

   그러한 우려들이 일리가 없는 것은 아니지만 규범적으로는 정당대립이
강할수록 오히려 소수파의 보호는 필요한 것이고, 따라서 의사진행방해제

---

12) 김정도·이상우 (2012), "미국 필리버스터제도의 경험과 한국에의 함의", 세계지역
    연구논총 30(1), 215-245쪽.

도는 더욱 필요한 제도라고 생각한다. 그것이 왜 그런지는 뒤에서 살펴 볼
것이다.

2. 국외(주로 미국)에서의 연구

(1) 초기연구

이미 영국에서는 18세기에, 미국에서는 19세기 중반에 의사진행방해 현
상이 등장하고 있었다. 초기에 의회들은 그 현상을 관망했지만 19세기 말
엽 이후 서구 의회들의 반응은 대개 공통적으로 의사진행방해에 부정적인
입장으로 선회하였다. 그리고 의회규칙의 개정을 통해 그러한 의사진행방
해의 시도를 억압하였다. 예컨대 1890년에 미국 하원의 의장이 되어 선례
개혁을 통해 의사진행방해를 억제했던 리드(Thomas H. Reed)는 저널기고
문을 통해 입법기구는 다수의 책임하에 운영되어야 하고, 시간이 무한정
하다면 무제한 토론은 좋은 것이지만 입법기관이 가진 시간은 한정되어
있으므로 토론은 제한될 수밖에 없다고 주장하였다.13)

엘리네크(1903)도 그러한 흐름을 관찰했던 초기연구자의 한 사람이다.
엘리네크는 의사진행방해가 가져오는 의회 의사결정절차의 마비와 의회의
무능화에 대해 깊은 우려를 표명했다. 만약 이에 대한 궁극적인 처방을 찾
아내지 못한다면 의회를 대신해 행정부가 긴급명령과 같은 행정법령을 앞
세워 의회를 대신하거나 국민이 직접민주주의의 형식으로 직접적인 국가
의사결정에 나설 것이라고 생각했다.14) 이후 독일에서 의회가 정지되고
히틀러의 전권통치가 성립된 역사가 전개되었으니 의회의 무능을 우려하

---

13) Thomas H. Reed (1889), "Obstruction in the National House", *The North
   American Review*, Vol. 139, No. 395, 425쪽.
14) Georg Jellinek (1903), "Parliamentary Obstruction", *Political Science Quarterly*,
   Vol. 19, No. 4, The Academy of Political Science, 586-588쪽.

던 그의 예견은 어느 정도 맞아들어간 셈이다.

그러나 그의 이러한 우려는 오늘날 상당부분 해소가 되었다. 첫째로 헌법재판이 활성화됨으로써 행정부의 작용은 헌법재판소의 통제하에 놓이게 되었고 입법권에 대해 지켜야 할 한계가 상당부분 준수될 수 있게 되었다. 따라서 20세기 이후의 전반적인 행정국가화 현상에도 불구하고 행정부가 의회를 완전히 무시하고 그것을 대체하면서 전면에 나서는 일은 어렵게 되었다. 둘째로 직접민주주의의 경우도 국민투표와 같은 형태로 일정부분 여러 나라 헌법에 제도화되어 수용되었지만 그 의사결정상의 한계는 명백하다고 해야 한다. 어디까지나 현대국가의 의사결정의 기본적 방식은 대의제에 의한 의사결정이고 직접민주주의 방식은 그것을 보완하는 범위내에 그치고 있다. 그리고 현실적으로도 직접민주주의가 국가의사결정의 기본적인 방식이 되기에는 매우 많은 어려움이 존재한다. 따라서 직접민주주의가 대의제를 대체할 것이라는 우려는 과도한 것이라고 할 수 있다. 국민투표와 같은 직접민주주의 제도는 헌법에 규정된 매우 엄격한 요건하에서만 인정될 수 있다는 우리나라 헌법재판소의 판례도 이처럼 국민투표를 국가의사결정의 방법으로서 매우 예외적이고 보충적인 방법으로 이해하는 전제 위에 서 있다.[15] 따라서 옐리네크의 우려 중 여전히 깊이 존중될 수 있는 것은 바로 의회의 무능이다. 오늘날 현대 민주주의의 의사결정에서 중심적 지위를 차지하고 있는 의회가 의사결정에 무능력함을 보인다는 것 바로 그 점이 깊은 반성과 분석을 요하는 점이다. 옐리네크는 의사진행방해가 의회의 무능을 초래한다고 보았으나 오히려 인과관계는 반대일 수도 있다. 다수의 전횡이 강력한 의사진행방해를 불러왔을 수도 있는 것이다.

---

15) 헌재 2004. 5. 14. 2004헌나: "국민은 선거와 국민투표를 통하여 국가권력을 직접 행사하게 되며, 국민투표는 국민에 의한 국가권력의 행사방법의 하나로서 명시적인 헌법적 근거를 필요로 한다. 따라서 국민투표의 가능성은 국민주권주의나 민주주의원칙과 같은 일반적인 헌법원칙에 근거하여 인정될 수 없으며, 헌법에 명문으로 규정되지 않는 한 허용되지 않는다."

이러한 측면에서 의회의 기능을 활성화하고 바람직한 의사결정의 방식을 모색하는 문제와 관련하여 의사진행방해제도의 역할기능을 탐색하는 과제는 여전히 중요한 의미를 지닌다.

다음으로 버뎃(Franklin L. Burdette)(1940)은 미국에서 의사진행방해에 대한 최초의 체계적 연구자이다. 그는 의사진행방해의 사례들을 중심으로 의사진행방해 현상을 정리하고 이론적 분석을 가하였다. 그는 참가자와 관련하여 의사진행방해를 3가지 유형으로 구분하였다: 개인적(one-man), 협력적(cooperative), 조직적(organized). 개인적 의사진행방해자로 휴이 롱(Huey Long)과 같은 명연설자를 들고 있고, 협력적과 조직적 의사진행방해의 차이는 분명치는 않지만, 원내 대표의 확실한 지도와 주의 깊게 계획된 전략이 있다면 후자에 해당한다고 본다. 그러므로 조직적 의사진행방해는 대체로 응집력 있는 정당에 의해 수행되는 경우를 말한다고 한다.[16] 그리고 다수와 소수의 대립이 존재하는 한 방해전략은 계속 수행될 것이지만, 의사진행방해의 지속성은 바로 다수가 의사규칙을 준수하느냐 여부에 달려 있다고 본 점에서 혜안이 돋보인다. 의장과 굳건한 다수파는 서로 협력하여 반복된 규칙위반에 대한 이의를 모두 물리치는 방식으로 의사진행방해자들의 희망을 다 날려버릴 수도 있다고 지적[17]한 점에서 2013년 11월의 핵선택안(nuclear option) 실행의 선구적 예견을 찾을 수 있다. 물론 그는 그런 다수는 찾기가 어렵거나 보통은 불가능하다고 덧붙였지만, 그것이 언제나 불가능한 것은 아니기에 그의 혜안은 감소되지 않는다.

---

16) Franklin L. Burdette (1940), *Filibustering in the Senate*, Princeton: Princeton University Press, 210-211쪽.
17) Franklin L. Burdette (1940), 앞의 책, 229쪽.

(2) 최근의 종합적 연구

버넷(1940) 이후 의사진행방해는 별로 학문적인 관심을 끌지 못했고 이론적인 분석적 연구는 아주 최근에야 이루어졌다. 버넷 이후로 빈더와 스미스(1997)가 최초의 연구서를 내놓았다. 그들은 의사진행방해는 확고한 원리에 근거한 것이 아니라 정치적 책략에 의해 탄생했고, 정치성에 기대어 발전해 온 만큼 이론적으로 그 기반이 탄탄한 것이 아니라는 견해를 제시했다. 그들 연구의 미덕은 의사진행방해의 정당화 근거를 본격적으로 파헤쳤다는 것이다. 먼저 원리적인 차원에서 의사진행방해를 옹호하는 견해들을 제시하고 그에 대해 그것이 근거가 없으며 오히려 정치적 책략에 의해 생겨난 것임을 증명하고 논박하는 형식으로 이루어져 있다. 정치성을 강조한 만큼 정당이 가지는 당파적 선호를 중요한 요소로 여긴다. 다수파 정당이 가지는 선호체계에 따라 소수파 정당의 권리인 의사진행방해권은 변경될 수 있다는 것이다. 그리고 그러한 당파적 선호와 계승된 의사규칙이 결합하여 경로의존성을 만들어 내고 그것이 의사진행방해의 존재에 가장 큰 영향을 미친 것으로 이해한다.[18] 그들의 주장에 따르면, 미국 상원과 하원에서 나타난 초기 의사규칙상 선결문제의 존부가 후속 규칙의 선택에 지속적으로 영향을 미쳤다. 그 결과 상원과 하원의 의사규칙상 차이는 갈수록 커졌다.

다음으로 와우로와 쉬클러(2006)는 빈더와 스미스의 연구를 반박하면서 의사진행방해의 개인적 측면을 강조한다.[19] 정당의 발달정도가 그리 대단하지 않았던 19세기에 정당요인을 지나치게 강조할 수 없다는 것이다. 따라서 상원의원 개인의 중요성을 강조한다. 와우로와 쉬클러(2006)는 빈더

---

18) Sarah A. Binder and Steven S. Smith (1997), 앞의 책 (각주 2).
19) Gregory J. Wawro and Eric Schickler (2006), Filibuster: Obstruction and Lawmaking in the U.S. Senat, Princeton, N.J.: Princeton University Press.

와 스미스의 연구가 19세기에 다수결로 의사진행방해를 제한하는 규칙이 왜 채택되지 않았는가라는 의문에 경로의존성(path dependence)으로 답하는 것에 반대하고, 다수파에게 유리했기 때문이라고 주장한다. 빈더와 스미스의 주장은 처음에 잘못 접어든 길 때문에 뒤에도 계속해서 상원은 다수결에 의한 토론종결규칙을 채택할 수 없었다는 것인데, 와우로 등은 회기 말기에 소수파가 다소 강렬한 의지를 갖고 있는 시기를 제외하고, 19세기에는 전반적으로 입법을 하는데 과반수로 족했다는 점을 상기시키면서 다수파는 할 수 있었지만 그러한 규칙을 채택하지 않은 것이라고 반박한다. 그 이유는 의사진행방해 게임이 다수파에게도 유리했기 때문인데, 다수파를 구성하는 상원의원 개개인들에게 의사진행방해는 수고가 좀 들기는 하지만 반대파의 선호가 무엇인지를 알려주는 정보기능을 담당하여 다음 선거에서 유리하게 임할 수 있어서 얻는 것이 많았다는 것이다.

코저(2010)는 와우로와 쉬클러(2006)와 유사하게 의사진행방해를 주체들이 비용-편익을 계산하여 임하는 게임으로 구성하여 의사진행방해의 일반이론을 제시하고, 의사진행방해의 경험적 데이터를 하원과 상원 모두에 걸쳐 종합적으로 확인함으로써 종래 상원에 집중된 연구의 경향을 하원으로까지 넓혔다. 와우로와 쉬클러, 그리고 코저의 연구에 이르러 비용-편익 분석을 기반으로 하는 일반이론 모델이 정립되었고, 이 모델은 의사진행방해의 구조를 이해하는 데 큰 도움을 준다.

(3) 위헌 여부를 둘러싼 문제중심적 연구

의사진행방해의 종합적인 체계와 구조를 다루는 연구가 드문 반면, 상원 필리버스터의 문제점을 지적하며 위헌 여부를 둘러싼 규범적 연구는 비교적 많다. 특히 공직자 임명동의안[20]과 관련한 필리버스터가 논란이

---

20) 미 연방헌법은 대통령이 연방대법관 등과 기타 공직자의 임명을 '상원의 자문과 동

많고 반발도 심한데, 2003-2005년 부시 행정부가 보수적 법관들을 대대적
으로 임명하기 시작했을 때 이에 대해 민주당이 다수의 의사진행방해를
행하면서, 공화당 다수파가 '핵선택안(nuclear option)'[21]의 사용을 위협하
는 위기국면으로 치달은 적이 있었다. 이때를 전후하여 의사진행방해의
위헌여부가 활발히 논의되었다.[22] 필리버스터의 위헌 여부, 특히 법관 임
명에 대한 필리버스터의 위헌 여부 및 필리버스터를 위헌이라고 주장하는
입장에서 어떻게 상원규칙의 개혁이 가능한가라는 문제와 관련하여 제시
되는 헌법적 선택안[23]과 핵선택안의 논리 등을 다루는 논의들이 상당히

의(Advice and Consent of the Senate)'를 얻어서 하도록 규정하고 있다. 이에 따
라 근래 상원에 보내지는 임명동의안은 행정부공직자만 1년에 약 1200에서 1400
건 정도 된다고 한다. 이들 중 대다수는 관례적으로 동의가 되고 고위 공직자들의
경우만 거부되는 일이 있다고 한다. 권건보·김지훈 (2012), 인사청문회제도에 대한
비교법적 고찰, 한국법제연구원, 58쪽.

21) 상원 의사규칙 제22조는 필리버스터에 대한 토론종결을 상원의원 전체의 5분의 3
의 동의로 하도록 하고 있다. 그런데 이러한 가중다수 요건이 다수결 원리에 위배
된다고 보고 단순다수에 의해 토론종결을 할 수 있는 방법을 제시하면서 그것을
실행하려는 방안이 핵선택안이다. 용어의 의미를 좀 더 풀자면 '핵과 같은 위력을
지니는 필리버스터 개혁방법을 선택하는 방안'이라는 의미라고 할 수 있다. 보다
상세한 내용은 제2장 제3절 IV. 부분을 참조.

22) 대표적으로 Catherine Fisk; Erwin Chemerinsky (2005), "In Defense of
Filibustering Judicial Nominations", Cardozo Law Review, Vol. 26, Issue 2,
331-352쪽; Martin B. Gold; Dimple Gupta (2004), "Constitutional Option to
Change Senate Rules and Procedures: A Majoritarian Means to Over Come the
Filibuster", Harvard Journal of Law & Public Policy, Vol. 28, Issue 1, 205-
272쪽.

23) 핵선택안과 마찬가지로 가중다수에 의한 토론종결을 반대하는 논의인데, 헌법해석
을 통해 미 연방헌법은 다수결로 의회의 모든 의사를 결정하도록 헌법이 스스로
결정하였다고 보고 그에 따라 다수결에 위배되는 상원 의사규칙 조항은 위헌이라
고 보는 입장이다. 그러므로 상원은 단순다수결로 상원규칙의 개혁을 할 수 있다고
주장한다. '헌법에 합치하는 방법을 선택하는 방안' 정도로 이해할 수 있겠다. 보다
상세한 내용은 제2장 제3절 II 부분을 참조.

있다. 한편 위헌, 합헌 논의를 포함하여 다루지만, 위헌, 합헌에 대한 입장
과는 별개로 필리버스터의 문제점을 지적하며 필리버스터와 토론종결제도
를 어떻게 가져갈 것이냐에 대한 다양한 개혁방안을 제시하는 논의들이
있다.24)

---

24) 대표적으로 Jeanne Shaheen (2013), "Gridlock Rules: Why We Need Filibuster
   Reform in the US Senate", *Harvard Journal on Legislation*, Vol. 50, No. 1,
   1-19쪽; Tom Udall (2011), "Constitutional Option: Reforming the Rules of the
   Senate to Restore Accountability and Reduce Gridlock", *The Harvard Law &
   Policy Review*, Vol. 5, Issue 1, 115-134쪽.

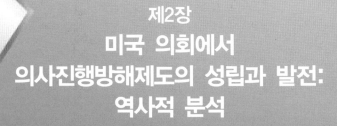

제2장
미국 의회에서
의사진행방해제도의 성립과 발전:
역사적 분석

제1절 미국 의회의 탄생과정과
헌법제정자들의 의도

Ⅰ. 독립과 필라델피아 헌법제정회의의 개최

13개의 주(state)로 구성된 미국이 독립을 달성한 후에 13개의 주들은 연합헌장(the Article of Confederation)을 비준하고(1781), 연합의회를 구성하여 중앙정부의 역할을 수행하게 하였다. 연합의회는 주권(sovereignty)을 가진 주정부의 합의체였는데, 주의 수가 13개에 지나지 않아서 매우 간단한 조직이었다. 이 13개의 주들이 각각 주권을 보유한 '나라'였기 때문에 이들 나라를 대표하는 연합의회의 대표는 나라의 크기에 상관없이 각기 한 표를 가지는 것으로 결정되었다. 이것은 중앙정부란 '주들간의 확고한 우의 연합(友誼 聯合; firm league of friendship)'에 지나지 않음을 의미하는 것이었고,[1] 그런 의미에서 중앙정부의 구성에 있어 '주권국가=주'들 사이의 동등성을 관철시킨 것이었다.[2] 그리고 법률의 제정 등 중요사항을 결정할 때에는 13개 주 가운데 9개 주의 찬성을 요하는 것으로 하였다.[3]

---

[1] 연합헌장 제3조(Art. III: The said States hereby severally enter into a firm league of friendship with each other, for their common defense, the security of their liberties, and their mutual and general welfare, binding themselves to assist each other, against all force offered to, or attacks made upon them, or any of them, on account of religion, sovereignty, trade, or any other pretense whatever. 밑줄은 필자가 부가함); 조지형 (2013), 미국헌법의 탄생, 서해문집, 19쪽, 141쪽.

[2] 그러나 이미 이 연합헌장의 비준과정에서 주들 사이에 강한 이견이 존재하였다. 큰 주는 인구비례의 의석을 요구한 반면, 작은 주는 큰 주와 동등한 의석을 요구하였다. 이 문제는 뒤에 연방헌법의 제정과정에서 다시 불거져 나오게 된다. 앨런 브링클리, 있는 그대로의 미국사, 황혜성 등 옮김 (2011), 개정판, 휴머니스트, 263쪽.

[3] 이보형 (2007), 미국사 개설, 개정판, 일조각, 69-70쪽; 조지형 (2013), 앞의 책,

그런데 중앙정부의 역할을 담당했던 연합회의는 미국에 평화와 안정을 가져오기에는 권한이 너무 적고 무능했다. 통화를 발행할 수 있었지만 세금을 부과할 수 없었기 때문에 통화발행을 보증해 줄 수 있는 재원을 확보할 수 없었다. 또한 경제적으로 매우 중요한 권한인 주들 사이의 통상을 규제할 수 있는 권한과 외국무역을 규제할 수 있는 권한도 가지고 있지 않았다. 따라서 독립전쟁 후의 불경기와 여러 가지 문제를 제대로 해결할 수 없었고, 의회 자체도 출석과 의결의 정족수가 높아서(전체주의 3/4인 9개주의 동의) 의결을 얻기가 어려웠다.4)

연합의회의 무능과 비효율성 그리고 개별 주들의 과도한 권한과 개별행동들에 심각한 우려가 제기되면서 이러한 문제들을 해결하기 위한 회의의 필요성이 제기되었다. 그리고 그때 일어난 미국혁명 당시 전쟁 영웅이었던 셰이즈(Daniel Shays)의 반란5)은 많은 충격과 함께 강력한 중앙정부의 필요성을 더욱 강하게 확인시켜 주면서, 헌법제정을 위한 회의에 소극적이던 주들까지도 적극적으로 헌법제정회의에 대표를 파견하게 만들었다. 그리하여 1787년 5월 로드 아일랜드를 제외한 12개 주 대표 74인이 필라델피아에서 제헌회의를 열어 헌법제정에 대한 논의를 시작하였다.6)

142쪽.
4) 미국정치연구회 편 (2013), 미국정부와 정치 2, 오름, 47-48쪽.
5) 연합의회의 무능력으로 통화공급이 충분하지 못하고 주정부가 세금을 올리면서 농민의 부채가 늘어 큰 고통을 겪었다. 이들이 불만을 가지고 전쟁영웅인 셰이즈 밑으로 모여들면서 일어난 반란이다. 셰이즈는 지폐발행과 세금경감, 채무지불 연기, 채무로 인한 수감 폐지 등을 요구하였다. 앨런 브링클리, 앞의 책, 황혜성 등 옮김 (2011), 269-271쪽.
6) 조지형 (2013), 앞의 책, 203-204쪽; 이보형 (2007), 앞의 책, 75-76쪽; 미국정치연구회 편 (2013), 앞의 책, 48쪽.

Ⅱ. 코네티컷 타협

연방헌법의 제정과정에서 가장 치열한 논란이 벌어진 것은 주와 연방의 관계에 관한 문제였다. 그리고 이것은 연방의회의 구성을 어떻게 할 것이냐에 관한 문제에까지 깊이 반영되었다.

먼저 큰 주인 버지니아의 대표 에드먼드 랜돌프(Edmund Randolph)는,
① 입법부는 양원제로 하고,
② 하원은 국민이 직접선출하며, 상원은 주 입법부가 지명한 자 중에 하원이 선출하도록 한다. 그리고 하원과 상원의 의석수는 자유민의 인구수에 따라 혹은 연방에 대한 각 주의 분담금 비율에 따라 결정하자고 제안하였다.(1787년 5월 29일, 「버지니아 안」)[7]

그러나 작은 주들은 이에 민감하게 반응하면서 큰 주들에 유리한 「버지니아 안」을 받아들이려 하지 않았다. 그리고 기존의 연합의회체제를 유지하는 내용을 담은 자신들의 「뉴저지 안」을 제안하였다. 이에 따르면,
① 입법부는 단원제로 하고,
② 각 주는 인구와 상관없이 의회에서 한 표를 가지게 된다.
그러나 「뉴저지 안」은 1787년 6월 19일의 투표에서 패배하고 거부되었다.[8]

「버지니아 안」은 연방정부의 기초가 다름 아닌 인민(people)에게 있음을 주장하는 것이었고, 이러한 인민주권론을 하원의 선출방식에 반영한 것이다. 하원을 인구비례로 인민이 직접선출한다는 원칙에 대해서는 하원이 민주주의에 근거한 기관이 되어야 한다는 점에서 공감대가 형성되어

---

7) 미국정치연구회 편 (2013), 앞의 책, 49-50; 조지형 (2010), 앞의 책, 248-249쪽.
8) 미국정치연구회 편 (2013), 앞의 책, 50-51쪽.

헌법제정회의 참가자 대부분에게 어렵지 않게 받아들여졌다.[9]

그러나 문제는 상원의 구성이었고 큰 주와 작은 주 사이의 갈등이 이 문제에 집중되었기 때문에 일정한 타협이 필요하였다.

사우스 캐롤라이나의 찰스 핑크니(Charles Pinckney)는 6월 7일, 가장 먼저 인구비례 선거 방식과 주의 균등비례방식의 타협안을 제시했다. 그는 주를 규모에 따라 3등급으로 나누어 이에 따라 상원 의석을 배정하자고 주장했다. 규모가 가장 큰 주에는 세 명, 중간 크기 주에는 두 명, 작은 크기의 주에는 한 명을 할당하자는 것이었다. 이 안은 상원의 규모를 현실에서 운영할 수 있는 크기로 제한하면서 동시에 큰 주와 작은 주의 이해를 어느 정도 타협적으로 반영한 제안이라는 특징을 가진다. 그러나 투표에 부쳐지지는 않았다고 한다.[10]

다음으로 코네티컷의 서먼(Roger Sherman)이 또 다른 타협안을 내놓는데 이것이 나중에 "코네티컷 타협(Connecticut Compromise)"으로 발전되는 제안이다. 6월 11일에 그는 하원을 인구비례로 구성하되, 상원은 주들간에 균등비례로 구성하자고 하면서, 연합의회와 같이 주는 상원에서 1표씩을 보유하도록 하고, 사정에 따라 대표는 여러 명 파견할 수 있게 하자고 제안하였다. 그러나 이 제안도 비민주적이라는 이유로 큰 주 출신의 대표들에 의해 신랄하게 비판받았고 이후 회의는 표류하게 되었다.[11]

큰 주와 작은 주 사이의 대립이 타협점을 찾지 못하고 회의가 장기화되자 7월 17일 매디슨은 상원을 주들간에 균등비례로 구성하자는 안을 바람직하지는 않지만 수용하자는 쪽으로 큰 주들의 의견을 모았다. 작은 주들은 주들간의 균등비례를 받아들이지 않는 한 타협하지 않을 것이고, 이 이상의 대립이 제헌회의를 파행으로 이끌어갈 것이 명백해보였기 때문이다.

---

9) 조지형 (2013), 앞의 책, 249쪽.
10) 조지형 (2013), 앞의 책, 252-253쪽.
11) 조지형 (2013), 앞의 책, 254-255쪽.

상원구성에 관하여 큰 주들이 작은 주의 입장을 받아들임으로써 "대타협 (the Great Compromise)"이 이루어졌다. 이 대타협은 작은 주와 큰 주들이 각각 상원과 하원에서 유리한 위치를 차지할 수 있도록 서로의 이해를 조정한 것이다.[12]

코네티컷 타협을 통해 연방헌법은 성공적으로 제정되기에 이른다.(1787년 9월 17일) 필라델피아 헌법제정회의가 결정한 연방의회의 모습은 지나치게 허약했던 연합의회의 단점을 철저히 반성하면서 새로이 입법부의 권력을 강화하고자 한 것이다. 그리고 이것은 입법부의 성격을 '대리적(代理的) 모델'에서 '심의적(審議的) 모델'로 바꾸는 것을 통해 성취되었다고 한다.[13] 연합의회가 강력한 주의 결정을 그대로 모으는 대리인 역할을 하던 회의체에 지나지 않는다고 한다면, 연방헌법이 건설하려는 연방의회는 심의 모델을 취하는 것으로, 연방의원이 출신 주의 명령과 의사를 그대로 전달하는 것이 아니라 독립적으로 판단하고 능동적으로 활동할 수 있게 함으로써 연방전체의 이익을 고려하고 결정할 수 있는 강력한 기구로 구상된 것이다.[14]

그러나 다른 한편으로 지나치게 강력한 입법부를 제한하려는 노력도 가해졌다. 입법부를 양원제로 구성하도록 함으로써 민주적인 하원을 귀족적

---

12) 조지형 (2013), 앞의 책, 257쪽; 미국정치연구회 (2013), 앞의 책, 51쪽.
13) 조지형 (2013), 앞의 책, 241쪽은 '대의적(代議的) 모델'과 '심의적(審議的) 모델'로 이를 표현하여 논의하고 있지만, 헌법학에서 '대의'는 무기속 위임을 통해 바로 '심의'하는 것을 의미하므로 서로 구별되지 않는다. 그래서 '대리적 모델'로 개념을 수정하여 인용한다. 대리란 본인의 의사에 따라 사무를 처리하는 것이기 때문에, 대표자가 자신의 능력과 판단에 따라 결정하는 '대의'나 '심의'와 구별될 수 있기 때문이다. 김주성, "심의민주주의인가, 참여민주주의인가", 서병훈 외 (2011), 왜 대의민주주의인가, 이학사, 62-63쪽에서도 국민의 의사를 대변해야 하는 대표의 임무를 '대리 임무'로, 다른 대표들과 더불어 깊이 논의하여 소기의 목적을 달성해야 하는 임무를 '심의 임무'라고 구별하고 있어 좋은 참고가 된다.
14) 조지형 (2013), 앞의 책, 241-242쪽.

인 상원이 견제할 수 있도록 해야 한다는 의견이 그러한 것인데 대체로 당시의 헌법제정회의에 참가한 이들에게 공통되는 생각이었다. '견제와 균형'은 연방헌법 전체를 지배하는 대원칙이었고, 의회의 구성도 그 예외가 될 수는 없었다.

Ⅲ. 헌법제정자들이 본 상원의 기능

1. 성급한 하원 다수의 견제

상원의 기능과 관련하여 가장 유명한 일화는 다음과 같은 일화일 것이다. 헌법안이 통과된 후에 토마스 제퍼슨(Thomas Jefferson)이 프랑스에서 돌아왔는데, 그때 그는 조지 워싱턴(George Washington)에게 왜 새로운 정부에 상원이 필요한 것이냐고 물었다고 한다. 그러자 워싱턴은 제퍼슨에게 이렇게 되물었다고 한다. "당신은 왜 커피를 커피잔에 붓나요?" 이에 제퍼슨은 "뜨거운 걸 식히기 위해서지요(to cool it)."라고 대답했고, "바로 그 이유 때문에 우리가 상원을 만들었습니다. 뜨거운 걸 식히기 위해서요(to cool it)."라고 워싱턴이 재치 있게 답했다는 것이다. 이 일화는 19세기에 널리 퍼졌는데, 아마 조작된 것일 수도 있지만 상원의 본질을 잘 보여주기 때문에 상원을 소개하는 문헌에 거의 빠지지 않고 인용된다고 한다.15)

매디슨(James Madison)은 헌법제정회의에서, 신뢰의 배신을 방지하기 위하여 두 기관의 사람들이 서로 감시하고 견제하도록 만들어야 하며, 이러한 점에서 "상원의 유용성은 하원보다 더 냉정하고 체계적으로, 보다 지

---

15) Donald A. Ritchie (2010), *The U.S. Congress: A Very Short Introduction*, Oxford: Oxford University Press, 14쪽.

혜롭게 의안을 처리할 수 있는 데 놓여 있다"고 주장하였다.16) 이를 보장하기 위해 연방헌법은, 상원의원은 서른이 넘어야 하고(이는 하원의원보다 5년이 길다), 시민권을 9년 동안 보유했을 것을 요구하며(하원의원보다 2년 길다), 임기도 하원보다 더 긴 6년으로 하고(하원의원은 2년), 2년마다 1/3씩만 교체하여 연속성과 안정성을 누릴 수 있도록 배려하였다고 하였다.17)

"첫째, …… 이러한 관점에서 상원은, 하원과 뚜렷이 구별되는 제2원으로 하원과 권력을 나누고, 정치에서 효과적인 견제기관이 되어야 한다. 상원은 권력탈취나 배반과 같은 음모의 경우, 뚜렷이 구별되는 양원의 의견일치를 요구함으로써 안정을 배가시킨다. 그렇게 만들지 않았다면 양원 중 하나의 야망이나 타락으로 충분히 그러한 음모를 달성할 수 있었을 것이다. 상원은 이런 명확한 원칙에 근거한 예방책이며 미국에서도 그렇게 이해된다. 그러므로 거기에 대해 부연하는 것은 불필요할 것이다. ……
둘째, 상원의 필요성은 집단으로 이루어진 모든 단일 입법회의체가 급작스럽고 난폭한 열정의 충동에 굴복하는 경향이 있다는 사실 그리고 당파 지도자들의 꼬드김에 넘어가 무절제하고 유해한 결정을 내리는 경향이 있다는 사실로부터도 적지 않게 지적될 수 있다."18)

또한 구버뇌 모리스(Gouverneur Morris)는 헌법제정회의에서 강조하길, 주 입법부에서 수없이 목도한 민주적 하원의 경솔, 변덕, 방종을 견제하기 위하여 상원을 만들어야 하며, 이것은 능력과 덕을 갖춘 이들로 구성된 귀

---

16) Richard Allan Baker (1988), *The Senate of the United States: A Bicentennial History*, Malabar, Florida: Robert E. Krieger Publishing Company, 6-7, 113-115쪽.

17) 연방헌법 제1조 제3절; James Madison, Number LXII, LXIII, The Federalist Papers, 364쪽, 370-375쪽; 제임스 매디슨, 페더랄리스트 62, 63, 페더랄리스트 페이퍼, 한울 아카데미, 김동영 옮김 (1995), 372-373쪽, 379-383쪽.

18) James Madison, Number LXII, 앞의 책, 366쪽; 제임스 매디슨, 페더랄리스트 62, 앞의 책, 김동영 옮김 (1995), 374-375쪽.(김동영 옮김 (1995)의 번역이 만족스럽지 않아, 이하의 인용들은 영어원문을 확인하여 직접 번역하였다)

족적 기관이 되도록 하여야 가능해질 것이라고 하였다. 이때 하원을 장악
하는 것은 부자들일 텐데 이들은 자신의 야망을 잘 위장하여 시골 사람들
에게 사기를 칠 것이기 때문에, 이들을 견제하기 위하여 현명한 이들로 구
성된 상원이 만들어지지 않으면 안된다고 하였고, 또한 이들 사이에 상호
견제가 있어야 상호간의 안전도 있다고 보았다.[19]

　이러한 견해들은 모두 공통적으로 하원의 성급한 열정을 식히려는 것(to
cool it), 즉 "상원의 숙려"를 통해 하원 다수의 결정이 초래할 수 있는 경
솔함과 변덕스러움을 견제한다는 상원의 일반적 기능을 말하고 있는 것이
다. 여기서 '일반적'이란 미국에서만 그러한 것이 아니라 다른 나라에서도
그러하다는 의미이다.

2. 큰 주들로 이루어진 다수에 대한 견제

　미국 연방 상원의 구성에는 하원의 견제라는 일반적 기능 이외에 연방
제로부터 연유하는 특수한 측면에 대한 고려도 포함되어 있다. 상원의 구
성방법을 두고 큰 주와 작은 주가 치열하게 대립하였다는 점은 이미 말하
였다. 그 대립은 인구와 영토가 작은 주와 큰 주 사이의 대립이었지만, 이
념적으로는 주의 주권과 인민 주권 사이의 대립이었다고도 할 수 있다. 미
국이 보여준 대타협의 정신은 전자를 반영하여 주마다 2명씩 동등하게 할
당되는 상원을 구성하고, 후자를 반영하여 인구비례로 선출되는 하원을
구성하는 것이었다. 중요한 것은 작은 주에 대한 배려, 즉 '소수에 대한 보
호'가 상원의 구성에 관철되어 있다는 것이다.

　매디슨도 큰 주와 작은 주의 갈등을 고려하여 다수와 소수의 문제를 기
술적으로 해결하려고 노력한 바 있다. 매디슨에게는 다수의 횡포가 발생

---

19) Max Farrad, ed., *The Records of the Federal Convention of 1787*, Vol. 1,
　　511-515쪽; 조지형 (2013), 앞의 책, 250쪽.

하여 소수의 이익이 침해되는 일이 있어서는 안되었다.

"공화국에서는 통치자의 억압으로부터 사회를 보호하는 것 뿐 아니라 사회의 한 부분에 의한 부정의로부터 다른 부분을 보호하는 것도 매우 중요하다. 시민들의 서로 다른 계층 사이에는 필연적으로 서로 다른 이해관계가 있게 된다. 만약 공동의 이익을 위해 다수가 뭉친다면 소수의 권리는 위태로워질 것이다. 그러나 이러한 해악을 방지하는 방법은 … 매우 많은 다른 종류의 시민들을 사회내에 포함함으로써 다수의 부정한 결합을 불가능하지는 않더라도 아주 드물게 만드는 것이다. …… 미 연방 공화국이 그 좋은 예일 것이다. 미국의 모든 정부권력이 사회로부터 나오고 또한 사회에 종속되게 될 것인 한, 사회 그 자체는 아주 많은 부분들과 이해관계 그리고 아주 많은 시민의 계층들로 나뉠 것이기 때문에, 개인 또는 소수의 권리가 다수의 이해관계에 의한 결합으로부터 위험에 처하는 일은 거의 없게 된다."[20)

"미합중국이라는 광대한 공화국에서는 그리고 그것이 포함하는 매우 다양한 이해관계, 정당들, 파벌들 사이에서는, 정의와 보편적 선의 원칙에 관한 것 이외에는 전체사회의 다수를 형성하는 연합이 나타나기 어려울 것이다. 이처럼 소수가 다수 당파의 의지로부터 덜 위험하게 되는 한, 사회에 종속되지 않는 의지, 달리 말하면 사회 그 자체와 무관한 의지를 정부가 가짐으로써 소수를 보호하겠다는 구실도 줄어들게 될 것임에 틀림없다."[21)

큰 주와 작은 주로 나타나는 다수와 소수의 문제에 직면하여 매디슨이 제시한 해결책은 광대한 공화국(extended republic)이다. 미국이 연방으로 결합하여 광대한 공화국이 될 때 사회 각 부분의 이익은 매우 다양하게

---

20) James Madison, Number LI, 앞의 책, 321쪽; 제임스 매디슨, 페더랄리스트 51, 앞의 책, 김동영 옮김 (1995), 318쪽.
21) James Madison, Number LI, 앞의 책, 322쪽; 제임스 매디슨, 페더랄리스트 51, 앞의 책, 김동영 옮김 (1995), 319쪽.

되어 그 다원적인 복잡성에 비추어 항구적인 다수는 출현하기 어렵고 따라서 소수는 더욱 안전하고 된다고 생각했던 것이다. 그러나 작은 주의 대표들이 이러한 매디슨의 견해를 언제나 수용한 것은 아니었기 때문에 작은 주들의 이해를 상원의 구성에 반영했고, 매디슨도 그 점이 다수를 쉽게 차지할 수 있는 큰 주들에 대해 작은 주들이 대표하는 소수를 보호할 수 있다고 보아 긍정적으로 평가하고 있다.

> "연방헌법에는 다수를 점하는 인민이나 대표가 그 대표의 수를 증가시키는 것을 주의 깊게 경계할 수 있도록 보장해 주는 특성이 있다. 그 특성은 하원은 시민들을 대표하고, 상원은 주를 대표하는 데 놓여 있다. 결과적으로 하원에서 큰 주는 가장 큰 비중을 차지하고, 상원에서는 그 이점이 작은 주 쪽으로 쏠려 있다. 이러한 상황에서 확실히 큰 주는 그들의 영향력이 지배적인 하원에서 그 수와 비중을 증가시키는 데 노력할 것이라는 점을 추론할 수 있다. 그렇게 되면 가장 큰 4개의 주는 하원 표결에서 다수를 차지하게 될 것이다. 만약 작은 주의 인민이나 대표들이 이에 반대하려 한다면, 그들은 적당한 수의 의원들을 얻어 오거나 몇몇 주들의 연합만으로도 상대를 충분히 뒤집을 수 있을 것이다. …… 아마도 상원은 반대를 위해 서로 연합하는 것과 같은 동기에 의해 움직여질 것이라고 주장할 수 있겠다."[22]

이러한 방식으로 작용하는 상원에 의한 하원의 패퇴에 대해 큰 주의 사람들이 많은 우려를 제기했지만, 매디슨은 좀 더 강력하고 단호한 다수 인민의 의견을 대변할 때 하원이 많은 이점을 가질 것이기 때문에 그러한 우려는 근거가 없다고 주장하였다. 다수와 소수는 상원과 하원을 통해 서로 견제와 균형이 잘 이루어진 것으로 본 것이다.

그러나 그런 그도 정족수 요건이나 특별한 경우의 결의를 위한 요건이

---

22) James Madison, Number LVIII, 앞의 책, 348-349쪽; 제임스 매디슨, 페더랄리스트 58, 김동영 옮김 (1995), 앞의 책, 352쪽.

과반수를 넘어야 한다는 주장에 대해서는 폐해가 이점보다 많다고 하여 비판적이었다. 그럴 경우 "지배하는 것은 더 이상 다수가 아니게 될 것이며, 권력은 소수에게로 이양될 것"이라고 하여 부정적으로 보았다.23) 연방의회 이전 단계인 연합의회의 의결요건이 무려 3/4으로 정해져서 비효율적이고 무능한 기구로 전락했던 역사를 반추해 봤을 때 이러한 반응이 새삼스런 것이라고 볼 수는 없다.

이러한 매디슨의 여러 언급들을 종합하여 본다면, 매디슨은 상원의 구성에서 나타나는 소수의 보호 측면을 긍정적으로 평가했지만, 그렇다고 하여 다수지배의 원리를 무너뜨려서는 안된다는 한계를 제시하고 있다고 할 수 있다.

큰 주와 작은 주의 갈등은 미국이 연방제 국가로 형성되었기에 나타난 문제이다. 따라서 미 연방상원의 구성에는 큰 주와 작은 주의 갈등이 다수와 소수의 문제로 변형되어 반영되어 있다. 상원에는 소수의 보호 원리가 강하게 들어가고, 이를 통해 하원 다수의 지배를 견제하도록 구성되었던 것이다. 그리고 이러한 측면은 미국이 연방제 국가였기 때문에 나타난 특수한 측면이라고 할 수 있다.

Ⅳ. 헌법제정자들의 의도와 의사진행방해

1. 헌법제정자들의 의도에서
의사진행방해의 근거를 구하는 견해

헌법제정회의에서 상원의 구성을 놓고 타협을 했고 그 타협과정에서 다

---

23) James Madison, Number LVIII, 앞의 책, 351-352쪽; 제임스 매디슨, 페더랄리스트 58, 김동영 옮김 (1995), 앞의 책, 355-356쪽.

수와 소수의 관계, 기관구성의 원리 등의 문제에 대해 많은 입장들이 표출
되었기 때문에, 의사진행방해의 근거를 헌법제정자들의 의도(Framers'
Intent)로부터 찾는 입장이 있을 수 있다. 상원의 기능을 살펴 볼 때, 상원
은 하원 다수에 대한 견제 기능을 행하기 때문에 이러한 숙려 기능은 바로
다수에 대한 소수의 보호라는 의미를 아울러 가진다. 또한 작은 주들을
보호하여 큰 주와 동등한 의원수를 허용한 점도 소수의 보호를 강조할 수
있는 요인이 된다. 이러한 측면들이 의사진행방해가 상징하는 소수의 보
호와 원리적으로 상통하기 때문에 헌법제정자들의 의도에서 의사진행방해
는 이미 그 가능성이 용인된 것이라고 주장할 수 있게 된다. 예컨대 1926
년에 상원의원 로얄 콥랜드(Royal Copeland)는 "상원의 목적은 하원의 그
것과 완전히 달라서, 처음부터 그것은 시간을 쓰면서 의견을 교환하는 숙
려 기관(deliberative body)으로 의도되었다"고 주장한다.24) 많은 상원 의원
들이 실제로 이런 생각을 가지고 있다. 상원의 숙려기관으로서의 역할에
비추어 그 수단으로서 제한 없는 토론은 이미 논리필연적으로 의도된 것
이라고 생각한다. 따라서 이들에 따르면 의사진행방해는 헌법제정자들의
의도에 위배되지 않으며 오히려 완전히 합치한다.

그러나 의사진행방해의 토론종결 요건이 가중다수를 요구한다는 점 때
문에 의사진행방해는 헌법제정자들의 의도에 어긋난다는 주장들이 있다.
위에서 살펴 보았듯이 실제로 매디슨은 가중다수 요건에 대해 매우 부정
적인 입장을 내보이고 있다.

이에 대하여 일부 논자는 헌법제정자들이 반대한 가중다수요건은 토론
종결이 요구하는 가중다수요건과 그 성격이 다르기 때문에 헌법제정자들
의 의도에 반하지 않는다고 주장한다. 예컨대, 맥긴스와 라파포트(1995)는
헌법제정자들이 반대한 것은 헌법적 가중다수인데 이것은 결정에 필요한

---

24) Sarah A. Binder and Steven S. Smith (1997), 앞의 책 (각주 2), 29쪽.

것이라고 한다. 그리고 이러한 것은 다수지배의 원리에 위배된다. 그러나 토론종결에서 요구되는 가중다수는 입법적 가중다수로서 다수지배원리에 위배되는 것이 아니라고 한다. 왜냐하면 그것은 바로 "다수가" 가중다수를 요구하기로 "결정"한 것이기 때문이다. 이 주장에 따르면 토론종결 요건은 다수의 결정을 제약한 바 없다. 토론종결에 필요한 가중다수를 부가한 것은 다수이고 따라서 다수지배원리에 위배되는 것이 아니라는 것이다. 그리고 의회의 가중다수 규칙은 다수가 그것을 폐지하기로 결정하기 전까지 스스로에게 부과한 것이고 결코 다수의 결정을 제약한 바 없다고 이해한다.25)

토론종결 요건에도 불구하고 최종 결정은 언제나 다수결에 의해 결정되므로 다수결 원리에 위배되지 않는다는 점에서 일리가 있는 주장이다. 그러나 토론종결도 하나의 결정인 이상 언제나 최종결정이 아니라고 하여 비판을 피해갈 수는 없다고 생각한다. 매디슨의 가중다수에 대한 경계 역시 일리가 없지 않은 우려이기 때문이다.

2. 헌법제정자들과 의사진행방해는 무관하다는 견해

헌법제정자들이 상원을 숙려 기관으로 구상하고 작은 주들을 배려하였지만 이들이 의사진행방해를 언급한 적은 없다는 역사적 사실을 강조하면 헌법제정자들과 의사진행방해는 무관하고 의사진행방해는 연방헌법의 규정(제1조 제5절 제2항)에 따라 규정된 의회규칙의 문제일 뿐이라고 보게 된다.26) 실제로 매디슨이 헌법제정회의나 연방주의자 논설에서 의사진행방해에 관련된 의회 규칙에 대해 언급한 적은 없다.

---

25) John O. McGinnis; Michael B. Rappaport (1995), "The Constitutionality of Legislative Supermajority Requirements: A Defense", *The Yale Law Journal,* Vol. 105, Issue 2, 489-491쪽.

26) Sarah A. Binder and Steven S. Smith (1997), 앞의 책 (각주 2), 29-33쪽.

더 나아가 가중다수(3/5)를 요구하는 토론종결 조항까지 포함하여 의사진행방해는 기본적으로 다수결에 위배된 것으로서 이는 헌법제정자들이 인정하지 않은 것이란 점을 강조할 경우, 역시 의사진행방해는 헌법제정자들의 의도와 무관하다고 주장할 수 있게 된다.[27] 매디슨은 이미 언급한 대로 정족수 요건이나 특별한 사안에 대한 결정에서 가중다수를 요구하는 것에 대해 부정적으로 보았으며, 해밀턴도 다음과 같이 가중다수제에 매우 부정적이었다.

"소수에게 다수에 대한 거부권을 주는 것(결정에 과반수 이상이 필요한 경우에는 언제나 그런 경우이다)은 그 성향에 있어서, 더 많은 수의 생각을 더 작은 수의 생각에 종속시키는 것이다. … 공적 기구에서 만장일치나 그것에 가까운 정족수의 필요성은 그것이 안전에 기여할 것이라는 가정에 바탕을 두고 있다. 그러나 그것의 현실적 운영의 모습은 행정부를 당혹스럽게 만들고 정부의 활력을 파괴하는 것이며, 존경할 만한 다수의 정상적인 숙고와 결정을 무의미하고, 혼란스럽고, 부패한 파벌의 기호와 변덕, 기교로 갈아치우는 것이다. … 만약 완고한 소수가 다수의 의견을 통제할 수 있다면, 뭔가 하는 것을 최선의 방식으로 존중하는 다수는, 뭔가가 수행될 수 있도록, 소수의 관점에 맞출 수밖에 없다. 그리하여 더 작은 수의 의사가, 더 많은 수의 의사를 압도하게 되고 국가의 의사결정절차를 물들인다. 그래서 지긋지긋한 지체, 계속되는 협상과 공모, 공익에 대한 혐오스런 타협이 나타난다. 그러나 그런 체제에서 그러한 타협이라도 이루어질 수 있다면 행복하기조차 하다. 왜냐하면 어떤 경우에는 타협의 여지가 없는 경우가 있고, 그러면 정부 정책은 심각한 해악을 몰고 오면서 연기되거나 치명상을 입히면서 좌절되어야 한다. 찬성에 필요한 정족수를 얻는 것이 불가능하기 때문에 종종 아무것도 할 수 없다."[28]

---

27) Emmet J. Bondurant (2011), "The Senate Filibuster: The Politics of Obstruction", *Harvard Journal on Legislation*, Vol. 48, 493-494쪽.
28) Alexander Hamilton, Number XXII, 앞의 책, 180쪽; 알렉산더 해밀턴, 페더럴리스트 22, 앞의 책, 김동영 옮김 (1995), 136-137쪽.

3. 사견 - 의사진행방해와 헌법제정자들의 관련성

먼저 토론종결의 가중다수는 다수가 결정한 것이므로 다수결원리에 위배되는 문제는 발생하지 않는다는 맥긴스와 라파포트(1995)의 주장은 설득력이 없는 것은 아니지만 문제를 회피하는 주장이라고 생각된다. 다수가 결정한 것이므로 다수결 위배문제가 제기되지 않는다고는 말할 수 없다. 다수가 결정한 것이라도 이후에도 계속 적용되므로 새로운 다수의 결정을 제약한 것이 다수결 원리를 위배한 것이 아닌가라는 헌법적 문제는 여전히 남는다. 그리고 토론종결도 의사진행단계 중에 일어나는 엄연한 "결정"이다. 다만 그것이 의사진행단계에서의 최종적 결정이 아니기 때문에 그에 상응한 고려가 베풀어져야 할 뿐이다.

역사적 사실을 조명해 보면 무제한 토론에 대해 헌법제정자들은 별다른 언급을 하지 않았다는 점은 인정된다. 그리고 가중다수 요건에 대해서도 매우 부정적인 태도를 보였다. 이러한 점을 통해 현재 미국 상원규칙이 규정하는 토론종결의 요건인 가중다수 요건(3/5, 규칙 제22조)이 일응 헌법제정자들의 의도와 완전히 배치되는 것으로 보이는 점도 사실이다.

그러나 매디슨이 다수와 소수의 갈등을 치유하기 위하여 광대한 공화국을 제안했던 것을 상기해야 한다. 광대한 공화국 속에서 매디슨은 그 이익배치의 다원성과 복잡성으로 인해 항구적인 다수가 형성될 수 없을 것이기 때문에 소수가 안전하다고 생각한 것이다. 그러한 상황을 전제한다면 매디슨과 해밀턴이 가중다수 요건을 비판했던 점은 전적으로 타당하다고 할 수 있다. 그러나 미국의 역사 속에서는 제퍼슨과 매디슨이 해밀턴에 대응하여 조직한 민주공화당과 연방주의자당의 대립을 시작으로 하여 현재의 민주당과 공화당의 양당구도가 대부분의 시기를 지배하여 왔다. 미국의 정당은 매우 느슨하고 분산적인 구조를 가지지만 정당은 그 속성상 매디슨이 상상했던 광대한 공화국을 양분하고 비교적 지속적인 다수와 소수의 상황을 만들어 낼 수 있다. 따라서 이러한 정당의 다수, 소수 대립구도를 염두에 둔다면 매디슨과 해밀턴이 가중다수에 의한 결정을 비판했던 점은 약간 수정될 필요가 있을 것이다. 항구적인 다수에 맞서기 위해서는 소수의 보호가 강조되어야 하기 때문이다.

매디슨도 상원의 구성에서 작은 주들의 이익이 보호된다고 보고 이를 긍정적으로 평가하여 소수보호의 측면을 중시하였다. 다만 매디슨의 가중다수에 대한 경계는 다수결 원리에 대한 견지와 소수 보호에 대한 일정한 한계를 설정하는 것으로 이해해야 할 것이다. 소수의 보호가 다수의 지배를 소수의 지배로 바꾸는 정도가 되어서는 안될 것이다.

이런 점들을 고려한다면 이렇게 정리할 수 있겠다.

첫째, 헌법제정자들의 다수와 소수에 대한 고려와 상원의 구성에 관한 논의들을 고려할 때 소수의 보호는 정당하게 추구될 수 있다. 그리고 그것은 의사진행방해로, 토론종결을 위한 가중다수의 형태로도 가능하다.

다만 둘째로, 그러한 소수보호가 다수지배를 소수지배로 바꾸는 것이어서는 안된다는 한계를 지켜야 한다.

이러한 관점에서 토론종결의 가중다수 요건을 살펴본다면, 우선 최종결정을 가중다수로 하는 것은 그것이 반드시 필요한 특별한 경우 이외에는 다수결 원리를 위협하여 허용되지 않는다고 보아야 한다. 그러나 최종결정 이외에서 가중다수 요건을 소수보호를 위해 설정할 수는 있다. 그렇지만, 그것이 과도하여 다수지배를 소수지배로 바꾸는 정도가 되어선 안된다. 의회내에서 다수와 소수의 이해대립을 고려한다면 다수와 소수가 항구적인 다수와 소수로 고착될수록 소수 보호의 필요성은 더욱 높아진다. 오늘날 미국 상원에서 다수와 소수는 정당대립의 형태로 가장 잘 나타난다. 정당대립이 강화될수록 소수보호는 필요한 것이고 그러한 범위내에서 토론종결에 가중다수를 요하는 방식으로 소수를 보호하는 것은 충분히 가능하고 그 정도를 크게 벗어난 것이 아니라고 판단된다. 다만 그것이 실제로 다수의 결정을 완전히 제약하게 된다면 그에 대한 제한이 필요하게 된다는 한계는 있다.

제2절 의회 의사규칙과
의사진행방해의 발생 및 제도화

I. 선결문제 동의규칙:
무제한 토론이 가능하게 된 계기

1. 선결문제 동의규칙의 본래 의미

선결문제 동의(motion for the previous question)는 토론중인 특정 안건에 대하여 토론을 즉시 종결하고 추가 수정안의 제출 없이 표결할 것을 요구하는 동의를 말하며 이는 토론을 제한하기 위한 수단으로 사용된다.[29] 현재의 미국 하원 의사규칙(2013년 1월 3일에 채택)도 여전히 선결문제동의를 규정하여 토론종결을 위한 수단으로 삼고 있다.[30] 선결문제(previous question)는 영국의회의 의사절차에서 가져온 것이다. 그렇지만

---

29) 국회사무처 의사국 (2007), 미국의회 의사규칙 - 제109대 의회('05. 1~'07. 1) 하원 의사규칙, 292쪽 제4조에 대한 각주. 다만, 그 책에서는 '우선처리의제 동의'라고 번역하고 있으나 둘 다 무난한 번역으로 생각되지만 보다 간결하여 여기서는 '선결문제'라는 번역을 취했다.

30) Rules of the House of Representatives, XVI. 4. (a), (b).
(미국하원 의사규칙: 제16조 동의와 수정안
제4항 동의의 우선순위
(a) 의안이 토론 중일 때에는 다음의 동의(motion)만이 허용된다.
(1) … (2) … (3) 선결문제 동의 (4) …
(b) … 선결문제 동의는 토론 없이 결정한다.)

선결문제동의가 당시부터 토론을 배제하는 효과를 가졌던 것은 아니다. 당시 의사절차를 설명하고 있는 제퍼슨의 매뉴얼에 따르면 그 당시의 의미는 토론을 다음날로 연기하는 효과를 가지고 있는 정도에 불과했다고 한다.31) 따라서 일반적으로 이 동의가 사용되는 경우는 토론이 고위 인사에 대한 민감한 성격의 것이거나 불쾌한 경우에 문제의 논의를 회피하고자 하는 경우에 국한되었다. 그 방법은 선결문제 동의를 제기하고 그에 대해 과반수 찬성을 얻는 것이 아니라 오히려 얻지 못한 경우를 노려서 다음날로 토론을 연기하는 효과를 가져오는 것이다. 선결문제 동의가 제안되면, 의장은 "이 문제를 지금 올릴까요?"("Shall the main question be now put?")라고 말하여 찬반을 묻는다. 이는 토론 없이 즉시 표결하며, 표결 결과 부결되면 논의를 하루 연기하게 된다. 반면에 가결이 된다면 그 문제를 즉시 상정하여 논의를 해 나가야 하는 것이다. 따라서 당시 제퍼슨이 영국과 미국의 의사절차에 대해 이해한 바를 설명해 놓은 의사절차 매뉴얼에 따르면, 선결문제가 가결이 되면 그대로 토론을 계속하고, 부결이 되면 토론을 내일로 미루는 효과를 가진다고 해석되었다고 한다. 오늘날의 선결문제 동의처럼 토론을 제거하는 효과를 가지는 것이 아니었고, 성가신 문제를 회피하고 곤란한 결정을 미루는 데 주로 이용되었던 것이다.

즉, 선결문제 동의의 원래 의미는 토론과 표결을 한꺼번에 지금 진행하든가 아니면 다음으로 미루든가 하는 것이었지, 토론을 제거하고 지금 즉시 표결을 시행하는 것이 아니었다.

2. 선결문제 동의 규칙의 의미변화

이러한 선결문제 동의를 토론종결을 위한 도구로 변경한 것은 연방하원

---

31) Sarah A. Binder and Steven S. Smith (1997), 앞의 책 (각주 2), 34-37쪽; Gregory Koger (2010), 앞의 책, 19-20쪽.

이었다. 하원도 의회출범(1789년) 이후 처음 20여 년 동안은 선결문제 동의의 의미에 대해 상원과 마찬가지의 입장을 유지하였다. 그러나 1811년에 이르러 상황이 달라졌다. 1812년 미영전쟁을 향해 가는 위기 상황에서 다수파는 전쟁과 관련된 사안을 소수파의 방해로부터 안전하게 처리하고 싶었다. 그래서 하원규칙에 있던 선결문제 동의를 활용하고자 했고, 이를 '토론을 배제하고 즉시 표결을 행하는 것'을 요청하는 동의로 그 의미를 변경시켰다. 그리고 이 동의를 가결시키는 데에는 단순 다수(simple majority)로 충분했다. 이렇게 하여 하원은 1811년 이래로 단순다수결에 의해 토론을 종결시키는 수단을 가지게 된 것이다.[32]

따라서 1806년 상원에서 아론 버(Aaron Burr)의 조언에 따라 의사규칙에서 선결문제동의를 없앴을 때에도 그 의미는 원래 의미의 선결문제 동의 바로 그것이었다. 그러므로 선결문제 규칙이 삭제되었다고 하여 토론 종결의 수단이 없어졌다고는 말할 수 없는 것이다. 그리고 또한 이로 인해서 무제한 토론이 길이 비로소 열리게 된 것도 아니었다. 오히려 그보다는 1806년에도 그리고 1806년 이전에도 미국 상원에선 토론을 제한하는 조항이 처음부터 존재하지 않았던 것이라고 해야 할 것이다.[33]

그리고 당시의 선결문제 동의란 토론종결의 의미가 아니라 논의의 연기 정도의 의미였기 때문에 아론 버는 이를 쓸모없는 조항이라고 여겼다. 그래서 당시 부통령(부통령은 곧 상원의장이다)이었던 아론 버는 상원에서의 고별 연설자리에서 상원의 규칙들이 쓸 데 없이 길고 복잡하다고 말하고, 이를 간결하게 만드는 것이 좋겠다고 조언하였다. 특히 선결문제 동의

---

32) Sarah A. Binder and Steven S. Smith (1997), 앞의 책 (각주 2), 35쪽.
33) Emmet J. Bondurant (2011), 앞의 글, 470-472쪽에서는 선결문제 규칙이 당시부터 바로 토론을 배제하는 의미라고 하고 1806년 선결문제 규칙의 삭제로 무제한 토론이 가능하게 되었다고 설명하고 있다. 문제의 선결문제 규칙이 거의 사용되지 않았기 때문에 본래 선결문제 규칙의 의미가 무엇인가는 이처럼 대립되어 확실히 밝혀진 것이 별로 없다.

는 자신의 부통령 4년 임기동안(1801-1805) 겨우 1번 가결되었을 뿐이므로 불필요하다고 판단되며 삭제해도 좋을 것이라고 권하였다. 그리고 실제로 1789년에서 1806년까지 쓰인 횟수도 10번에 지나지 않았다.[34] 이러한 사정들을 고려하여 상원은 1806년 선결문제 동의 규칙을 삭제하였다.[35]

3. 선결문제 동의 규칙의 삭제와 의사진행방해

선결문제 동의규칙의 삭제가 어떤 의미를 가지는 지에 대해서는 여러 가지 입장이 존재한다. 의사진행방해의 찬성자와 반대자 모두 이것에서 자신이 원하는 내력을 구해낼 수가 있다는 평가도 존재한다.[36] 실제 선결문제동의 규칙의 쓰임이 어떠했는지가 사실은 불분명하다. 이것이 처음부터 토론종결의 효과를 지녔었다는 주장도 존재하며 그런 것이 아니고 민감한 문제를 다루는 것을 연기하는 데 이용되었을 뿐이라는 주장도 있다. 두 주장이 공유하는 유일한 사실은 1806년에 선결문제 동의규칙이 삭제되었다는 것뿐이다. 초기에 그 사용이 별로 없었다는 점과 그 의미가 다소 불분명했다는 점을 고려하면 선결문제 규칙이 무제한 토론에 대한 초기 상원의 입장(긍정, 부정의 어느 입장이든)을 나타내는 증거로 되기에는 매우 약하다는 의견[37]이 합리적이다.

하원에선 공식적으로, 상원에서 비공식적으로 채택되었던 토마스 제퍼슨의 매뉴얼이 "누구도 문제에 대해 부적절한 발언을 하거나 문제를 벗어나서 장황하거나 지루하게 발언해서는 안된다."[38]고 규정하고 있어 무제

---

34) Sarah A. Binder and Steven S. Smith (1997), 앞의 책 (각주 2), 35쪽.
35) Emmet J. Bondurant (2011), 앞의 글, 472-473쪽.
36) Catherine Fisk; Erwin Chemerinsky (1997), "Filibuster", *Stanford Law Review*, Vol. 49, Issue 2, 188쪽.
37) Catherine Fisk; Erwin Chemerinsky (1997), 앞의 글, 188쪽.
38) Thomas Jefferson, *A Manual of Parliamentary Practice 40.*: "No one is to speak

한 토론이 용인되지 않을 것으로 보이지만, 실제로는 종종 장황하게 긴 토론이 이어졌다는 점,[39] 19세기 초기에 클레이(Clay), 웹스터(Webster), 칼훈(Calhoun)과 같은 말을 길게 하는 경향이 있는 명연설자들이 대거 등장하여 상원 토론의 황금기를 구가했다는 점, 그리고 칼훈이 무제한 토론을 남부의 이익을 위해 사용한 것은 소수의 권리에 대한 그의 신념과도 일치했다는 점 등을 지적하면서 1820년대에 이미 무제한 토론을 이용한 의사진행방해가 모습을 드러낸 것으로 보는 피스크와 셰머린스키(1997)의 논지는 매우 설득력이 있다.

　이러한 견해들을 고려하면, 선결문제동의 규칙이 처음부터 토론종결의 효과를 가지는 것이 아니었다고 하더라도 상원에서 일어난 1806년의 선결문제 규칙 삭제조치는 의사진행방해의 역사에서 중요성을 가진다고 하지 않을 수 없다. 1811년 하원에서의 조치로 선결문제 규칙에 토론종결수단이라는 확고한 의미가 부여되었기 때문에 더더욱 그러하다. 이 의미변화를 통해 하원은 토론을 이용한 의사진행방해를 다수결로 억제하는 수단을 얻을 수 있었다. 따라서 초기에 1806년 상원규칙상에서 선결문제를 삭제한 것이 바로 오늘날 이해하듯 직접적으로 필리버스터를 가능하게 한 것은 아니었지만, 그럼에도 불구하고 선결문제 규칙이 그대로 남아있었다고 가정해 본다면, 시간이 흐름에 따라 하원에서의 해석과 관행은 상원에서 선결문제 규칙을 이용하는 관행에 당연히 영향을 미치게 되었을 것이다. 그렇다면 상원에서도 토론을 이용한 의사진행방해의 역사를 지금과는 상당히 다르게 변화시켰을 가능성이 높다. 그러나 상원에서는 선결문제 규

---

impertinently or beside the question, superfluously or tediously." (Catherine Fisk; Erwin Chemerinsky (1997), 앞의 글, 188-189쪽에서 재인용.)

39) 하원에서 오래 그리고 상원에서 짧게 재직했던 존 랜돌프(버지니아)는 상관없는 말을 길게 하기로 유명해서 토마스 제퍼슨이 의사절차를 늘어뜨리는 사람을 "존 랜돌프(a John Randolf)"라고 지칭했다고 한다. Franklin L. Burdette (1940), 앞의 책, 15쪽; Catherine Fisk; Erwin Chemerinsky (1997), 앞의 글, 189쪽.

칙을 삭제하였고 그 이후 다시 채택하지 않았다. 따라서 의사규칙에서 선결문제 동의 조항을 가지고 있는지 가지고 있지 않은지의 차이가 상원과 하원 사이에 시간이 갈수록 큰 차이를 가져오게 된 것이라고 할 수 있고 (경로 의존성),40) 상원에서는 이미 1820년대에 노예소유와 주의 권리문제 등과 관련하여 장시간의 연설을 적극적으로 활용하는 것이 이상하지 않게 되었다. 하원에서 1811년에 다수결에 의한 토론종결의 수단을 얻었다고 한다면, 상원에서는 토론종결 수단이 없는 상태가 19세기 내내 지속되었던 것이고 이것은 상원의 전통을 형성하기에 충분한 시간이었으며 실제로 초기부터 장시간의 연설이 행해지기 시작했다.

II. 19세기 미국 하원에서의 의사진행방해

1. 미국 하원의 현재와 과거

오늘날 미국 하원은 의원의 발언시간 제한이 엄격하기 때문에(1시간, 하원규칙 제XVII조 제2항) 무제한 토론을 이용한 의사진행방해는 용인되지 않는다. 또한 이러한 제한된 발언조차 선결문제 동의(動議)를 통해서 단순 다수결로 토론종결이 될 수 있다. 따라서 하원은 다수결의 원리가 지배하는 곳이다. 이는 무제한 발언이 허용되고 이를 이용한 의사진행방해가 행해질 수 있는 상원과 대조적이다. 그러나 하원의 모습이 처음부터 이와 같았던 것은 아니다. 오히려 19세기에는 하원에서 의사진행방해가 더 빈번

---

40) Sarah A. Binder (1997), *Minority Rights, Majority Rule*, Cambridge: Cambridge University Press, 3쪽. 여기서 경로의존성이란, 예컨대 과거에 선택한 의사규칙이 그 이후를 규정하는 것처럼, 과정에서 생기는 결과가 이미 선택된 역사적 경로에 의존한다는 것을 말한다.

히 일어났다는 주장이 있다(코저(2010)).[41] 그런데 1890년의 개혁은 그러
한 상황을 완전히 바꿔놓았다. 어떤 이유와 계기들에 의해 하원은 의사진
행방해를 더 이상 용인하지 않게 되었고, 오늘날과 같은 모습으로 변모하
였는지 1890년 하원의 규칙 개혁을 중심으로 살펴보도록 하자.

2. 선결문제 규칙

앞에서 보았듯이 미국 하원에서는 의회출범 이후 초기 20여년이 지나
1811년이 되면서 이미 토론을 종결하는 선결문제 규칙을 채택하여 무제한
토론을 이용한 의사진행방해를 다수결에 의해 제한할 수 있었다. 따라서
다수파에 대한 항의의 성격을 가지는 무제한 토론을 시작하는 것이 가능
은 하겠지만 다수파의 결의에 의해 손쉽게 제약되므로 무제한 토론이 효
율적인 의사진행방해의 수단일 수는 없었다. 대신 하원에서는 정족수 증
발(disappearing quorums)이나 의사지연적 동의(dilatory motions) 등의 다른
수단들이 이용되었다. 하원에서의 의사진행방해까지를 망라해 종합적으로
분석한 코저의 연구(2010)에 따르면 역사적으로 19세기에 상원보다는 하
원에서 오히려 의사진행방해의 빈도가 훨씬 더 높았다.[42] 코저가 조사하
여 확인한 1789년에서 1901년까지 뉴욕 타임스(New York Times)에 언급
된 의사진행방해 횟수는 상원이 90회인데 반해 하원은 137회에 이르렀
다.[43] 그리고 그 빈도는 19세기 말이 될수록 증가하는 경향을 보인다.
그러나 이러한 단순한 횟수의 비교는 자료해석에 있어 주의를 요한다.
상원에서 매우 드물기는 하지만 무제한 토론에 의한 의사진행방해가 제한
없이 가능했던 반면, 하원에서는 다수결에 의해 쉽게 토론종결될 수 있으

---

41) Gregory Koger (2010), 앞의 책, 39쪽 이하.
42) Gregory Koger (2010), 앞의 책, 39쪽 이하.
43) Gregory Koger, 앞의 책, 51쪽의 표3.3. 참조.

므로 하원에서 주로 이용할 수 있는 수단은 의사지연적 동의나 정족수 깨기 같은 것이었다는 것이다. 따라서 비록 하원에서 횟수가 많다고 하여도 두 의회에서 일어나는 의사진행방해의 양태와 파급력을 동일시하기는 어렵다. 그리고 그것은 이미 1811년부터 하원과 상원의 의사진행방해는 선결문제 규칙의 유무 등에 의해 서로 다른 규칙체계 아래에 놓이면서 상당히 달라져 있어 예고된 일이었다고 할 수 있다. 그럼에도 불구하고 하원에서의 잦은 의사진행방해는 하원의 규모가 팽창하고 업무량이 증대됨에 따라 업무 효율상 문제를 가져왔고 그에 대한 개혁론이 일어나는 계기가 되었다.

3. 1890년 하원 규칙 개혁

(1) 리드의 하원 개혁의 목적

하원의 의사진행방해 횟수는 19세기 후반기 이후 급증하였다. 하원 규칙의 개혁은 19세기 후반기에 증가하던 이러한 의사진행방해에 대한 대응이었다고 볼 수 있다. 이 개혁으로 하원에서 의사진행방해는 거의 자취를 감추게 되었기 때문에, 19세기 말에 일어난 이 의회규칙개혁의 배경과 내용을 주목해 살펴볼 필요가 있다. 이러한 개혁의 정점은 1890년 당시 하원의장인 하원의장 리드(Reed)에 의해 주도된 하원 규칙 개혁이었다. 그는 이 개혁을 통해 의장의 권한을 강력한 것으로 만들었고 의회를 강력한 다수결의 기속하에 놓이게 함으로써 하원을 상원과는 완전히 다른 기구로 만들었다고 평가받는다.

하원이 점차 절차진행에 무능해지고 서서히 아무 일도 하지 않는 무기력상태로 접어들자 하원규칙을 개정해서 하원의 입법안 처리기능을 회복하려는 움직임이 나타났다. 1889년 하원의장이 된 토마스 리드(Thomas

Brackett Reed, 공화당)는 그러한 운동의 선두에 서게 된다.[44]

1888년 11월의 선거로 구성된 제51대 의회는 공화당이 176 대 153으로 다수를 장악한 상태였고, 또한 이미 리드는 1882년 규칙위원회(Rules Committee) 위원장을 맡고 있었을 때 소수파에게 의사진행방해를 허용하지 않는 규칙개정을 강행해 승리를 거둔바 있었다. 이 때 보인 리드의 신념은 하원은 그 업무를 처리해야 하고 그러한 의무의 수행을 소수 야당이 방해하는 것을 의장이 좌시해서는 결코 안된다는 것이다. 그렇기 때문에 의장은 규칙의 불법적 남용을 그 권위를 사용해 확실히 쓸어 없앨 수 있어야 하고 그럼으로써 하원을 업무에 확고히 붙들어 맬 수 있다고 보았다. 그러한 신념은 리드가 하원의장이 되었을 때에도 바뀌지 않았고 더욱 확고해졌다. 그는 그에 관한 논문을 학술지에 기고함으로써 자신의 입장을 체계적으로 제시하였다. 의회업무를 방해하는 의사지연적 동의(dilatory motions)는 금지되어야 한다고 주장하면서, 하원 규칙은 소수의 권리를 보호하기 위한 것이 아니라 하원의 업무를 적절히 수행하기 위한 것임을 강조했다.[45]

> "헌법은 소수를 보호하는 헌장이고 다른 것을 포함하고 있지 않다. 입법기관의 규칙은, 사람들이 헌법을 만들 때처럼, 권력을 제한하고 권리를 보장하기 위한 것이 아니다. 그것은 의사의 규칙적이고 안전한 처리를 용이하게 하기 위한 것이다."[46]

> "만약 시간이 영원하다거나 인간이 천사라면, 토론에 시간을 제한할 필요

---

44) 이하의 내용은 Robert V. Remini (2006), *The House: The History of the House of the Representatives*, New york: Smithsonian Books, 243-250쪽을 요약한 것이다.
45) Thomas H. Reed (1889), "Obstruction in the National House", *The North American Review*, Vol. 139, No. 395, 421-428쪽.
46) Thomas H. Reed (1889), 앞의 글, 425쪽.

는 없다. 그러나 하원에서 사람은 천사가 아니며, 시간조차 하루에 다섯 시간, 1년에 6개월가량으로 한정되어 있다; 따라서 토론도 많이 단축되어 있다. 나는 그것이 너무 제한되어 있다고 생각해왔다; 그러나 우리 하원의 변화하는 정서상 그 이외에는 대안이 없어 보인다."[47]

"만약 의사지연적 동의들이 최저한도로 제한되거나 완전히 폐지된다면, 활동과 심의가 대단히 용이해진다; 그리고 그에 따라 토론을 할 많은 기회가 생기게 되고, 현명하지 못한 입법의 위험은 감소되게 된다."[48]

(2) 리드의 하원개혁의 모습과 성과

그는 새로운 하원의 시작과 함께 전통적인 규칙의 혁신을 준비했다. 하원은 상원과 달리 연속성이 없기 때문에 하원 규칙은 선거 이후 새로이 제정 혹은 개정되어야 했다. 그에 즈음해 리드는 평소 자신의 신념에 따라 의장으로서 자기편인 공화당 지도부 맥킨리(Mckinley) 그리고 캐논(Cannon)과 함께 하원의 방향을 바꿀 역사적인 규칙개혁을 시도했다. 먼저 리드는 "정족수 증발(disappearing quorums)"을 가능하게 하는 제1대 의회로부터 내려온 전통적인 정족수 산정관행을 깨려고 했다. 그 관행이란 호명 투표(roll call vote)를 행할 때 호명에 응하면서 투표한 자만을 정족수에 산입하고, 실제 출석한 사람(즉, 실제 출석했는데 호명에 답하지 않음으로써 투표에 참여하지 않은 사람)을 정족수에 산입하지 않는 방식이었다. 이 방식은 출석한 소수파가 정족수 호명에 응하지 않음으로써 정족수 불충분으로 회의를 무산시키는 전략에 자주 이용되는 필리버스터의 한 종류였다.

1890년 1월 29일, 하원은 웨스트 버지니아(West Virginia)의 선거의 당

---

47) Thomas H. Reed (1889), 앞의 글, 425쪽.
48) Thomas H. Reed(1889), 앞의 글, 426쪽.

선자가 누구인지를 심의하기로 되어 있었다. 공화당은 당연히 공화당 의원을 당선자로 선언할 참이었고, 민주당은 이를 저지하려 했다. 민주당 원내대표인 찰스 크리습(Charles F. Crisp, 조지아 주) 의원이 그 의안에 대한 심의 동의를 제기하자, 리드의 전략이 발동되었다. 이를 표결에 부치기로 하자, 출석한 모든 민주당원은 투표를 위한 호명에 침묵함으로써 방해에 나섰다. 반면 공화당은 출석한 173명 전원이 응답했다. 리드는 이에 서기에게 종전의 관행과는 전혀 다르게 "출석했으나 투표에 불응한 의원의 이름을 기록할 것"을 지시했고, 이에 민주당원들의 항의가 이어졌다. 그 중 한명인 맥크리어리(McCreary)는 "의장님, 당신에게는 나를 출석한 것으로 셀 권리가 없다고 생각합니다."라고 항의했다. 이에 리드는 "의장인 나는 당신이 출석해 있다는 사실이 확실하다고 보고 있는데, 당신은 아닌가요?"라고 맞받아쳤고, 공화당 의원들은 폭소를 터트렸다. 리드는 덧붙여 설명하기를, 헌법은 명확히 의원이 정족수를 구성하기 위해 출석하도록 강제될 수 있다고 규정하고 있기 때문에(연방헌법 제1조 제5절 제1항), 정족수 산정에는 그 "출석"만이 필요한 것이지 그 외에 다른 무엇이 더 요구되는 것이 아니라고 하였다. 그러면서 자신의 의장으로서의 판단은 헌법의 의미범위 내에서 정족수가 충족된다는 것이라고 하였다. 3일 동안의 격렬한 논쟁 끝에 리드는 승리를 거두었다. 호명투표 요구가 거듭되었고 그 때마다 민주당원들은 대답하지 않았으며 심지어는 책상 밑으로 숨기까지 했지만 결국은 다 헛수고였다고 할 수 있다. 공화당원은 의원들을 다 불러들여 자신들만으로 정족수를 모으는 데 성공했고 리드의 의장으로서의 판단을 옳은 것으로 결정할 수 있었다. 이로써 새로운 관행이 성립된 것이다: 정족수 증발의 관행은 더 이상 인정되지 않는다. 이렇게 하여 하원에서 정족수 증발은 사라지게 되었고, 리드는 '짜아르(Czar)'라는 비난 섞인 별명을 얻게 되었다. 그것을 시작으로 그는 하원의 업무처리능력을 향상시키기 위한 규칙 개혁을 강하게 밀어붙였다. 이러한 개혁에 담긴 그의 생각은 바로 '다수결 원리의 관철'로 요약될 수 있을 것이다.

> "가장 좋은 제도는 한 정당이 통치하고 다른 당은 구경하는 것이다. 일반
> 원칙에 근거해 나는 우리(공화당)가 통치하고 민주당은 구경하고 것이 좋
> 을 것으로 생각한다."[49]

그가 하원의 효율성 향상을 위해 수행한 개혁내용은 다음과 같다.[50]
1. 출석자를 모두 정족수에 산입함으로써 '정족수 증발'로 인한 의사진행
   방해를 없앴다.
2. 방해목적으로 판단되는 의사지연적 동의를 의장의 직권으로 기각할 수
   있게 하였다.
3. 규칙위원회가 의사일정을 조정할 수 있도록 하여 법안의 본회의 상정을
   결정할 수 있도록 하였다.
4. "조회(朝會) 시간(morning hour)"제도를 만들어 위원회가 법안을 보고
   하고 표결에 부칠 수 있도록 하였다.
5. 마지막으로, 법안 심의를 간소화하기 위해, 전원위원회에서 정족수를
   100인으로 낮추었다.

이러한 개혁과정을 거쳐 리드는 철저하게 필리버스터를 억압했다. 그리
고 하원의 구조는 의장의 강력한 권한을 바탕으로 중앙집중화된 구조를
띠게 되었다. 이후 하원은 리드의 개혁 논리를 따랐고 리드 이후에도 하원
은 다수결 원리가 지배하는 그러한 형태의 기관으로 남게 되었다.

4. 하원이 의사진행방해를 제한하는 길로 나아가게 된 이유

코저(Koger, 2010)의 연구에 의하면 19세기에는 하원에서 오히려 의사

---

49) Robert V. Remini (2006), 앞의 책, 250쪽.
50) Robert V. Remini (2006), 앞의 책, 250쪽.

진행방해의 빈도가 더 높았다. 그런데 리드의 개혁이 상징하듯이 하원은 의사진행방해를 제한하고 없애는 길로 방향을 틀었다. 그에 대한 원인으로는 다음과 같은 몇 가지 이유가 지목된다.

첫째, 하원에서 의사진행방해가 빨리 시작되었기 때문에 대응도 빨랐다는 것이다. 코저의 지적대로 19세기에는 하원에서 의사진행방해가 훨씬 많이 일어났다. 그리고 버뎃(1940)은 잭슨시대 이전에는 상원보다 하원의 의원들의 정치적 권위가 더 높았을 뿐만 아니라 격렬한 입법적 대립도 주로 하원에서 일어났다고 지적한다. 따라서 상원에서 의사진행방해가 흔해지기 훨씬 이전부터 지연전략은 하원 의사진행의 주된 특징이었다는 것이다.51) 미 연방헌법이 세입징수에 관한 법률안은 하원에서 먼저 제안하도록 하여52) 국가의 중요문제라고 할 수 있는 예산에 관해 하원에게 주도적인 권한을 분배한 것도 하원에서 이러한 의견대립이 심하게 일어날 수 있는 구조적 요인이 된다. 그러므로 일찍부터 하원은 의사진행방해에 대한 대응을 취하게 되었고, 인구비례에 기초하여 다수의 견해를 중시하는 하원구조의 속성상 그 방향은 의사방해에 대한 억제였다.

둘째, 의사진행방해를 계속 허용하기에는 하원의 규모가 너무 컸다는 것이다. 상원의 단촐한 규모에 비해 하원은 매우 큰 규모이므로 원활한 의사진행을 위하여 중앙집권적 통제의 필요성이 더 컸다. 1789년에 65명으로 출발한 하원은 1901년이 되면 357명으로 불어난다. 반면 상원은 1789년에 26명으로 출발했지만 1901년에도 90명의 규모에 머물렀다. 이는 보

---

51) Franklin L. Burdette (1940), 앞의 책, 15쪽.
52) 미연방헌법 제1조 제7절 제1항: 세입 징수에 관한 모든 법률안은 먼저 하원에서 제안되어야 한다. 다만 상원은 다른 법률안과 마찬가지로 이에 대해 수정안을 발의하거나 수정을 가하여 동의할 수 있다.

다 많은 의원들간에 법안을 제출하고 주장을 위한 토론시간의 확보 경쟁
이 치열해진다는 것을 의미한다. 또한 구성원이 많아진다는 것은 잠재적
으로 의사진행방해에 매달릴 수 있는 의원의 수도 증가한다는 것을 의미
한다. 따라서 의사일정 상의 시간은 상대적으로 더 귀해지고 제한의 필요
성은 늘어났는데 그 변화의 압력은 소규모인 상원에 비해 대규모인 하원
의 경우가 훨씬 더 컸다는 것이다.[53]

　셋째, 하원의 업무량이 점점 늘어났다는 것이다. 의원의 수 증가는 19세
기 동안 영토의 비약적 증가와 인구의 증가에 따른 자연스런 현상이다. 이
는 연방업무의 지속적 증가를 초래했다. 코저의 연구는 업무량을 측정하
는 자료로 호명투표일수와 대통령으로부터의 정책요청 건수를 제시한다.
업무일수를 나타내는 호명투표일수는 19세기 중반 이후 급격한 증가를 보
이며, 대통령으로부터의 정책요청은 19세기말로 갈수록 지속적인 증가현
상을 보여준다. 워싱턴 대통령(1789-1796)이 제1대 의회동안 17회의 정책
요청을 한데 반해 1세기 뒤 해리슨(Harrison) 대통령(민주당, 1888-1892)은
제51대 의회에서 103회의 정책요청을 의회에 보냈다.[54] 상원과 하원의 호
명투표일수를 보면 양자간에 횟수의 차이가 별로 없다. 따라서 업무일수
만 가지고 상원에 비해 하원의 업무량이 더 많다라는 판단은 내릴 수 없지
만, 입법의 주도권이 하원이 있고 상원은 견제의 역할을 한다는 점을 고려
하면 하원의 업무량은 상원보다 훨씬 많다고 할 수 있다. 이러한 상황에서
의사진행방해를 용인하게 되면 이러한 업무량증가에 효율적으로 대처하기
가 점점 어려워질 것이고 그 정도는 하원의 경우가 훨씬 심했다고 할 수
있다.

---

53) Gregory Koger (2010), 앞의 책, 80쪽.
54) Gregory Koger (2010), 앞의 책, 81-84쪽.

넷째, 상원과 달리 하원의원의 짧은 임기도 고려되어야 한다. 하원의 경우 의원임기는 2년인데 반해 상원의원의 임기는 6년이다. 의원 개인들 측면에서 보거나 정당의 측면에서 보거나 다음 선거를 대비하여 가시적인 성과를 낼만한 시간적 여유가 상원에 비해 하원의 경우가 확실히 부족하다. 상원의 경우도 의원 1/3씩 2년마다 순환선거를 하지만 2년마다 전체 구성원을 선거하는 하원에 비하면 제한된 임기가 가하는 압박을 통해서 가지게 되는 선거에 대한 부담이 한결 가볍다고 할 수 있다. 하원의 경우는 유권자들에게 정책적 성과를 호소하기 위해서, 효율적인 입법업무를 통해 짧은 시간 내에 가시적인 성과를 보여줘야 할 필요가 있었다.

이러한 네 가지 요인에 부합하게 하원 개혁을 주도했던 리드의 글을 살펴보면 의회는 한정된 시간을 가지므로 효율적으로 일을 처리해야 한다는 신념이 강하게 드러나 있다. 다수결은 그러한 효율적인 의사처리를 위한 수단이 된다. 의사지연적 동의와 토론시간의 낭비는 가급적 억제하고 다수결에 따라 효율적인 의사처리가 필요하고 이것이 시대의 요청이라는 것이 리드의 신념이었다.

따라서 하원이 의사진행방해를 제한하게 된 것은 초기부터의 빈발로 비교적 빠르게 대응의 방향을 설정하게 되었을 뿐만 아니라, 업무량, 규모, 임기의 차이가 하원이 사용할 수 있는 시간의 가치를 높인 것이 중요한 원인이 되었다. 시간의 가치가 높아지기 때문에 의사진행방해는 이러한 시간의 가치를 훼손하는 것이 되고 하원의 기능에 타격을 입히게 된다. 이는 하원과 하원의원들에게 바람직하지 않은 것이었고 이러한 요인들이 복합적으로 작용하여 19세기를 통해 하원에서는 의사진행방해를 용인하지 않는 방향으로 흐름이 진행되었다.

Ⅲ. 19세기 이후 미국 상원에서의 의사진행방해: 제도화의 길

1. 19세기 상원에서의 의사진행방해

(1) 19세기 상원에서 의사진행방해의 빈도

선결문제 동의 규칙의 폐지(1806년)가 무제한 토론을 규범적으로 뒷받
침해줄 수 있었기 때문에 무제한 토론을 이용한 의사진행방해는 19세기
초반 이후 서서히 모습을 드러내기 시작하였고, 원내 소수파의 무기로 이
용될 수 있게 되었다. 그리고 이를 제한하는 규정은 1917년 이전에는 도입
되지 않았다.[55]

그러나 19세기에는 의사진행방해가 그렇게 중요하지도 활성화 되지도
않았다. 코저의 연구(2010)에 의하면 19세기 내내 꽤 많은 횟수가 인정될
수 있으며 특히 19세기말로 갈수록 의사진행방해가 증가하는 양상을 보인
다.[56] 그러나 코저의 연구는 저널, 신문 등의 언급횟수 등에 상당부분 의
존한 것으로 의사지연적 동의, 정족수 깨기 등 여러 양상의 의사진행방해
를 모두 포괄한다. 따라서 그 횟수가 상당히 많을 수밖에 없다. 그러나 무
제한 토론에 의한 의사진행방해만을 추적하여 작성한 목록을 제시하는 로
렌 벨의 연구(2011)에 따르면 1790년에서 1901년까지의 무제한 토론에 의
한 의사진행방해는 24회로 매우 드문 빈도를 보여준다. 1850년 이후 1901
년까지의 경우도 19회로 그 빈도는 약 2-3년에 1회 정도에 그친다. 이는

---

55) Franklin L. Burdette (1940), 앞의 책, 6-7쪽에서도 의사진행방해는 절차규정의 성
   격에 부분적으로 좌우된다고 지적한다. 미국에서는 헌법의 몇 개 규정을 제외하고
   는 의사에 관한 규칙제정권이 상원 자신에게 있는데, 1917년 이전에는 상원에서 아
   무리 길게 말을 하더라도 의원의 발언을 제한하는 규정이 존재하지 않았다고 한다.
56) Gregory Koger (2010), 앞의 책, 44-46쪽.

1991년 13회, 1992년 14회로 2년 총합이 27회에 이르는 20세기 후반 이후의 빈도와 매우 대조적이다.57)

(2) 무제한 토론에 의한 의사진행방해가 드물게 나타났던 이유

규범적으로는 열려 있었음에도, 미국독립 이후 상원의 활동 초기에 이러한 무제한 토론 조항을 활용하여 의사진행방해를 실행에 옮기는 현상이 별로 나타나지 않았던 원인으로는, 우선 당시에는 상원이 처리해야 할 업무량이 적었고, 지속적인 당파적 적대성도 아직 별로 나타나지 않고 있었으며, 선거 등의 면에서 대중과의 접촉이 적었기 때문에 정치적 이익을 획득하기 위해 무제한 토론을 활용할 유인이 적었다는 점이 지적된다.58) 따라서 이러한 설명은 미국이 19세기 말로 갈수록 광대한 영토를 획득하고 상원의 업무량이 따라서 서서히 증가해간 역사적 경로를 밟은 점에 비추어 무제한 토론의 빈도가 그와 유사하게 19세기 말로 갈수록 서서히 늘어나기 시작한 것 사이에 상관관계가 있어 설득력이 있다고 할 수 있다.

2. 혁신주의 시대 미국 상원의 제도적 변화

19세기와 20세기 사이에 미국은 심대한 변화를 경험하였다. 대체적으로 19세기가 남부와 북부의 갈등이 지배하고, 농업이 위주가 되는 국가였다면 20세기 미국은 고도 산업사회가 되고 도시와 산업사회가 창조한 사회적 갈등이 지배하는 국가가 되었다. 19세기 중후반 남북전쟁이 북부의 승리로 끝나면서 미국은 산업사회를 향해 거침없이 달렸고, 그 결과 탄생한

---

57) Lauren C. Bell (2011), *Filibustering in the U.S. Senate, Amherst*, New York: Cambria Press, 149-177쪽에 부록으로 제시된 "1790-2008년, 미국 상원의 필리버스터 목록"에 의거함.

58) Sarah A. Binder and Steven S. Smith (1997), 앞의 책 (각주 2), 5쪽.

도시와 비약적으로 발전한 경제는 사회의 모습을 현저히 바꾸어 놓았다. 이러한 사회변화는 대중 민주주의를 더욱 활성화시켰고, 이에 발맞추어 공무원 제도의 확립, 정당 개혁, 예비선거의 도입 등 많은 정치적 개혁을 수행하도록 촉진하였다. 이러한 개혁주의 시기에 상원과 관련하여서는 주 입법부에 의해 이루어져 오던 상원의원 선출을 주 인민의 직접선거에 의하도록 바꾼 수정헌법 제17조의 도입(1913)이 중요하다. 이것은 지역정당의 머신체제를 타파하고 정당과 선거경쟁을 더욱 민주화시키려는 방향의 개혁이었다.[59]

상원의원의 직접선거가 상원의 운영에는 어떤 영향을 미쳤는가에 대하여는, 거의 영향이 없었다는 연구결과와 수정헌법 제17조의 결과로 하원과 보다 유사하게 되었다는 연구결과가 공존한다고 한다.[60] 와우로와 쉬클러(2006)는 데이터 분석을 통해 적어도 직접선거 전후로 상원의원의 교체비율이나 투표행태에 대해서 달라진 바를 발견할 수 없다고 하였다.[61] 따라서 수정헌법 제17조가 연방상원이 보다 더 연방의 국민대표기관의 성격을 강화한 것은 확실하지만, 의사절차내부와 관련하여서는 어떤 영향을 미쳤는지 단정할 수 없겠다.

그러나 수정헌법 제17조의 개혁을 몰고 온 보다 큰 변화의 환경이라 할 수 있는 미국 사회의 변화와 개혁주의는 상원 내부 절차, 특히 1917년 토론종결 제도의 도입에 영향을 미쳤다고 볼 수 있다.

첫째로 미국의 주는 1850년에 31개 주에서 1912년에 48개 주로 늘어났고, 그에 따라 상원의원 수가 62명에서 96명으로 늘어났다. 이전에 개인적

---

59) Everett Carll Ladd (1970), *American Political Parties ‑ Social Change and Political Response*, New York: W. W. Norton & Company, Inc., 147-149쪽; 에버렛 칼 래드, 미국정당정치론, 최한수 옮김 (1994), 신유, 150-151쪽.

60) Gregory J. Wawro and Eric Schickler (2006), *Filibuster : Obstruction and Lawmaking in the U.S. Senate*, Princeton, N.J.: Princeton University Press, 195쪽.

61) Gregory J. Wawro and Eric Schickler (2006), 앞의 책, 196-208쪽.

친분관계에 기반한 상원의 규율이 늘어난 의원숫자로 인해 잘 작동하지 않게 되었고, 이에 정식 규범에 의한 규율이 요청되었다는 것이다. 토론 제한 규칙을 가지고 있지 않았던 무규율, 자유방임의 시대에서 일정한 규율이 필요한 시대로 변화된 것이다. 그리고 주가 늘어 미국의 범위가 확대됨에 비례해 늘어난 업무량도 이러한 필요성을 증가시켰다.62)

둘째로 혁신주의 시대의 사회개혁은 변화된 사회에 맞추어 정치 제도를 보다 효율화 하는 것이었는데,63) 자유방임적인 무제한 토론은 이러한 시대적 분위기에 배치되는 것이었고 일정한 제한을 도입해야 할 필요성이 있었다. 이러한 시대적 배경 속에서 대통령인 우드로 윌슨이 해야 할 일을 못하는 입법부라고 상원을 비난하면서 토론제한을 촉구했던 의도를 이해할 수 있다.

3. 토론종결 제도의 도입(1917년): 의사진행방해의 제도화

(1) 토론종결제도 도입의 이유

19세기와는 달리 20세기에 들어서 무제한 토론에 의한 의사진행방해는 상당한 증가를 보인다. 1903년에서 1917년까지 27회의 빈도를 보여 년 평균 2회에 근접하는 발생횟수를 기록하고 있다.64) 19세기 동안 평균 2-3년에 1회가량이었던 빈도와 비교하면 상당히 늘어난 숫자를 보이고 있다. 그러나 이 정도의 빈도가 상원업무에 비효율을 초래했다는 증거는 없다. 오히려 1880년대 하원에서 위원회 보고서를 통과시킨 비율이 35%인데 반해 62대 상원(1911-1913)의 경우는 71.0%로 매우 효율이 높았다.65) 따라서

---

62) Gregory J. Wawro and Eric Schickler (2006), 앞의 책, 208-209쪽.
63) Leonard W. Levy et al. edit. (2000), Encyclopedia of the American Constitution, vol.2, 2nd ed., New York: Macmillan Reference USA, 588쪽.
64) Lauren C. Bell (2011), 앞의 책, 152-153쪽의 목록.

하원과는 달리 상원의 경우에는 업무의 비효율이 의사진행방해 개혁의 원인이 아니었다.

그 직접적인 계기가 되었던 것은 1917년 독일의 무제한 잠수함 작전에 대항하여 상선무장 법안을 제출하였으나 일부의원이 의사진행방해를 제기한 것이었다. 논쟁의 도화선이 된 것은 1917년 3월 1일 유명한 '짐머만 노트(Zimmermann note)'가 공개된 것이었다. 이것은 독일 외무부로부터 워싱턴 주재 독일 대사에게 전해진 전언이었는데, 독일이 미국과 전쟁을 할 경우 미국에 대항하여 멕시코에게 참전을 요청하고, 그 경우 텍사스, 뉴멕시코, 아리조나의 점유를 돕겠다는 내용이었다. 더 나아가 멕시코 정부가 나서서 일본이 미국과 전쟁하도록 부추기라는 내용까지 포함하고 있었다. 이 놀라운 내용은 곧 온 국민을 분노로 들끓게 만들어 3월 2일 의회에 상선 무장법안이 제출되었다.66)

의원 임기가 곧 종료하기 때문에 법안을 검토할 시간은 48시간밖에 없었다. 그런데 일부 상원의원들은 그 법안이 미국을 전쟁으로 이끌어 갈 위험이 있다고 보고 그 점을 매우 두려워하면서 무제한 토론으로 대응하였다. 시간이 얼마 남지 않아 분노지수가 높아지는 가운데 의원 75명은 법안 통과를 요구하는 성명까지 발표하였다. 그러나 반대파 상원의원들은 자신들은 이 나라를 전쟁으로 끌고 들어갈지도 모르는 조치에 대한 충분한 논의를 위한 권리가 있다고 응수했다. 그 중 한 의원은 충분한 토론을 옹호하기 위해 대통령인 우드로 윌슨의 박사학위 논문까지 가져다 읽었다: "정부가 해야 할 일에 관해 모든 점을 부지런히 살펴보고 어떻게 그것을 바라보는지에 대해 충분히 말하는 것은 대표기관인 의회의 고유한 의무이다."67)

65) Gregory Koger (2007), "Filibuster Reform in the Senate, 1913-1917", in: *Party, Process, and Political Change in Congress*, Vol. 2, edit. David Brady; Mathew McCubbins, Stanford University Press, 211쪽.

66) Franklin L. Burdette (1940), 앞의 책, 118쪽.

67) Franklin L. Burdette (1940), 앞의 책, 120쪽.

이렇게 시간을 모두 소비해 버리고 의회를 마치자 여론과 국민 그리고 대통령은 이 11인의 의원들의 행동에 매우 분노했고, 일리노이 대학생들은 그 중 1인인 라 폴레트(La Follette) 의원의 모형인형을 만들어 목을 매다는 사태까지 벌어졌다. 윌슨 대통령은 "미국 상원은 다수가 행동을 할 준비가 되어 있는 데도 행동할 수 없는 전세계 유일의 입법부"라며 상원규칙의 개혁을 주문했다.68)

특별회기가 시작될 즈음 상원의원 왈시(Walsh)가 헌법적 선택안(constitutional option) 주장을 폈다. 매 의회는 헌법이 부여한 규칙제정권을 가지므로 상원도 하원과 마찬가지로 규칙을 새로 만들거나 옛규칙을 재채택해야 하는 것이라는 것이다. 지금까지 그렇게 해 오지 않은 상원의 오래된 관행은 전혀 잘못된 길을 정당화시켜주지 못한다고 하였다. 그는 의회의 표준규범은 바로 헌법적 선택안과 다수지배의 원리라고 하고, 토론을 종결하는 조항을 넣어 새로운 규칙을 다수결에 의해 채택하면 된다고 주장하였다. 그러나 이 주장은 많은 이들에게 상원의 질서에 큰 혼란을 초래하는 것으로 보였고, 양당은 신속히 모여 토론종결에 대한 합의안을 마련하였다.69) 그렇게 하여 1917년 3월 5일 특별회기로 상원이 소집된 바로 며칠 후인 3월 8일 토론종결규칙이 민주당 원내대표인 토마스 마틴(Thomas S. Martin, 위스콘신)에 의해 제안되었고, 즉시 표결에 부쳐져 76:3으로 통과되었다.70) 그리고 그 내용은 상원의원 총투표자 3분의 2의 찬성으로 토론을 종결한다는 것이었다.

코저는 1913년에서 1917년까지의 분석을 통해 상원에서 상원규칙 개혁은 뜨거운 이슈가 아니었고, 더욱이 단순다수에 의한 토론종결에 대해서

---

68) Franklin L. Burdette (1940), 앞의 책, 121-122쪽.
69) Martin B. Gold; Dimple Gupta (2004), "Constitutional Option to Change Senate Rules and Procedures: A Majoritarian Means to Over Come the Filibuster", *Harvard Journal of Law & Public Policy*, Vol. 28, Issue 1, 219-227쪽.
70) Franklin L. Burdette (1940), 앞의 책, 127쪽.

는 상원의 대다수가 지지하지 않았다고 한다. 상원 규칙을 개정하라는 여론의 압력이 어느 때보다도 높았기 때문에 그에 따라 2/3의 가중다수에 의한 토론종결이라는 당시 상원의 현상상태를 반영한 개혁안이 채택된 것이라고 본다.[71] 이는 전쟁이라는 긴박한 상황과 악화된 여론의 압력 속에서도 상원은 하원과 같은 의사규칙을 채택하는 데 찬성하지 않았음을 의미한다. 상원은 하원과는 다른 의회의 모습을 선호했고 현재의 의사규칙을 변경하는 것에 매우 조심스러웠다. 상원에서 자유로운 발언은 여전히 규칙이 되어야 하고 토론종결은 예외적이 되어야 한다는 입장이 지배적이었던 것이다.[72] 하원과 달리 상원은 업무의 효율보다는 소수의 보호와 의원 모두가 충분한 의견개진 기회를 가지는 것을 여전히 선호하고 있었던 것이다.

그러나 이러한 분위기에 왈시의 헌법적 선택안 주장이 압박을 가해 결국 토론종결 조항을 받아들이는 양보를 만들어 낸 것이다.

(2) 토론종결제도 도입의 효과

1917년 토론종결제도의 도입은 결과적으로 필리버스터의 제한에 별로 성공적이지 못했다. 코저의 연구, 그리고 버뎃의 연구는 이 제도가 직접적으로는 아무런 반향을 불러 일으키지 못했다고 이해한다. 그러나 버뎃은 이것은 의사진행방해를 제한하는 느리면서도 장기적인 방향의 첫걸음을 뗀 것이라고 평가하였다. 비록 그 방향이 옳은지 그른지에 대해서는 의견이 분분한 걸 인정하지만 말이다.[73]

반면 와우로와 쉬클러(2006)는 이 제도의 도입 계기를 본래 재정지출

---

71) Gregory Koger (2007), 앞의 글, 212-222쪽.
72) Franklin L. Burdette (1940), 앞의 책, 127쪽.
73) Franklin L. Burdette (1940), 앞의 책, 128쪽.

법안의 통과여부가 불확실하므로 의사절차의 확실성을 증가시키기 위한
조치였다고 하면서 그 점에서 이 제도는 매우 성공적이었다고 한다.[74]
 생각건대 이 두 견해는 대립되는 것이 아닐 것이다. 코저와 버넷의 경우
는 토론종결제도가 이용되는 측면에 주목한 것이다. 1917년 이후에도 한
동안 무제한 토론의 빈도가 얼마 되지 않는 상황에서 토론종결 제도가 활
발하게 이용되기를 기대하는 것은 무리일 것이다. 그것은 필리버스터의
빈도가 좀 더 높아진 이후에나 기대할 상황이다. 따라서 코저와 버넷의 이
제도에 대한 평가는 정확한 것이다. 그러나 와우로와 쉬클러의 연구가 지
적하는 정보기능의 강화라는 측면도 확실히 평가할 만한 가치가 있다고
할 수 있다. 이것은 이 제도가 직접적으로 이용된다기보다는 필리버스터
가 제기되는 상황을 가정하여 그 문턱을 넘을 수 있는지의 예측가능성을
제공함으로써 법안 통과에 필요한 찬성집단의 규모를 연합(coalition) 등을
통해 미리 확보하는 측면에 주목하는 것이다. 이것은 바로 의사결정 당사
자들간에 합의를 촉진하는 기능을 한다. 이처럼 정보기능의 강화로 인해
합의로의 유인을 강화한 측면은 의사진행방해 제도상의 엄청난 발전으로
평가할 수 있다. 왜냐하면 토론종결 제도의 도입 이전에 토론을 종결시키
는 방법으로는 ① 만장일치 동의에 의하는 것과 ② 토론이 끝나기를 기다
리는 것 뿐이기 때문이다. 그런데 의사진행방해가 일어나고 있는 상황에
서 만장일치를 얻기는 사실상 불가능하다. 따라서 상대방이 지치기를 기
다리는 소모전에 매달려야 하는데 이는 양측 모두에게 부담을 주는 일이
고 예측가능성이 없어 전망 역시 밝지 않기 때문이다. 이러한 측면에서 소
모전에서 토론종결로의 제도적 발전은 보다 손쉽게 합의를 촉진시킨다는
측면에서 혁명적 발전으로 이해되어야 한다.
 마지막으로 보다 명확한 제도적 형태를 가지게 함으로써 무제한 토론에

---

74) Gregory J. Wawro and Eric Schickler (2006), *Filibuster : Obstruction and
    Lawmaking in the U.S. Senate*, Princeton, N.J.: Princeton University Press, 238쪽.

의한 의사진행방해가 제도화되는 국면을 맞이하게 되었다는 점도 지적되
어야 한다. 토론종결에 대한 규칙이 없는 상황에서도, 즉 1915년에 이미
단순다수에 의해 선례를 확립하여 토론을 종결시키는 방법인 소위 "헌법
적 선택안(혹은 핵선택안)"이 논리적으로 불가능하진 않았기 때문이다.75)
그러나 2/3라는 가중다수에 의한 토론종결제도를 규칙화 함으로써 규칙에
의한 불안정성의 소지를 없애는데 기여하였다. 하지만 그럼에도 불구하고
의사진행방해의 개혁이 논의될 때마다 선례를 확립하여 토론을 종결시키
는 방법은 사그러들지 않고 여전히 제기되고 있고, 다수파가 위기시에 실
제로 그 방법을 사용함으로써 의사진행방해에 대한 제한의 가능성으로서
항상 남아 있다.76)

(3) 토론종결제도의 구조

앞에서 이 제도가 실제 의사진행방해의 제한에는 그다지 효과를 발휘하
지 못했지만, 의사진행방해에서의 성공과 실패가능성의 기준선을 확실히
제공함으로써 제도운용의 비용을 낮췄기 때문에 오히려 성공한 제도로 볼

---

75) Gregory Koger (2007), 앞의 글, 207쪽.
76) 상원의 민주당 다수파는 2013년 11월 21일의 대법관을 제외한 공무원 임명동의안
에 대한 공화당 의원들의 필리버스터를 단순과반수에 의해 종결하는 개혁을 감행
하였다. 이것이 소위 "핵선택안(nuclear option)"을 발동한 것이고, 이렇게 선례를
확립하는 방법에 의거하였다. 이후 미국 상원의 필리버스터는 대법관에 대한 임명
동의안을 제외한 고위공직자 임명에 대해서는 단순다수에 의해 토론종결되는 것으
로 변하였다.
    이후 이 과정은 다시 한번 반복된다. 2017년 4월 6일 상원에서 다수를 점한 공화
당은 트럼프 대통령이 임명한 닐 고서치(Neil Gorsuch) 대법관 임명동의안을 관철
시키기 위해 다시 "핵선택안"을 발동하였고, 결국 52-48로 대법관에 대한 임명동
의안에 대해서도 단순다수결로 토론종결되도록 바꾸어버렸다.
    (당연히 변동 가능성이 있긴 하지만) 이 결과 현재는 법안에 대하여만 필리버스터
가 의미를 가지게 된 것이다.

수 있다는 점을 설명하였다. 따라서 필리버스터를 제한한다는 측면의 효과보다는 다수에게는 예측가능성을 제공했다는 측면의 발전이 가지는 의미에 주목해야 할 것이라고 생각한다.

호우크 스미스(Hoke Smith)가 1916년에 최초로 토론종결안을 제안했을 때 그의 의도는 내실 있는 필리버스터(sincere filibuster)를 억누르는 것이 아니라 소그룹(small group)이 의사를 지체시키거나 만장일치합의를 막을 능력을 빼앗아 상원을 보다 더 효율적인 기관으로 만들려는 것이었다. 스미스는 본래부터 조직적인 필리버스터를 제한할 생각은 없었던 것이다. 다만 소수의 플레이어들이 준동하는 것을 제거하는 것으로 충분하다고 생각한 것이다.77) 그러나 과연 그러한 의도가 충분히 실현되었는가? 별로 그렇지 못했다는 것이 대체적인 평가이다. 그 이유는 다른 곳이 아닌 이 제도의 구조에서 그 원인을 찾아야 할 것이다.

미국 필리버스터의 특이한 점은 개인 플레이가 가능하다는 점인데 그것은 상원의원 개인의 무제한 발언권에서 필리버스터가 유래했다는 사실에 기인한다. 이 때문에 의사진행방해를 제한하는 방식은 사후에 제한하는 방식을 취할 수 있었을 뿐 사전에 제한하는 방식을 취할 수 없는 것이다. 하원의 경우는 의원 개인의 발언 시간을 1시간으로 제한하였다. 그러나 상원의원 상호간의 존중과 소수 보호의 기풍을 지니는 상원에서는 원칙적으로 의원 개인의 발언을 제한하는 것이 어렵다. 다만 예외적으로 가중다수에 의한 토론종결이 가결되었을 경우 등에만 제한할 수 있다. 이처럼 미국 상원의 필리버스터는 발언시간의 사전제한을 인정하지 않는 특유한 구조를 가지고 있다. 따라서 사후제한을 부가할 수 밖에 없는데 문제는 이 사후 제한이 시간적 지체가 많기 때문에 그다지 효과적이지 않다는 것이다. 따라서 이러한 미국 상원 필리버스터의 구조는 의사진행방해를 수행하는 이들에게 엄청나게 유리한 구조로 되어 있고 이것이 끊임없이 미국상원의

---

77) Gregory Koger (2007), 앞의 글, 221쪽.

독특성을 형성하는 동시에 의사진행방해 개혁의 논의를 유발하는 원인이 되고 있는 것이다.

그리고 이 가중다수 요건은 간접적인 방식으로나마 의사진행방해의 주체를 특정한 시도로서 이해될 수 있다고 본다. 1/3 혹은 2/5와 같은 지속적인 수를 가지는 집단은 토론종결제도 하에서도 무제한 토론을 계속 수행할 수 있는데, 이러한 측면이 의회내 정당에게 가장 강력한 필리버스터 게임의 주체로서 기능할 수 있는 여지를 제공하는 것이다.

Ⅳ. 1917년 토론종결제도 도입이후 의사진행방해제도의 변화

1. 토론종결 정족수의 변화

토론종결제도에서 가장 중요한 요인은 바로 정족수이다. 너무 과도한 가중다수를 요구하면 토론종결이 가결될 가능성이 거의 없기 때문에 제도가 무용지물이 된다. 그러나 단순다수라면 그것은 소수로 하여금 장시간 토론을 통한 의사진행방해를 할 수 있도록 허용할 여지가 별로 없게 된다.

1917년에 도입된 토론종결 조항은 상원의원 투표자 중 2/3를 얻으면 가결이 되는 것으로 규정하였다. 1949년에 이 요건은 상원의원 전체의 2/3로 더 높아졌다가 1959년에 다시 투표자 중 2/3로 낮아지고 마지막으로 1975년에 현재와 같은 형태로 상원의원 전체의 3/5으로 낮아졌다. 이로써 무제한 토론에 대한 제한의 정도는 1917년 상황보다 조금 더 심화되었다고 할 수 있다.

미국은 전통적으로 양당제에 의해 지배되어 왔다. 따라서 정당투표가 행해질 때, 높은 가중다수 요건이 규정되면 이를 충족시키기는 쉽지 않은 일이다. 게다가 상원의원 100석 중 60석을 차지하는 대승리가 현실적으로 잘 일어나지 않는 까닭에 정당투표가 행해지면 다른 당의 일부 의원을 설득하여 연합을 결성하는 일이 가능한 경우가 아니라면 토론종결이 가결되기가 쉽지 않은 상황이다.

2. 의사진행방해의 증가

(1) 제도요인 - 다중경로 심의제도(multi-track system)의 도입

1970년대 필리버스터가 증가하면서 필리버스터가 부과하는 부담을 낮춰 필리버스터의 부작용을 줄이고자 당시 다수당 원내대표였던 마이크 맨스필드(Mike Mansfield)가 도입한 것이다.[78] 그러나 이 제도는 의회의 부담을 줄여 효율화를 기할 수 있게 해주는 측면이 있는가 하면, 반대로 필리버스터를 감행하는 측의 부담을 감소시켜 필리버스터의 증가에 기여하는 측면이 있다.

다중경로 심의제도는 본회의 시간을 여러 개의 심의시간대로 나누고 그 각각을 하나의 본회의로 보는 것이다. 따라서 하루에 열 수 있는 본회의 경로를 여러 개로 쪼갤 수가 있는 것이다. 예컨대 A안건에 대한 심의에 필리버스터가 제기되어도 A안건에 대한 필리버스터는 A안건의 심의에 할당된 시간에만 진행될 수 있고, B안건의 심의시간대가 되면 본회의는 다른 경로를 달리는 것으로 간주되는 것이다. 따라서 A안건에 대한 필리버스터는 A안건에 대하여만 지체의 효과가 있고, B안건, C안건이 심의되는 경로를 방해하지 않는다. 그러나 A안건에 대한 필리버스터는 그동안에도 관념적으로 계속해서 진행되고 있다고 간주된다. 이러한 다중경로 심의제

---

78) Walter J. Oleszek (2014), *Congressional Procedures and the Policy Process*, Washington D.C.: CQ Press, 270쪽.

도의 도입으로 연계에 의해 의사절차 전체에 부과하는 의사진행방해의 부담을 최소화할 수 있게 되었다. 의사방해가 제기되고 있는 안건과 별도로 다른 안건들의 심사가 가능하므로 이는 연계의 지렛대 효과를 크게 감소시켰고 반대로 필리버스터를 제기하는 측의 심리적 부담도 아울러 감소시켰다. 이 제도를 통해 의사진행방해가 초래하는 시간압박효과를 방해가 제기된 의안에만 한정시키는 것이 상당부분 가능해져서 의사진행방해의 전 의사절차에 미치는 파괴적 효과를 줄이고 입법절차의 애로를 해소하는 데에는 큰 도움이 되었다. 그러나 다른 측면에서 의사진행방해의 효과가 안건별로 한정되면서 심리적, 물리적 부담이 줄어들면서 사실상 모든 안건에 필리버스터를 제기할 수 있도록 구조적으로 만들었다. 그러한 효과가 그다지 크지 않다고 보아 다중경로 심의제도의 영향을 부정하는 견해도 있지만,[79] 1970년대 이후 필리버스터 빈도의 증가는 상당부분 이 다중경로 심의제도 발명의 효과로 설명될 수 있다. 이 제도는 의사진행방해를 제도적으로 일상화시키는 데 기여하였을 뿐만 아니라 그 효과에서 개별법안에 대한 저지 효과밖에 누리지 못하기 때문에 이제는 의사진행방해의 주 목적이 토론을 통한 타협이 아니라 단순한 저지로 변질될 우려마저 낳게 한다. 실제로 이러한 특성이 인사문제에 관련된 필리버스터에서 발휘되었기 때문에 2005년과 2013년, 2017년 핵선택 위기를 초래했다고 보아야 한다.

(2) 전통의 변화요인 - 개인주의적 상원의원들의 증가

1960년대 이전 상원의 분위기는 전통적 예양에 의해 규율되어 의원 상호간에 대한 존중과 개인적인 친밀도에 의해 지배되었다. 이때 의사진행방해는 이러한 예양과 친밀도에 의해 많이 억제된다. 그런데 1960년대 이

---

79) Gregory Koger (2010), 앞의 책, 137쪽.

후 정당 대립이 심해지면서 그러한 전통적 분위기는 깨어지고, 하원의원 출신의 신참들이 전통에 따르지 않음으로써 전통보다는 규범에 의해 지배되는 정도를 높였다.

또한 상원에 위원회 직위가 늘어나고 동시에 좋은 위원회 위원직의 배분이 보다 폭넓고 균등하게 되고, 보조 직원의 수가 크게 늘어나면서 초선 상원의원도 이를 이용할 수 있게 되었다. 그리하여 상원 의원들은 본회의 장에서 보다 적극적인 활동을 보일 수 있게 되었다. 그 결과 그들은 종전과 달리 더 많은 문제들에 관여하게 되고 더 많은 수정안을 제출하고 또 더 자주 더 많이 무제한토론을 활용하게 되었다는 것이다. 이를 통해 의사진행방해의 빈도도 치솟게 된 것이다. 또한 이러한 활동을 신속하게 보도해 주는 미디어도 상원의원들이 자신의 재선과 정책목표를 달성하는 데 중요한 원천이 되어 의사진행방해 활동을 자극한다.[80] 이렇게 해서 1970년대 중반 즈음에 매우 개인주의적이라 부를 만한 상원이 탄생하였다.

따라서 종전이라면 타협과 양보와 자제로 대처했을 사안을 규범과 제도가 제공하는 가능성을 모두 사용하여 자신의 활동을 극대화하려는 개인주의적 경향이 지배하고, 그것은 상원에서 의사진행방해의 증가로 나타났다.

(3) 정당요인 - 정당대립의 강화

1970, 80년대를 통해 미국 정당의 정당응집도는 매우 높아졌다. 이는 표결에서 80년대에 70-80%수준이던 정당에 충실한 표결결과는 2000년대가 되면서 거의 90%에 접근하게 되었는데, 이를 가능하게 한 것은 바로 입법안을 다루는 데서의 우선순위 배정(legislative preference), 선거자금 지원

---

80) Barbara Sinclair, "The "60-Vote Senate": Strategies, Process, and Outcomes", Bruce I. Oppenheimer, ed. (2002), *U.S. Senate Exceptionalism*, The Ohio State University Press, 245-246쪽.

(campaign assistance), 위원회 직위(committee positions) 등의 정당 내 자원을 이용한 정당 지도부의 규율 강화 덕택이라고 한다. 이는 하원에서 더 현저하지만 상원에서도 마찬가지 경향을 보인다고 본다.[81] 이리하여 결과적으로 매우 개인주의적(individualistic)이지만 동시에 정당색채를 띠는 (partisan) 상원이 출현하게 된 것이다.

미국 양당제의 구조상 3/5을 넘는 다수당이 나오기가 쉽지 않기 때문에 정당응집력의 강화는 오히려 구조적으로 소수파에게 더 힘을 실어주는 결과가 된다. 정당갈등의 격화는 의사진행방해 수단을 소수파가 남용할 수 있는 요인을 제공함으로써 다수파로 하여금 의사진행방해가 소수지배수단으로 변질되었다고 비판하게 만드는 요인이 된다.

1970년대 이후 정당의 대립이 부각되고 이념적으로 대립하는 문제에 사법심사를 이용하기 위해 법관인준에까지 이념적 성격이 강화되면서 필리버스터를 이용한 갈등이 더 격화되었다.[82] 이념적 대립이 강화되면 타협의 가능성이 줄어들면서 경제나 사회 이슈 같은 쟁점문제에서 다수당과 소수당의 입장의 차이가 커지게 되고, 그럴수록 소수에 의한 의사진행방해의 빈도가 증가하게 된다.[83]

실제로 부시 행정부 때에도 법관임명을 둘러싼 갈등이 전개되었지만 오바마 행정부가 출범한 이후 공화당은 무능화전략을 전략을 구사하여 부시

---

81) Kathryn Pearson, "Party Loyalty and Discipline in the Individualistic Senate", Nathan W. Monroe edit. (2008), *Why Not Parties?*, Chicago: University of Chicago, 101-105쪽.
82) 정치적 문제에 사법심사가 광범위하게 관여하는 것을 '다른 수단에 의한 정치 (politics by other means)'라고 하여 비판하는 견해가 있다. 이에 대해서는 로버트 달, 미국헌법과 민주주의, 제2판, 박상훈·박수형 옮김 (2009), 후마니타스. 의 앞에 수록된 한국어판 서문인 최장집, "민주주의와 한국: 미국과 한국", 56-65쪽; 그리고 최장집 (2012), 민주화 이후의 민주주의, 개정2판, 후마니타스, 269-275쪽 참조.
83) 김준석, "미국연방의회의 의사진행방해(filibuster) 제도의 실증적 접근 - 의사진행방해란 무엇이며 왜 발생하는가", 한국과 국제정치 25(4), 135-139, 148쪽.

행정부 시절보다 훨씬 높은 정도로 고위공직자 임명동의안에 대한 의사진행방해를 감행하였다. 이를 참을 수 없었던 민주당 다수파는 2013년 11월 21일에 핵선택안을 발동하여 대법관을 제외한 고위공직자의 상원임명동의안에 대한 의사진행방해를 단순단수(52:48)에 의해 토론종결할 수 있는 것으로 선례를 확립하여 상원규칙을 변경한 바 있다. 이렇듯 의사규칙의 변경이 합의가 아니라 일방의 행동에 의하여 변경되게 된 사례는 정당의 이념대립의 강화는 의사진행방해의 증가는 물론 그러한 문제의 해결에서도 어려운 문제를 안겨주고 있음을 보여준다.

V. 미국 상원과 하원에서의 차이

이상에서 하원과 상원에서 각각 의사진행방해가 제도화되고 사라지는 과정을 살펴보았다. 하원과 상원에서 보여 온 의사진행방해에 대한 차이는 어떻게 설명될 수 있을까?

1. 규모와 업무량, 임기

첫째, 상원의 규모가 하원보다 작기 때문에 상원에서는 무제한 토론의 유지가 가능했다는 것이다. 하원의 큰 규모(435인)를 감안하면 의원 모두에게 무제한 발언의 기회를 부여한다는 것은 업무를 처리하기 위한 시간상 손실이 너무 크고 비효율적이 된다.

둘째, 업무량의 압박이 상원보다 많기 때문에 하원이 보다 시간의 압박을 크게 받게 되어 필리버스터를 용인할 수 없게 되고 토론제한을 가하게 되었다는 것이다. 하원 개혁을 주도했던 리드가 의회규칙은 업무를 규칙적으로 수행하기 위한 것이지 소수의 권리를 보호하기 위한 것이 아니라고 한 것은 하원의 이러한 측면을 반영한 주장일 것이다. 이러한 업무량의 압박은 하원의원의 짧은 임기와 결합하여 하원의 경우에 시간적 가치를 매우 높게 만든다. 의사진행방해는 바로 이 시간적 가치를 통해 압박을 가하는 것인데, 과도하게 여유가 없는 곳에서는 의사진행방해 자체가 허용되기 어려운 것이다.

2. 정당

그러나 이처럼 주로 규모와 업무량 차이로 설명하는 기존의 견해에 대해, 빈더와 같은 학자는 그러한 비정당적 요인을 강조하는 설명은 단지 제한적인 설명력을 가질 뿐이라고 반박한다. 예컨대, 1811년 영국과의 전쟁문제를 둘러싼 갈등을 신속히 해소하기 위해 하원이 해석을 통해 선결문제 동의를 더 이상의 토론을 불허하고 바로 표결에 들어가는 것으로 만들었을 때 하원의 업무량은 그리 대단하지 않았다는 것을 지적한다. 그보다는 오히려 당시 다수파였던 민주공화당이 연방주의자당이 미영전쟁에 대한 사안에서 의사진행방해를 하는 것을 뿌리 뽑기 위해 선결문제 규칙을 토론을 종결시키는 것으로 재해석했다는 것이다.[84] 따라서 빈더에 따르면 다른 요인들보다 정당적 요인을 강조하는 설명이 훨씬 더 설득력이 있다고 주장한다. 정당의 갈등이 격화되면 의사진행방해가 늘어나고 또 그에 대한 다수파의 불만이 증가하면서 규칙개혁을 통해 다수결 원리를 관철하는 경향이 하원의 경험을 통해 관찰된다는 점에서 정당요인을 강조하는

---

84) Sarah A. Binder (1997), 앞의 책, 203-204쪽; Douglas Dion (1997), *Turning the Legislative Thumbscrew : Minority Rights and Procedural Change in Legislative Politics*, Ann Arbor: University of Michigan Press도 의사진행방해를 규칙화 한 의회규칙은 다수파와 소수파간의 정치적 타협의 산물이고 결의에 찬 근소한 단순 다수에 의해 오히려 쉽게 개정되고 마는 속성을 가진다고 보아 유사한 관점을 제시한다. 이들에 따르면 정당대립이 격화될수록 의사진행방해의 전망은 어두워진다.

것은 매우 설득력이 있다고 할 수 있다. 상원의 경우에는 하원보다 정당의 응집력이 낮고 의원 개인의 자율성이 높았다는 것이 의사진행방해를 용인하고 발전시키게 된 요인이라고 할 수 있다.

그렇지만 상원과 하원의 태도 차이를 일률적으로 정당에 귀속시키는 주장은 타당하지 못하다고 생각한다. 정당의 차이보다는 오히려 그 기관 자체의 차이가 더 본질적이라고 생각되기 때문이다. 정당대립 격화를 통해 의사진행방해 행위가 증가하고 또 지나칠 경우에 규칙변경을 통해 제한을 가하는 모습은 상원과 하원 모두에서 관찰되는 경향이므로 정당요인은 상하원의 차이를 설명하는 변수로서는 설득력이 부족하다. 또한 정당간 대립 요인을 강조한다는 것의 의미는, 다수 정당이 소수 정당에게 자신의 지배력을 관철시키려 한다는 것인데, 이것은 바로 다수 정당이 다수지배의 원리 즉, 다수결을 강조한다는 것을 말하는 것이다. 민감한 사안일수록 다수 정당은 소수 정당의 반대를 억누르고 자신의 입장을 관철시키려 한다. 따라서 다수 정당이 가지고 있는 그러한 의지를 실현할 수 있는가는 정당이 경쟁을 펼치는 장인 의회의 구조적 성격과 지향점에 크게 영향받는다고 할 수 있다. 즉 정당 대립이 중요한 요인이 아니라, 정당대립이 펼쳐지는 장이 어떤 의회이냐가 중요하다는 것이다. 정당대립은 상원에서도 일어났고, 하원에서도 일어났다. 그런데 결과가 달랐다면 그 이유는 바로 정당대립의 장인 상원과 하원이라는 의회의 구조적 차이에서 찾아야 하는 것이다.

3. 제도설계와 의회의 지향

미국 상원과 하원의 진정한 차이는 처음부터 헌법의 기초자들(Framers)이 상원과 하원을 다르게 만들었다는 데에서 유래한다고 보아야 옳을 것이다. 이러한 제도적 설계상의 차이가 이후의 변화과정에서 그 속성을 강화하면서 경로의존적으로 현재의 모습을 만들어 왔다고 할 수 있다.

미국 상원의 기원에 관한 고전적인 일화로 널리 알려져 있는 커피를 식히기 위해 커피잔에 쏟는다는 이야기가 상징하는 바는 상원이 신중하고 사려깊게 행동할 것이 기대되는 기관이라는 것이다.

상원은 이처럼 입법에 있어서 보다 신중하고 사려 깊은 기구로 행동하기를 바라는 의도에서 만들어졌다. 상원을 그런 기구로 제도화함에 있어, 헌법제정자들은 성급하고 조악하게 심의된 입법이 대중적으로 선출된 하원에 의해 통과되는 것을 제한하기 위해 다양한 제도적 양식들을 고안하고 동원했다. 보다 소규모의 크기, 보다 긴 임기, 나이가 보다 많은 의원들, 2년마다 1/3씩만 교체되면서 주의 입법부에 의해 선출되는 선거 방식, 조약과 공무원 임명안에 대해 자문과 동의(Advice and Consent)를 제공할 전속적인 권한과 같은 이런 특징들을 가지고서 상원은 "대중적 기관이라 할 수 있는 하원보다 더 신중하고 냉정하게, 보다 체계적이고 현명하게 행동하는 것"이 기대되었던 것이다.[85]

헌법의 기초자들은 하원을 기본적으로 다수결에 의해 움직이는 기관으로 상정하였지만[86] 상원의 경우에는 반드시 그렇게 보지 않았고 다수에 의해 움직이는 하원에 대한 견제의 역할을 기대하였다. 하원은 시민들의 대표이지만 상원은 주의 대표였다. 그래서 상원의 구성에서는 작은 주들을 배려하여 큰 주와 작은 주 모두 동수의 의원을 가지는 것으로 합의를 이루었다. 이처럼 하원이 다수결 지배원리에 더욱 철저한 데 반해, 상원은 본래부터 주대표로 구성되어 소수이익을 보호하고자 하는 원리에 의해 조직되었고 이 점이 소수의 권리 보호에 더욱 민감하게 되었던 것이다. 이러한 초기의 모습이 변화과정을 통해 더욱 강화되는 것은 하원의 상원의 역

---

85) Sarah A. Binder and Steven S. Smith (1997), 앞의 책, 5쪽.
86) James Madison, Number LVIII, 앞의 책, 351-352쪽; 제임스 매디슨, 페더럴리스트 58, 앞의 책, 김동영 옮김 (1995), 355-356쪽.

사적 과정 모두에서 확인할 수 있다.

1811년 선결문제 규칙의 재해석은 하원에서 일어난 일이었고 하원은 이 재해석을 통해 단순다수결로 토론을 종결하는 규칙을 확립하였다. 그러나 이러한 해석은 상원에서 이루어지지 않았고 1917년의 토론종결 규칙의 채택에서도 상원의원의 대다수는 단순다수 토론종결안에 대해 부정적인 반응을 보였다. 1890년 리드가 주도한 하원 규칙 개혁에서도 정족수 증발의 관행을 하원은 다수결에 의한 선례 확립의 방식으로 개정하고 이후의 일련의 개혁에서도 다수결 원리를 강조하는 경향을 보인다. 그러나 상원에서는 다수결 원리를 강조하는 견해가 없는 것은 아니지만 그에 못지않게 소수의 보호를 강조하는 견해가 언제나 의사진행방해의 개혁과정에서 강하게 드러난다. 그리고 다수결에 의한 선례 확립과 같은 방법이 상원 규칙 개혁의 경우에도 종종 채용되지만 오랜 시간동안 하원과 상원이 같은 규칙으로 환원되지 않는 것은 하원과 상원이 각기 다른 기관 모델을 지향하고 있기 때문이라고 할 수 있다. 그리고 그러한 모델은 헌법제정자들의 구상에서 이미 드러난 근본적인 관점이고 그러한 경로를 따라 변화를 거듭하고 있는 것이라고 할 수 있다. 오늘날에도 여전히 미국의 상원을 소개하는 인상적인 문구는 "전세계에서 가장 위대한 숙려 기관(the greatest deliberative body in the world)"이다. 이러한 지향점은 정당대립에도 불구하고 각 정당들의 행동방향을 그러한 지향점에 종속시키는 것으로 제약할 것이다. 따라서 앞으로 상원의 의사진행방해제도의 개혁에 있어서도 이러한 지향점은 큰 영향력을 미칠 것이며, 그러한 지향점은 헌법제정자들의 제도적 설계에 의해 큰 윤곽이 결정되었다. 그러므로 "다수결 원리와 소수 보호의 조화"라는 상원 의사절차의 기본방향은 계속 유지될 것으로 보이며, 단기간 내에 하원과 같이 일방적인 다수결 원리의 승리로 귀결되는 사태는 일어나지 않을 것이다.

제3절 미국에서 의사진행방해의
위헌논의와 개혁론

Ⅰ. 논의의 배경

의사진행방해 제도는 소수의 권리를 증진시키지만 언제나 그것이 좋은 역할을 위해 이용되는 것도 아니며 다수와의 갈등으로 불안한 지위에 처하게 되는 경우마저 종종 있다. 1950, 60년대에 흑인들을 위한 민권법 제정에 남부의 민주당 의원들이 필리버스터를 행사했던 것과 2005년 부시 대통령의 연방 법관임명에 대한 필리버스터와 2013년 오바마 행정부에서 공무원 임명을 둘러싸고 다수당과 소수당이 격렬히 대립했던 것은 그 좋은 예이다.

이렇듯 중요의안에 대한 필리버스터가 급격한 갈등과 대립을 불러올 때마다 다수결 원리를 지지하는 이들에 의해 위헌론이 부각된다. 위헌론은 개혁론보다 좀더 강력한 톤의 것으로 의사진행방해를 전적으로 부정하려고 하는 반면, 개혁론은 의사진행방해를 타협적으로 보존하려 한다. 개혁론은 굉장히 다양한 범위에 걸쳐 있는데 필리버스터를 규율하는 의사 규칙을 합헌인 것으로 인정하면서도 다수 지배의 원리를 크게 제약하지 않는 범위로 조정하려고 한다.

강한 위헌론이 제기되는 배경은 상원이 기본적으로 필리버스터의 문제점을 인식은 하면서도 규칙을 수정하여 그것을 폐지할 의향이 없거나 그 수단이 마땅치 않아 그 수정이 현실적으로 쉽지가 않기 때문이다. 타개책이 필요한 상황에서 위헌론은 행동에 필요한 논리와 수단을 제공해 준다. 대표적인 것으로 헌법적 선택안과 핵선택안이 있다. 상원 의원들은 자신들이 누리는 상원의 절차상 권한을 축소하고 싶지 않아 하기 때문에 이러한 수단들의 발동에 주저하지만 갈등이 위기국면에 처하게 되면 예외적으로 발동이 되고 다수지배의 원리가 발동하면서 필리버스터를 일정한 범위 내로 제한하는 역할을 하게 된다. 여기서 주의할 점은 이러한 논의들이 반드시 사법심사를 목적으로 전개하는 것들이 아니라는 것이다. 사법심사의 방법을 강구하는 측면도 있지만, 오히려 더 중요하게는 의회 스스로 헌법적 논리에 맞게 개혁을 하도록 압박하거나 스스로 개혁을 실행할 수단으로서의 측면이 더 강하다.

II. 위헌론의 논리

1. 헌법적 선택안(constitutional option)

(1) 헌법적 선택안의 기본적 주장

위헌론의 대표적 견해인 헌법적 선택안의 기본적 논리는 헌법이 부여한 상원의 규칙제정권도 미국헌법의 근본원칙인 다수지배(majority rule)의 원리를 위배할 수 없다는 것에 기초해 있다. 따라서 가중다수에 의한 토론종결을 규정한 상원규칙 제22조는 다수결에 어긋나므로 위헌이고 효력이 없다고 본다.[87] 따라서 이를 ① 사법심사에 의해 제거하려는 입장이 있고 ② 상원이 직접 행동에 나설 수 있다는 입장이 있다.

---

87) Emmet J. Bondurant (2011), 앞의 글, 484-487쪽; Richard A. Arenberg and Robert B. Dove (2012), 앞의 책, 118-119쪽; 김준석 (2010), "필리버스터의 제도화과정과 논란-미국 상원의 사례를 중심으로", OUGHTOPIA 25(1), 경희대학교 인류사회재건연구원, 172쪽은 이미 토마스 월시(Thomas Walsh)가 1917년에 이 헌법적 선택안을 제시하여 상원의 필리버스터를 제재하는 데 이론적 밑바탕을 제공하였다고 본다. 그만큼 헌법적 선택안은 논리도 강하고 역사적으로도 계속 반복해 주장되어온 중요한 이론이다.

(2) 헌법적 선택안의 실행방법

가. 상원이 실행하는 방법

연방헌법 제1조 제5절 제2항은 "각 원은 의사규칙을 결정하며 … "라고 하여 의회는 자신의 의사절차를 규율할 규칙에 대한 제정권을 가지므로, 상원은 이러한 규칙제정권의 행사를 통해 직접 행동에 나설 수 있다고 본다.

헌법규정에 따라 매 의회는 규칙제정권을 행사할 수 있고, 전대 의회는 후대 의회의 규칙제정권을 제약하지 못한다(현재의 다수가 미래의 다수를 구속할 수 없다는 이론). 따라서 상원의 경우 지금의 하원과 같이 첫 선거 후 첫 집회일에 규칙을 채택해야 할 것이다. 이것이 헌법적 선택안이 주장하는 상원의 행동방법이다.

그러나 이 안은 헌법에 의한 강력한 논리 전개에 근거하여 단순과반수를 확보한 다수파가 비교적 손쉽게 실행에 나설 수 있지만, 그 실행 기회가 2년에 한 번 밖에 찾아오지 않는 단점이 있다. 하지만 논자에 따라서는 규칙을 실제로 채택하기 전까지는 언제나 규칙이 없는 상태이므로 다수결로 언제든지 규칙을 채택할 수 있다고 보아 더 강력한 입장을 밀고 나가기도 한다.

또한 이러한 헌법적 선택안의 논리는 상원의 '연속체 이론(continuing body theory)'에 의해 강력한 도전을 받는다. 하원은 2년에 한 번씩 선거를 치르므로 2년에 한 번씩 새로이 구성되는 기관임에 틀림없고 그때마다 자신의 규칙제정권을 행사하여 규칙을 채택하고 있다. 그러나 상원은 2년마다 구성원의 1/3이 교체될 뿐이므로 상식적으로 연속체라고 할 수 있고 2년에 한 번씩 규칙을 채택해야 하는 기관이 아니라는 것이다. 따라서 전대 의회가 후대의회를 제약할 수 없다는 논리는 상원의 경우에는 타당하지 않다는 반론에 부딪치는 것이다.

나. 사법심사에 의해 실행하는 방법

상원이 행동에 나서지 않거나 나설 수 없는 경우의 방법으로 사법심사에 의해 상원규칙 제22조의 위헌성을 확인받는 방법이 있다. 사법심사를 제기하기 위해서는 그 심사를 위한 관문으로 먼저 원고적격의 인정문제와 다음으로 이것이 정치문제인지 여부를 짚고 넘어가야 할 것이다.

① 원고적격의 인정여부

원고적격이란 특정인이 문제를 법원에 판단을 위해 가져올 수 있는 적절한 당사자가 될 수 있는가의 문제이다.[88]

미연방대법원은 연방헌법 제3조에 따라 사법적 판단을 받기 위한 요건으로는 자신이 직접적으로 침해(injury)를 받았거나 침해를 직접적으로 받을 위험에 처해 있다고 주장하는 자에 한정된다고 한다.[89] 이 요건들은 우리 헌법재판소에서 헌법소원 심판을 위해 요구하는 자기성, 현재성, 직접성 요건과 별로 다를 바 없다고 생각한다.

다만 차이가 있는 부분은 무엇에 대한 침해이냐의 부분인데, 기본권에 대한 침해로 한정하는 우리와 달리,[90] 미국연방대법원은 보통법상 권리, 헌법상 권리, 제정법상 권리에 대한 침해 뿐만이 아니라 일정한 이익의 침해도 원고적격을 인정하는데 경제적 이익의 침해에 대하여 원고적격을 인정하고 있는 것이다. 다만 실제적인 이익의 침해이어야지 가정적인 침해이어서는 안된다고 보고 있다. 이러한 사례 가운데 클린턴 대 뉴욕시 사건

---

88) 이하의 설명은 Erwin Chemerinsky (2011), *Constitutional Law: Principles and Policies*, 4th edit., New York: Wolters Kluwer Law & Business, 59쪽 이하를 참고하였음.

89) *City of Los Angeles v. Lyons*, 461 U.S. 95, 101-102 (1983).

90) 헌법재판소법 제68조 (청구사유) ① 공권력의 행사 또는 불행사로 인하여 헌법상 보장된 기본권을 침해받은 자는 법원의 재판을 제외하고는 헌법재판소에 헌법소원 심판을 청구할 수 있다.

(*Clinton v. City of New York*)[91]은 특히 눈에 띈다. 클린턴 대통령은 항목별 거부권(line item veto)을 행사하여 거래에서 판매자에게 세금우대 혜택을 부여해주는 조항을 효력상실시켜 버렸는데, 바로 이 조항으로 혜택을 볼 회사를 막 인수하고 있는 농민 조합(Snake River Farmer's Cooperative)은 실제적 침해를 입어 원고적격이 있다고 판단한 것이다.

본듀란트(2011)는 바로 이 판례를 근거로 법안의 통과로 구체적 혜택을 입을 일반 시민(citizen)이 상원에서 60명보다 적지만 과반수의 지지가 있음에도 의사진행방해로 침해를 입었다고 주장함으로써 원고적격을 인정받을 수 있다고 주장한다.[92] 대통령의 거부권과 상원의 의사진행방해는 법률제정의 단계가 다르지만 하원에서 이송되어 온 법안을 대상으로 한다고 가정하면 구조가 유사하므로 원고적격을 인정받을 수 있는 여지가 있음을 부정할 수 없겠다. 그렇다면 유사한 논리로 대통령에 의해 지명된 임명동의안의 후보자(nominee, 상원규칙의 변경으로 지금은 대법관에 대한 임명동의안만 해당되겠다)도 상원 규칙 제22조의 가중다수에 의한 토론종결 조항이 자신의 이익을 침해했다고 주장하여 인정받을 수 있는 여지가 있다.

그 외로 본듀란트(2011)는 개별 상원의원들(individual Members of the Senate)이 상원규칙 제22조에 의해 가중다수 요건을 충족시키지 못해 토론을 종결시키지 못하고 결국 법률안을 표결에 부칠 수 없었을 경우, 규칙에 의해 자신의 표결권이 침해되었음을 주장함으로써, 그리고 유권자(voters)가 자신의 지역대표가 표결권을 행사하지 못함으로 말미암아 자신의 대표선거권 역시 침해되었음을 주장하여, 각각 원고적격을 인정받을 수 있으리라고 본다.[93] 전자에 대해서는 콜만 대 밀러 사건(*Coleman v. Miller*)[94]

---

91) *Clinton v. City of New York*, 524 U.S. 417 (1998).
92) Emmet J. Bondurant (2011), 앞의 글, 504-505쪽.
93) Emmet J. Bondurant (2011), 앞의 글, 501-505쪽.
94) 307 U.S. 433, 438 (1939).

에서 연방대법원은 캔자스주 입법부에서 20명의 주 상원 의원이 아동노동
을 금지하는 연방헌법수정안에 대해 반대표를 던졌으나 다른 20명의 상원
의원이 찬성한 가운데, 부지사가 불법적으로 가부동수시 결정표를 행사하
였다고 주장되고 그리하여 그들의 표결권이 무력화된 경우에 위 상원의원
들은 이익의 침해를 받은 것이라고 하였고, 후자에 대해서는 연방순회법
원의 판결(Michel v. Anderson)[95]에서 준주 대표(territorial delegates)에게
전원위원회에서 표결권을 인정하는 하원규칙에 대해 유권자가 그로 인
해 자신의 대표의 표가 희석되었기 때문에 자신의 표도 희석되었다는 주
장에 대해 침해가 없다고 단정할 수 없다고 하여 원고적격을 인정하였다.
이상의 판례들을 살펴볼 때 토론종결의 가중요건에 대한 위헌성 의심이
높아질수록 이들의 이익침해는 보다 확실해지는 관계에 있으므로 상원규
칙 제22조에 대하여도 미셸 판결의 태도처럼 언제나 이익침해가 없다고
단정할 수는 없을 것이다. 따라서 명확한 것은 아니지만 원고적격이 인정
될 여지는 열려 있다고 할 수 있다.

② 정치문제인지 여부

정치문제 이론(political question doctrine)이 언제나 사법적 문제와 정치
문제를 나누는 기준을 명확히 제시해주는 것은 아니기 때문에 연방대법원
이 제시한 요건에 따라 정치문제 여부를 가리려는 시도는 언제나 혼란스
럽고 불만족스럽다고 한다.[96] 그럼에도 상원 의사규칙 제22조와 관련지어
볼 수 있는 정치문제의 요건은, 헌법이 문언을 통해 문제를 어느 정치권력
에 전속하게 했음이 입증될 수 있는 경우나 정부의 독립적 결정을 사법판
단의 문제로 하는 것이 어느 정치권력에 대한 존중을 해하는 것이 되어
적절하지 않은 경우라고 할 수 있다.[97] 그런데 미연방헌법은 의사규칙 제

---

95) 14 F.3d 623, 626 (D.C. Cir. 1994).
96) Erwin Chemerinsky (2011), 앞의 책, 132-133쪽.

정권을 각 원에게 부여하고 있어서 그러한 규칙제정권에 기하여 의사규칙 제22조를 제정하였고 의사진행방해에 대한 토론종결을 재적 상원의원 5분의 3으로 하도록 한 것이므로 의회의 자율권 문제에 해당하는 것이어서 바로 그러한 경우에 포함되는 것으로 보인다. 그러나 그럼에도 사법심사의 목적은 국가작용이 헌법이 설정한 한계를 준수하도록 하는 것이기 때문에, 의회의 입법작용이나 규칙제정작용도 헌법을 위배하는 경우에는 사법심사를 피할 길이 없다.98) 그리고 의회의 의사절차에 대한 판단이 사법심사의 대상이 된 적도 실제로 있다. 미국 대 밸린 사건(U.S. v. Ballin)에서 연방대법원은 "헌법이 각 원에게 의사절차를 규율하는 규칙을 제정할 수 있는 권한을 부여하였지만, … 그것은 헌법적 제한을 무시하거나 기본적 권리를 침해할 수 없다."고 하여 정치문제가 아니라고 하였다.99) 따라

---

97) *Baker v. Carr, 369 U.S.* 217 (1962): "Prominent on the surface of any case held to involve a political question is found a textually demonstrable constitutional commitment of the issue to a coordinate political department; ⋯⋯ ; or the impossibility of a court's undertaking independent resolution without expressing lack of the respect due coordinate branches of government; ⋯⋯ "

98) *Mabury v. Madison*, 5 U.S. 177 (1803): "If an act of the legislature, repugnant to the Constitution, is void, does it, notwithstanding its invalidity, bind the courts, and oblige them to give it effect? Or, in other words, though it be not law, does it constitute a rule as operative as if it was a law?"

99) *U.S. v. Ballin*, 144 U.S. 1 (1892). 이 사건은 하원의장 리드가 1890년 하원에서 정족수 증발(disappearing quorums) 관행을 인정하지 않는 새로운 규칙을 수립하고 그에 따라 법안에 대한 가결을 선포한 것이 헌법에 위배된다고 주장하여 제기된 사건이었다. 털실 의류를 양모로 분류하여 중과세할 수 있는 권한을 부여한 법에 대해 투표불참한 이들이 있었기 때문에 정족수가 충족되지 않았다며 하원의장 리드의 판단이 잘못되었음을 구한 것이다. 법안통과 당시 총 하원의원총수는 330명이었으므로 166명이 과반수에 해당하는데, 호명에서 138명이 찬성, 3명이 반대, 74명이 불응인 상태였으나, 의장인 리드는 호명불응에도 불구하고 이들이 출석하였기 때문에 정족수를 충족한 것으로 볼 수 있다는 새로운 선례에 따라 가결을 선포하였던 것이다. 이 사건에서 연방대법원은 정족수를 확인하는 권한은 각 원에 있으므로 하원이 새로운 규칙을 수립하여 그에 따라 가결을 선포한 것이 헌법에 위

서 이러한 논리는 상원규칙 제22조에 대한 문제에도 그대로 적용될 수 있다고 보는 것이다.[100]

이상에서 볼 때 원고적격이든 정치문제이든 요건 문제의 판단이 다소 불분명한 점은 있지만, 의사진행방해에 대한 사법심사의 제기에 심각한 장애가 되지 않을 여지는 충분히 있다. 따라서 진정한 문제는 이러한 요건 문제보다는 본안의 문제인 의사규칙 제22조가 헌법에 위배된다는 헌법적 선택안 논리의 핵심주장의 타당성 여부 바로 그것에 놓여져 있다고 할 수 있겠다.

(3) 헌법적 선택안의 이론적 주장

헌법적 선택안은 다음과 같은 근거하에 두 가지 주장을 펴고 있다.

첫째, 미연방 헌법은 가중다수(supermajority)가 요구되는 경우를 다음과 같은 몇 가지 경우로 특정하고 있다. 헌법은 다음과 같이 6개의 다수결 원리의 예외를 배타적으로 규정하고 있다.[101](수정헌법 조항 제14조 제3절과 제25조에도 가중다수가 규정되어 있으나 각각 1868년과 1962년에 비준된 조항이므로 헌법제정자의 의도를 논하기에 적절치 않아 여기서는 배제하였다)

① 탄핵 (미연방 헌법 제1조 제3절 제6항)

"상원은 모든 탄핵심판의 전권을 가진다. … 누구라도 출석 의원 3분의 2 이상의 찬성없이는 유죄판결을 받지 아니한다."

② 의원제명 (제1조 제5절 제2항)

"각 원(院)은 의사규칙을 결정하며, 원내의 질서를 문란케 한 의원을

배되지 않는다고 보아 리드의 손을 들어주었다.
100) Emmet J. Bondurant (2011), 앞의 글, 482쪽.
101) Emmet J. Bondurant (2011), 앞의 글, 495쪽.

징계하며, 의원 3분의 2 이상의 찬성을 얻어 의원을 제명할 수 있다."

③ 법률재의결 (제1조 제7절 제2항)

"법률안을 환부받은 원(院)은 이의의 대략을 의사록에 기록한 후 이를 다시 심의해야 한다. 다시 심의한 결과, 그 원의 의원 3분의 2 이상의 찬성으로 가결한 때에는 그 원은 법률안을 대통령의 이의서와 함께 다른 원으로 송부해야 한다. 다른 원에서 이 법률안을 다시 심의하여 의원 3분의 2 이상의 찬성으로 가결한 때에는 이 법률안은 법률로 확정된다."

④ 명령, 결의, 표결의 재의결 (제1조 제7절 제3항)

"상하원의 의결을 필요로 하는 모든 명령, 결의 또는 표결(산회에 관한 결의는 제외)은 이를 대통령에게 이송해야 하며, 대통령이 이를 승인해야 효력을 발생한다. 대통령이 이를 승인하지 아니하는 경우에는 법률안에서와 같은 규칙 및 제한에 따라서 상원과 하원에서 3분의 2 이상의 찬성으로 다시 가결해야 한다."

⑤ 상원의 조약 승인 (제2조 제2절 제2항)

"대통령은 상원의 권고와 동의를 얻어 조약을 체결하는 권한을 가진다. 다만 그 권고와 동의는 상원의 출석의원 3분의 2 이상의 찬성을 얻어야 한다."

⑥ 헌법 개정 (제5조)

"연방의회는 상·하 양원의 3분의 2가 본 헌법에 대한 개정의 필요성을 인정할 때에는 헌법 개정을 발의해야 하며, 각 주 중 3분의 2 이상의 주 의회의 요청이 있을 때에도 개정발의를 위한 헌법회의를 소집해야 한다."

따라서, 연방헌법을 세심히 살펴본다면 가중다수를 규정한 위 6가지의 경우 이외에 대해 연방헌법의 제정자들은 과반수에 의해 결정하는 것으로 정하였음을 알 수 있다.[102]

먼저 미연방 헌법 제1조 제5절 제1항은 "각 원은 소속의원의 과반수가

---

102) Emmet J. Bondurant (2011), 앞의 글, 484-487, 494쪽.

출석함으로써 의사를 진행시킬 수 있는 정족수를 구성한다"고 규정하고 있
다. 이 조항은 바로 헌법제정자들이 상원과 하원 모두에게 다수결에 의해
필요에 따라 의사규칙을 채택할 수 있는 권한을 부여한 것으로 해석된다고
이해한다. 연방대법원도 "정족수"의 의미에 대해 "정족수상 과반수의 행위
가 바로 그 기관의 행위(the act of the body)이다"라고 판시하였다.103)

또한 연방 헌법 제1조 제3절 제4항은 "미국의 부통령은 상원의장이 된
다. 다만, 표결에서 가부동수일 경우를 제외하고는 투표권이 없다."고 규
정하고 있다. 부통령이 가부동수를 깨는 역할을 한다는 것은 바로 상원이
과반수로 결정함을 의미하는 것이다.

그리고 연방 헌법 제1조 제7절 제2항은 대통령이 거부권을 행사하는 경
우에 의원 3분의 2 이상의 찬성을 얻어야 한다고 규정하고 있는데, 이것은
원래의 결정이 그보다 적은 수에 의해 결정되었을 것임을 암시하는데 이
것은 바로 과반수에 의한 결정이 원칙임을 강력하게 시사한다.

그러므로 헌법은 상원의 의사결정 정족수를 과반수로 정해놓았다고 할
수 있고 따라서 이러한 헌법적 결정에 반하는 상원의 의사규칙은 위헌으
로서 효력이 없다. 그렇다면 상원의 단순다수는 무엇이든지 결정할 수 있
다고 해야 한다. 따라서 토론종결에 가중다수를 요구하는 상원 의사규칙
제22조(토론종결조항)는 규칙제정권의 한계를 넘고 있다.

둘째, 상원 규칙 제22조(규칙변경에 관련된 토론종결조항)는 상원의 규
칙변경권을 부당하게 제한하고 있다. 규칙 제22조에 기해 비록 각 원이 의
사규칙제정권을 가지지만 이것은 무한한 것이 아니고 각 의회의 임기내에
한정되는 것이다.104) 상원은 매 2년의 선거를 통해 새로운 대(代)의 의회

103) *U.S. v. Ballin*, 144 U.S. 1 (1892).
104) Martin B. Gold; Dimple Gupta (2004), "Constitutional Option to Change Senate
Rules and Procedures: A Majoritarian Means to Over Come the Filibuster",
Harvard Journal of Law & Public Policy, Vol. 28, Issue 1, 222쪽.

를 형성한다. 따라서 하원과 같이 상원도 새로운 의회마다 새로운 규칙을
채택해야 하고 전대의 의회가 만든 규칙은 후대의 의회를 구속할 수 없다.

전대 의회가 후대 의회를 구속하지 못한다는 원칙은 영국으로부터 유래
한 것이다. 블랙스톤은 "후대의회의 권한을 거스르는 전대의회의 행동은
구속력을 가지지 못한다. … 왜냐하면 의회는, 진실로 최고의 권력이며,
언제나 평등하고, 항상 절대적인 권한이기 때문이다: 그것은 지상에서 자
기 위에 서는 어떠한 권력도 인정하지 않는데, 만약 전대의회의 명령이
현재의회를 구속할 수 있다면, 전대 의회는 바로 현재 의회의 위에 서는
권력이 될 것이다"라고 하였다. 이 의회주권의 논리를 미국은 받아들이지
않지만, 각 의회가 평등하다는 관념은 받아들였다고 보는 것이다.[105] 따라
서 후대 의회는 언제나 다수결에 의해 결정할 수 있는 권한을 지녀야 하고
상원 의사규칙 제22조(규칙변경에 출석의원 3분의 2의 찬성을 요구)는 이
를 제약하고 있으므로 헌법에 위배된다고 본다. 규칙 제22조 및 규칙 제5
조[106]에 근거해 다수의 정당한 규칙변경권을 제약하고 의사진행방해를 옹
호하는 것은 부당한 참호파기(entrenchment)로서 헌법이 부여한 규칙제정
권을 넘는 행위이므로 허용되지 않는다고 한다.

한편 전자의 논리는 받아들이지 않고 후자만을 받아들여, 한 대의 의회
는 규칙제정권을 가지므로 어떠한 내용의 규칙이라도 제정할 수 있지만,
이 규칙 제정권은 후대 의회를 구속할 수 없으므로 참호파기만이 위헌이
라고 하는 입장도 있다.[107]

---

105) Aaron-Andrew P. Bruhl (2010), "Burying the Continuing Body Theory of the
    Senate", *Iowa Law Review*, Vol. 95, Issue 5, 1425-1426.
106) 미국 상원 의사규칙 제V조 2. 상원의 규칙은, 이 규칙에서 정한 대로 변경되지
    않는 한, 한 대(代) 의회에서 그 다음 대 의회까지 계속된다.
107) Catherine Fisk; Erwin Chemerinsky (1997), 239-254쪽.

(4) 헌법적 선택안의 역할

헌법적 선택안은 이론적 체계와 실행방법을 아울러 가졌기 때문에 소수의 의사진행방해에 좌절을 겪은 이들에 의해 단호하게 제기되면서 의사진행방해에 대한 개혁을 이끄는 추동력으로 작용해왔다는 데 그 중요성이 있다. 1917년에 토마스 왈시(Thomas J. Walsh)가 이 안을 들고 나와 최초의 토론종결 조항이 쉽게 채택될 수 있도록 압력을 가하는 역할을 하였을 뿐만 아니라,[108] 유사하게 1959년, 1975년 그리고 1979년의 규칙개정에도 모두 이 헌법적 선택안의 압력이 작용하였다. 이때 이루어진 규칙개정은 모두 이 헌법적 선택안이 집요하게 주장되어 다수파와 소수파가 타협을 도출하면서 규칙개정에 합의하게 된 것이다.[109] 헌법적 선택안은 그 논리적 주장을 그대로 밀고 나가면 현행의 규칙을 모두 부정하게 된다. 이러한 주장이 비록 완전히 관철된 적은 없었지만 적어도 실행의 위협이 심각하게 작용함으로써 의사진행방해가 과다하게 남용될 때 적정범위 내로 제한하는 역할을 해 왔다는 데에 큰 의의가 있다.

2. 핵선택안

헌법적 선택안에서 발전해 나간 논리로 핵선택안(nuclear option)이 있다. 양자의 차이는 헌법적 선택안이 다수결로 모든 것을 결정해야 한다는 철저한 다수결주의를 밀고 나가는 데 비해, 핵선택안은 반드시 그러한 헌법해석론적 전제를 가지지 않고, 실행 수단에 있어서도 헌법적 선택안이

---

108) Martin B. Gold; Dimple Gupta (2004), 앞의 글, 217-227쪽; 김준석 (2010), "필리버스터의 제도화과정과 논란-미국 상원의 사례를 중심으로", OUGHTOPIA 25(1), 경희대학교 인류사회재건연구원, 172쪽은 1890년 하원의 개혁과 월시의 헌법적 선택안이 모두 상원의 필리버스터 제재에 영향을 미쳤다고 한다.
109) Martin B. Gold; Dimple Gupta (2004), 앞의 글, 259-260쪽.

헌법의 정족수 규정에 의거하는 반면, 핵선택안은 상원규칙 자체에서 즉, 규칙위반의 이의(point of order)절차에서 찾는다는 점에 있다. 따라서 핵선택안은 보다 융통성이 있으면서 실행이 간편하다. 그리고 현행의 규칙을 인정하는 장점이 있다. 다만 핵선택안이 핵선택안으로 불리는 이유는 한 번 그 방아쇠를 당기게 되면 결국 상원 의사의 모든 절차를 붕괴시켜 단순 다수결주의로 만들어 버릴 것이라는 우려 때문이다. 핵폭탄이 이 세상을 다 날려버리는 것처럼 말이다. 이러한 강력한 위력 때문에 핵선택안도 헌법적 선택안 못지않게 필리버스터의 제한에 큰 역할을 담당하고 있다. 그 내용을 뒤에 개혁론 부분에서 좀 더 자세히 살필 것이다.

Ⅲ. 합헌론의 논리

1. 다수결주의와 규칙 제22조

필리버스터는 법안에 대해서만 행해져 온 것이 아니고 종래 법관과 여타 공무원의 임명동의에 대해서도 자주 행해져 왔다. 그러나 위헌론이 주장하는 다수결주의는 연방헌법 제1조 제7절에 암묵적으로 근거한 것인데 이는 오직 "법안"에 관해서만 규정되어 있을 뿐이다. 따라서 다수결주의를 정당화하고자 한다면 "임명동의"에 대해서도 똑같은 헌법문언적 근거를 찾아내야 할 것이다. 그렇지만 헌법문언 어디에서도 그런 것을 발견할 수 없으므로 위헌론은 완결된 설득력을 갖추지 못하고 있다고 한다.

그리고 연방헌법 제1조 제7절은 법률안 상정의 구체적 절차과정에 대해서 규정하고 있는 바가 없다. 제1조 제5절 제1항은 과반출석의 의사정족수를 규정하고 있는데 그치고 있다. 따라서 법률안을 처리하는 데 필요한 규칙은 헌법이 정하고 있지 않으며 헌법이 별도로 규정하고 있듯(제1조

제5절 제2항) 상원이 의사규칙에 의해 자유로이 결정할 수 있는 것이라고 해석해야 한다는 것이다. 각 원은 그에 따라 토론을 얼마나 길게 가질 것인가를 당연히 규율할 권한을 가질 것이다.

게다가 상원규칙 제22조는 법안의 통과에 필요한 의결정족수를 규정하고 있지 않다. 다만 토론의 종결에 필요한 정족수를 규정할 뿐이고 여전히 법안의 통과는 과반수에 맡겨져 있다. 따라서 상원규칙 제22조는 연방 헌법 제1조 제5절이 부여한 규칙제정권의 행사이고 다수결 원리에 완전히 부합한다. 그리고 연방헌법 제1조 제5절은 규칙제정권을 부여하면서 어떠한 한계도 부가하지 않고 있음을 강조한다.[110]

또한 다수결주의는 결코 절대적이고 확정적인 헌법 원리가 아니다. 연방대법원도 이 점에 대해 명확하게, "확실히 엄격한 다수결주의에서 벗어나면 소수에게 비례에 어긋나게 권력을 주는 측면이 있다. 그러나 헌법문언의 어디에도, 그리고 우리 역사 혹은 우리 판례의 어디에도 다수결이 언제나 모든 사안에 관철되어야 한다는 그런 것은 없다."고 판시한 바 있다.[111] 따라서 다수결주의가 상원의 규칙제정을 반드시 규율해야 한다고 주장할 수는 없다고 보는 것이다.[112]

물론 미국 민주주의의 기본원리는 다수결주의라고 할 수 있다. 그러나 그러한 다수결주의가 기본적 원리로 통용된다고 하더라도, 이것이 반드시 모든 사안에 과반수 결정이 적용되어야 한다는 것을 의미하는 것은 아니다. 연방 헌법 스스로도 사안에 따라 가중다수를 요구하는 몇 가지의 예외를 설정해 놓고 있기 때문이다.[113] 그리고 미 연방 헌법은 구조적으로도

---

110) Fisk, Catherine; Chemerinsky, Erwin (1997), "The Filibuster", *Stanford Law Review*, Vol. 49, Issue 2, 242쪽.
111) *Gordon v. Lance*, 403 U.S.1,6 (1971).
112) Gerhardt, Debate: Is the Filibuster Constitutional?", *University of Pennsylvania Law Review PENNumbra*, Vol. 158, 255-256쪽.
113) Fisk, Catherine; Chemerinsky, Erwin (1997), 앞의 글, 244쪽.

세심하게 반다수결주의적으로 설계된 것이다. 대통령은 국민 과반수에 의한 직접 선출이 아니라 선거인단에 의해 선출되고, 상원의원은 인구규모와 상관 없이 일률적으로 2인씩 주에 배정되고 있다. 그리고 연방법관은 종신이며 직접적으로 국민에 대해 책임을 지지 않고 있는 것 등이 그 예이다.

그러므로 다수결은 중요한 원리이지만 그로부터 이탈하는 모든 것을 위헌으로 보아야 할 만큼 미국 정치제도를 규정하는 보편원리는 아니라고 할 수 있다. 따라서 상원규칙 제22조가 단순히 다수결원리에서 벗어나 있다는 이유만으로 위헌이 된다고 보지는 않는다.[114]

2. 연속체 이론

상원은 매 2년마다 상원의원의 1/3씩을 새로이 선출하도록 연방헌법에 규정되어 있다(제1조 제3항 제2호) 이 헌법조항이 각국의 입법기관들 중에 유독 미국 상원을 매우 독특한 기관으로 만들고 있다. 왜냐하면 미국 상원은 이 조항에 의해서 구조적으로 "연속체(continuing body)"가 되기 때문이다. 언제나 1/3씩 개선되므로 미국하원과 같이 각 2년의 입법기(legislative session)마다 별개의 개체로서의 속성을 지닐 수 없기 때문이다.

의사규칙을 통해 참호를 구축하는 것이 위헌이라는 이론은 새로 선출된 다수를 구속할 수 없다는 논리에 기반해 있는데 이는 명백히 모순이다. 왜냐하면 상원에서 2년마다 새로이 선출되는 의원은 1/3 뿐이고, 따라서 새로 선출된 상원 의원은 어떤 경우에도 "다수"일 수 없기 때문이다.[115] 물론 회기가 끝날 때마다 모든 법률안을 폐기하는 회기(session) 불계속 원칙이 상원이 연속체임을 반박하는 근거로 제시되긴 하지만, 그것은 사무상의 편의에 기한 설정일 뿐이다. 만약 그것이 진정으로 불연속을 의미하는

---

114) Fisk, Catherine; Chemerinsky, Erwin (1997), 앞의 글, 245쪽.
115) Michael J. Gerhardt (2010), 앞의 글, 254쪽.

것이라면 1년마다 규칙을 새로 채택해야 한다는 것이 논리에 맞을 것이다. 그러나 미국 하원도 그렇게는 하지 않고 있다.

Ⅳ. 필리버스터 개혁론과 개혁의 역사

위헌론은 헌법에 의할 때 모든 의사결정을 다수결에 의해야 한다고 주장하지만 합헌론은 헌법에 의할 때 다수결로 모든 문제를 결정해야 하는 것이 아니라고 주장하며 양자의 주장은 모두 근거가 있고 팽팽하다. 문제는 합헌론이 주장하듯 필리버스터가 긍정적인 측면도 가지고 있기 때문에 단순히 필리버스터를 없애버리는 것으로 해결될 문제가 아니라는 것이다. 따라서 개혁론은 어떤 형태로든지 다수결 원리와 필리버스터의 보존을 조화시키려고 한다. 이하에서 그동안 어떠한 개혁노력이 이루어졌고 혹은 이루어져야 한다고 제안되었는지를 살펴보도록 하자.

1. 토론종결후 토론시간 제한

1976년 알라바마 상원의원 알렌(Allen)은 토론종결이 가결되면 필리버스터도 종료된다는 오래된 규범을 깨고 토론종결후 필리버스터(post cloture filibuster)를 개발해 감행함으로써 토론종결을 무의미하게 만들어버렸다. 상원은 분노했지만 실제 상원의 의사규칙상 토론종결 이후 토론가능여부에 대한 규정이 없었기 때문에 이러한 규범상의 공백을 이용한 의사진행방해를 다수파는 막아낼 수 없었다. 이에 대한 대응으로 토론종결후 토론을 용인하되 그 시간을 일정한 범위내로 제한하는 규칙개정이 이루어졌다. 1979년에는 100시간을 허용하였다가, 그다음에 1985년에 30시간으로 제한이 이루어졌다.116)

그리고 의사진행방해의 압력을 완화하기 위해 2013년에는 2개의 규칙 수정이 이루어졌다.[117] 하나는 다수당 원내대표와 소수당 원내대표, 그리고 각 당에서 7인의 의원의 서명에 의해 본회의상정 동의에 대한 토론종결의 경우에는 토론종결이 제기된 다음날 투표가 이루어지고(다른 경우보다 하루 빠르다), 토론종결이 가결되면 본회의 상정동의에 대해 토론 없이 표결하는 것이다.(규칙 제22조 제3항) 다른 하나는 양원협의회 소집에 하나의 토론가능한 동의를 하나로 통합하여 허용하고, 토론종결이 이루어지려면 토론종결 동의에 2시간의 토론을 균등하게 나누어 허용하고, 토론종결 후에는 더 이상의 토론 없이 양원협의회 소집 관련 동의에 관해 표결한다.(규칙 제28조)

2. 다중경로 심의제도와 예산법

1970, 80년대를 통하여 의사진행방해가 증가하자 두 가지의 제도적 개혁을 통해 대응하였다. 하나는 다중경로 심의제도(track system)를 통해 필리버스터가 야기하는 시간적 부담을 감소시키는 방법이고, 다른 하나는 예산 등 일부 법안을 필리버스터의 대상에서 제외함으로써 국가적 핵심사안에 관련된 특정영역을 필리버스터의 지연전술로부터 아예 격리하여 방어하는 방법을 통해 필리버스터의 증가에 대응하는 것이다.[118] 그러나 이 방법들은 의사진행방해를 제기하는 측의 심리적 부담을 덜어줌으로써 오히려 더욱 필리버스터를 왕성하게 제기하게 만드는 작용도 하였다. 다중경로 심의제도를 통해 다른 법안들에 대한 연계작전을 쓸 수 없기 때문에

---

116) Eric Schickler (2001), *Disjointed Pluralism : Institutional Innovation and the Development of the U.S. Congress*, Princeton University Press, 222-223쪽.

117) S. RES. 16 (January 24 (legislative day, January 3), 2013); Walter J. Oleszek (2014), 앞의 책, 317쪽.

118) Eric Schickler (2001), 앞의 책, 223쪽.

반대하는 소수파로 하여금 대상법안에 대한 필리버스터를 필수적인 것으로 만들기 때문이다. 그리고 보류의 발달과 함께 아예 사전에 조용한 필리버스터를 제기할 수 있게 됨으로써 필리버스터를 제기하는 입장에서는 별로 힘을 들이지 않고 막강한 영향력을 행사할 수 있게 되었다. 이로 인해 의사진행방해는 더욱 일상화되었다.

1974년 예산법(the Budget Act of 1974)은 예산 의결에 대하여 토론 시간을 50시간으로, 예산조정 법안에 대하여는 토론을 20시간으로 제한하고, 수정안은 관련성이 있어야(germane) 한다고 정하고 있다. 그러므로 상원 의사규칙 제22조가 적용될 필요도 없다. 법자체에서 엄격히 토론시간을 제한하고 있어 필리버스터도 불가능하다. 이러한 법안들은 필리버스터의 증가에도 불구하고 국가적 중대 사안은 여전히 신속과 효율이 중시되며, 따라서 다수결 원리의 지배하에 놓인다는 것을 의미한다. 그러나 의사진행방해를 옹호하는 입장에서는, 규칙 제22조를 우회하는 이러한 수단이 늘어나는 것은 소수권 보호에 방해가 되고, 상원운영의 정상적 경로와 긴장감을 일으키기 때문에 부정적으로 평가할 수 밖에 없다.[119]

3. 보류에 대한 개혁론

보류(holds)는 "상원의원이 가지는 어느 권능을 어떤 사안에다가 쓸 생각이 있다고 원내대표 등 지도부에 편지로 밝히는 것"을 말한다.[120] 예컨대 다음과 같은 편지를 보냄으로써 보류를 행하게 되는 것이다.

"트렌트 귀하: 저는 …… 에 관련된 모든 법안과 수정안의 심의에 관하여 일정한 시간을 정하거나 만장일치를 요구하는 것에 반대합니다. 이는 제가

---

119) Richard A. Arenberg and Robert B. Dove (2012), 앞의 책, 110-113쪽.
120) Barbara Sinclair, 앞의 글, 254쪽.

상원의원으로서 수정안을 제출하고 그 법안과 수정안에 대해 토론하며 심의
할 권한을 부여받고자 바라기 때문입니다. 저의 감사와 안부를 전합니다."

대부분의 보류는 만장일치합의에 의해 대부분의 업무를 처리하는 기구
인 상원에서 "의사진행방해를 하겠다는 위협"에 해당한다. 본회의장에서
밤을 지새우며 끝없이 발언을 이어가는 고전적 의사진행방해는 더 이상
일어나지 않는다. 그래서 이 실제적 의사진행방해보다 의사진행방해의 위
협이 더욱 위력적이다. 보류는 "게으른 자의 의사진행방해"라고 불평의 대
상이 되어 왔다. 보류를 행하는 편은 별다른 어려움과 노력이 별로 없는
반면, 입법과정을 굉장히 복잡하게 만들고 심지어는 법안을 죽게 만들고
또는 심각하게 법안의 가치를 손상시키기 때문이다. 어느 한 상원의원 보
좌관의 전언에 따르면, "보류는 사실 거의 모든 것에 대해 있다."고 한다.
이것이 다소의 과장일 수 있더라도 오늘날 보류가 상원의 의사절차에서
일상적인 일이 되었다는 점만은 부정할 수 없을 것이다.[121]

보류가 종종 비난을 받으면서도 계속 유지되는 이유는 원내 지도부에게
정보를 제공해주기 때문이다. 만장일치합의로 의사절차를 이끌어가는 상
원 지도부에게 어떤 법안에 무슨 문제가 있는지 알아야 할 필요가 있는데,
보류는 바로 그런 기능을 해 준다.

"다수파 원내대표는 활용할 수 있는 시간이 제한되어 있기 때문에, 보류는
효과가 있다. 토론종결을 위한 표결이 행해지더라도, 아무래도 뭔가 할 수
있는 며칠간의 시간이 소요되고 만다. 그래서 모든 법안을 다룰 수 없고,
몇 개를 선택해 그럴 수 밖에 없게 된다"

상원의원들은 당연히 본회의 시간이 생산적으로 쓰이기를 원한다. 어떤

---

121) Barbara Sinclair, 앞의 글, 255쪽.

법안을 본회의에 가져갈지를 선택함에 직면해서는, 다수파 원내대표는 법안이 얼마나 많은 시간을 소비할지 그리고 과연 통과가 될 것인지를 고려하지 않을 수 없다. 그래서 결과적으로 법안을 본회의에 올려 심의하고자 하는 의원들은 보류를 한 자와 협의해야 한다는 압력을 받게 되는 것이다.

"다수파 원내대표에게 핵심사안이 아닌 법안이라면, 그는 당신이 처리하라고 말할 것이다. 원내대표에게 가서 법안을 본회의에 올려 심의를 받도록 하고 싶다고 말한다면 그는 이렇게 말할 것이다. '그럼 당신이 해결하도록 하시오. 누가 보류를 걸었는지 그리고 무슨 문제가 있는지 알아보고 해결하도록 하시오. 그러면 그 때 본회의에 올려 주겠소.'"122)

래리 에반스(Larry Evans)도 비슷하게 설명한다.

"보류를 통해 상원의원은 지도자 그룹에게 자신은 만장일치합의에 반대할 생각이라는 신호를 보내고 이를 통해 지도자 그룹은 본회의 의사절차를 배치하는 데 필요한 논의와 조정을 사전에 수행할 수 있는 기회를 가지게 되는 것이다. 따라서 종종 이들 보류를 제기한 자와 지도자 그룹은 이러한 정보를 그들끼리만 나누고 다른 이들과는 공유하지 않는 편이 유리할 것이다."123)

보류는 힘을 들이지 않고 간단하게 필리버스터를 행하는 것이어서 그 효과가 너무 비대칭적이었다. 그것이 비밀스럽게 행해진다는 것이 문제가 되었기 때문에 2007년 상원 개혁에서는 그동안 보류에 대해 공개하지 않던 방식을 바꾸어 보류가 제기되었다는 것과 어떤 상원의원이 이를 요청했는지를 밝히도록 하고 있는데,124) 그 기간은 6일 이내였다가 2011년 추

---

122) Barbara Sinclair, 앞의 글, 256쪽.
123) Richard A. Arenberg and Robert B. Dove (2012), 앞의 책, 95쪽에서 재인용.
124) 임재주 (2013), 국회에서 바라본 미국의회, 개정증보판, 한울 아카데미, 392쪽.

가적인 개혁에서는 좀 더 단축하여 2일 이내에 하도록 하였다. 그러나 이런 조치가 비밀 보류를 얼마나 억제할 수 있는지는 다소 회의적이었는데, 일정 기간이 지난 뒤 민주당 원내대표 레이드는 "비밀 보류의 문제점 때문에 우리가 노력을 꽤 했지만, 별로 도움이 되지 않았다"고 밝히고 있다.[125]

4. 수정안 나무 채우기

수정안을 제출할 수 있는 권한도 소수파에게는 중요한 무기가 된다. 상원에서는 토론종결이 가결되지 않는 한, 수정안에 관련성을 요구하지 않기 때문이다. 수정안을 제출할 수 있는 모든 경우를 그린 도식이 마치 나무 모양을 닮았다고 하여 수정안 나무라는 별명이 붙었다. 그런데 다수파는 소수파가 수정안을 제기함으로써 의사진행방해의 수단으로 삼는 것을 방지하기 위해 미리 수정안 나무채우기를 시도할 수 있고 이는 소수파의 권리에 제약을 가하게 된다. 따라서 이것은 의사진행방해가 있기도 전에 소수파의 수정안 제출가능성을 막아버린다는 점에서 문제가 있다. 채워진 다수파 원내대표의 수정안들을 모두 심의보류동의(動議)를 제기하여 제거하고 소수파의 수정안을 1개 허용하는 방안이 다수파와 소수파의 이익을 모두 고려한 개선 방안으로서 제시된다.[126]

5. 힘든 의사진행방해로 복귀시키는 안

상원의원 진 샤힌(Jeanne shaheen, 2013)의 개혁안은 소수파로 하여금 토론종결 표결에서 2/5를 확인시키는 것을 안으로 제시하고 있다. 토론종결에 3/5을 요구하는 것이 아니라 역으로 토론 계속에 2/5를 요구하는 것

---

125) Walter J. Oleszek (2014), 앞의 책, 257-259쪽.
126) Richard A. Arenberg and Robert B. Dove (2012), 앞의 책, 96-108쪽.

이다. 그렇게 함으로써 부담을 의사진행방해를 하는 이들에게 부과하려
한다. 이것은 의사진행방해를 하려는 소수가 언제나 의사장 안에 나와 있
도록 강제하여 수고스럽게 하기 위한 것이다. 이는 오늘날의 필리버스터
가 지나치게 수고 없이 이루어지기 때문에 다시 예전으로 돌아가 필리버
스터의 수행비용을 높임으로써 그 빈도를 줄이고자 하는 아이디어에 기초
해 있다.[127)]

상원의원 마크 우달(Mark Udall)의 개혁안도 같은 생각에 기초해 있다.
우달은 토론종결 요건을 다시 예전처럼 "출석하고 투표하는" 상원 의원의
5분의 3으로 환원할 것을 주장한다. 그러면 토론을 계속하기 위해서는 소
수가 항상 2/5 이상 나와야 하기 때문에 샤힌의 생각과 같게 된다. 이를
통해 보류를 제한할 수 있고, 필리버스터를 확장된 토론을 위해서 쓰게 되
어, 오히려 토론을 막기 위해 쓰는 현 상황의 문제점을 방지할 수 있게 된
다고 한다.[128)]

좋은 아이디어라고 생각되지만 제도를 역행시키는 것이 가능한지는 의
문이다. 이미 다중경로 심의제도에 익숙해져 있는 상황에서 다시 예전처
럼 힘든 실제 필리버스터로 돌아가는 것은 다수파와 소수파 모두에게 부
담을 주는 일이라 동의할 것 같지 않다.

6. 점진적 토론종결 요건 완화안

상원의원인 톰 하킨(Tom Harkin, Iowa)은 자신이 속한 민주당이 소수당
이었던 1995년부터 지속적으로 이러한 방식의 개혁안을 제시해 왔다.[129)]

---

127) Jeanne Shaheen (2013), "Gridlock Rules: Why We Need Filibuster Reform in
the US Senate", *Harvard Journal on Legislation*, Vol. 50, No. 1, 15쪽.
128) Tom Udall (2011), "Constitutional Option: Reforming the Rules of the Senate
to Restore Accountability and Reduce Gridlock", *The Harvard Law & Policy
Review*, Vol. 5, Issue 1, 124쪽.

그의 문제의식은 첫째로, 한때 드물게만 사용되었던 의사방해전략이 이제
는 거의 모든 조치와 임명동의안에 사용되거나 사용이 위협되고 있고, 둘
째로, 의사진행방해가 점점 더 소수의 의견을 개진하기 위해서보다는 법
안과 임명동의안의 심의를 방해하고 저지하기 위해서 사용되고 있어서,
결과적으로 소수견해의 횡포(tyranny of minority views)와 토론 및 숙의
의 방해가 있게 된다는 것에 있다. 따라서 의사진행방해로 인해 상원은
더 이상 중요한 국가적 문제들에 대해 토론조차 하지 못하고 있다고 개
탄한다.130)

　따라서 규칙개정을 통해 토론종결에 필요한 정족수를 점진적으로 낮추
자고 제안한다. 첫 번째 토론종결 투표에서는 60표가 토론종결의 가결에
요구된다. 만약 이에 실패하면 상원의원은 다시 토론종결을 제기할 수 있
고 이틀 후 새로운 표결이 있게 된다. 이때 토론종결에 필요한 가결정족수
는 57표로 한다. 만약 토론종결이 이루어지지 않으면, 상원의원은 또 다시
토론종결을 제기할 수 있고 그 이틀 후 다시 새로운 표결을 한다. 이때에
는 토론종결에 필요한 가결정속수가 54표로 조금 더 낮아진다. 여기서도
토론종결에 필요한 수를 얻지 못하면 새로운 토론종결 요구 후 이틀 뒤에
최종적으로 51표에 의해 토론종결이 이루어질 수 있도록 하는 것이다. 이
렇게 토론종결 정족수를 점진적으로 60%, 57%, 54%, 51%로 낮춰가는 동
안 소수파는 2-8일의 법안 지체가 가능하여 이를 통해 충분한 토론시간을
가지면서 다수파와 대중여론을 설득할 수 있고, 다수파는 궁극적으로는
51%로 토론종결을 할 수 있게 되어 충분한 토론 끝에 행동에 나설 수 있
게 된다는 설명이다. 이를 통해 다수와 소수의 이익을 조화시킬 수 있고,

---

129) Tom Harkin (2011), "Filibuster Reform: Curbing Abuse to Prevent Minority
　　Tranny in the Senate", *Legislation and Public Policy*, Vol. 14: 1, 9쪽. 1995년에
　　는 76: 19로 심의보류되었다.(1995. 1. 5. 표결. http://www.senate.gov/ 미국 상원
　　홈페이지 표결기록 참조.)
130) Tom Harkin (2011), 앞의 글, 4-5쪽.

보다 강력하게 타협의 정신을 촉진할 수 있다고 주장한다. 그래서 현재의
소수의 횡포 상태로부터 대의민주주의의 본질적 원칙인 다수 지배를 회복
할 수 있다고 보고 있다.[131] "토론 없이 표결하는 것은 위험하고, 토론하
되 표결하지 않는 것은 어리석은 일"[132]인데 이 두 극단을 모두 피해 가고
자 하는 것이다.

그러나 아렌버그와 도우브(2012) 같은 이들은 하킨의 개혁안에 비판적
이다. 이러한 개혁은 결국 다수파 지도자로 하여금 그냥 8일을 기다리게
할 뿐이고 그때 다수파는 51표로 토론종결을 이룰 수 있기 때문에 거기에
"타협에 대한 유인(incentive to compromise)"은 실제상 거의 없을 것이라
고 한다. 또한 마찬가지로 중요한 결함이 상원의원의 수정안 제안권을 제
약한다는 것이라 지적한다. 토론종결이 가결되면 그때부터 수정안은 모두
관련성이 있어야 하기 때문에 쉽게 토론종결 될 수 있다는 것은 결국 수정
안 제출권을 제약하게 되고, '수정안 나무 채우기'전략과 결합하면 실질적
으로 소수파의 수정안 제출권을 묶어버릴 수 있게 된다고 본다.[133]

이러한 결함에도 불구하고 하킨의 개혁안이 소수파와 다수파의 이익을
조화시키려고 노력함 점은 높이 평가해야 한다고 생각한다. 그리고 최소
한 한 가지 생각 ‐ 즉, 소수의 권리가 무제한이어서는 안된다는 점 ‐ 에
는 충분히 공감할 수 있다. 다수의 권리도 무제한일 수 없다면, 소수의 권
리는 더더욱 그러할 것이다.

---

131) Tom Harkin (2011), 앞의 글, 8쪽.
132) 원문은 Henry Cabot Lodge & William M. Stewart (1893), "The Struggle in the
Senate II: Obstruction in the Senate", *157 N. Am. Rev.* 513-527쪽.(Tom Harkin
(2011), 앞의 글, 8쪽에서 재인용.)
133) Richard A. Arenberg and Robert B. Dove (2012), 앞의 책, 75-76쪽.

7. 핵선택안(nuclear option)의 실행에 의한 개혁

(1) 핵선택안의 의미와 실행 방법

핵선택안을 헌법적 선택안의 일종으로 보는 견해도 많지만[134] 약간의 차이가 있다. 헌법적 선택안이 선거후 첫 집회일에 그 실행을 주장해야 하는 반면 핵선택안은 그러한 시기제한이 없다. 핵선택안은 헌법이 규정한 다수결 원리에 어긋나는 의회규칙은 효력이 없다는 점에서 헌법적 선택안과 동일하지만, 그 방법면에서 상원의 의사절차를 이용하는 것, 즉 선례확립의 방법에 의한다는 점에서 다르다. 그러나 헌법적 선택안도 선거후 첫 집회일에만 실행을 주장하는 것이 아니므로 구분이 다소 모호해지지만, 그 실행수단이 상원 의사규칙의 절차에 의하므로 헌법에 호소하지 않는다는 점에서 구분된다. 그 명칭이 핵선택안인 이유는 그 파괴력이 핵(nuclear)과 같다는 의미이다. 그것은 한번 방아쇠가 당겨지면 보복과 후폭풍을 통해 상원이 만들어 온 절차의 모든 면을 파괴하고 없애 버릴 것을 우려하는 뜻이 담겨 있다.

선례확립의 방법에 의한 실행방법은 다음과 같다.(상원 의사규칙 제20조 활용)

먼저 의안에 대해 필리버스터가 제기된 경우 다수파 의원 중 1인은 의장에게 필리버스터에 대한 토론종결은 단순다수에 의해 가결될 수 있는 것이 제대로 된 규칙이라고 생각한다는 내용의 문제(규칙위반의 이의, point of order)를 제기한다. 의장은 통상 이에 대한 판단권을 가지지만 이를 받아들이지 않을 것이다. 이에 대해 다수파 의원은 항의(appeal)를 제기하고 항의는 다수결에 의해 결정되므로 항의는 받아들여진다. 따라서 다시 단순다수에 의한 토론종결 동의를 제기했을 때 의장은 이제 이를 받아

---

134) Walter J. Oleszek (2014), 앞의 책, 318쪽.

들일 것인데, 이번에는 소수파가 이에 대해 규칙위반의 이의를 제기하고, 그에 대해 의장이 앞선 결정에 따라 판단하면, 항의를 제기할 것이다. 이러한 소수파의 항의를 다수결에 의해 부결시키거나 그에 대해 보류 동의(motion to table)를 제기하여 가결시키면 새로이 단순다수결에 의한 토론종결의 선례는 이제 확립된다는 것이다.(상원 의사규칙 제20조 제1항) 따라서 이에 의해 규칙의 의미 혹은 효력이 변경되는 효과가 발생한다.

그러나 의장과 다수당이 서로 같은 당 소속이고 사전교감이 있는 상태라면 실행이 보다 더 쉬울 수 있다. 다수파 의원중 1인이 제기한 다수결에 의한 토론종결 내용의 규칙위반의 이의를 의장이 받아들이는 것이다. 소수파에 이러한 의장의 결정에 항의하고 다수파는 이를 보류 동의를 제기하여 심의보류 시키거나 표결을 통해 의장의 결정을 지지하는 것이다. 이로써 역시 앞에서와 같은 선례확립에 의해 규칙변경의 효과가 생기는 것이다.

(2) 핵선택안의 실행위기와 14인의 갱단(2005년)

상원의 권한은 하원과 마찬가지로 입법권을 가질 뿐만 아니라 특히 조약체결에 대한 동의권과 정부 고위공직자 및 연방대법관 임명 동의권을 전속적으로 가지기 때문에[135] 특히 여기에 필리버스터가 행해질 때 상원의 의안처리 지체는 정부기능을 비롯하여 광범위한 영역에 부정적인 파급

---

135) 미연방 헌법 제2조 제2절 제2항: 대통령은 대사, 그 밖의 외교사절 및 영사, 연방대법원 판사 그리고 그 임명에 관하여 이 헌법에 특별 규정이 없으나 이후 법률로 정할 그 밖의 모든 미국의 관리를 지명하여 상원의 자문과 동의(by and with the Advice and Consent)를 얻어 임명한다. 다만 연방의회는 적당하다고 인정되는 하급관리 임명권을 법률에 의하여 대통령에게만 또는 법원에 도는 각 부처 장관에게 부여할 수 있다.
상원의 고위공직자 임명동의권은 바로 위 "자문과 동의"라는 문언에 근거한 것이다.

효과를 끼칠 수가 있다. 이미 부시행정부 당시 2005년에 공화당 지도부(원내대표 빌 프리스트(Bill Frist, Tenn))는 민주당 소수파의 의사진행방해에 대해 핵선택안을 실행할 계획을 가지고 있었다. 그 근거로서는 법안에 대한 필리버스터와 임명동의안에 대한 필리버스터의 차이점이 지적되었다. 법안의 경우에는 다수의 견해에 소수의 의견을 반영해 타협안의 도출이 가능한 반면, 사람을 대상으로 하는 임명동의안에서는 찬성과 반대 둘 중 하나만이 있을 뿐이라는 것이다. 그러므로 공직임명자에 대한 필리버스터는 헌법이 상원에게 보장한 권한인 '자문과 동의(Advice and Consent)'를 넘어 대통령의 고유 권한을 침해한다는 것이다.[136]

그러나 핵선택안의 실행을 둘러싸고 긴장이 고조될 때 공화당과 민주당의 일단의 의원들이 일종의 잠정적 타협안을 제시함으로써 그 실행을 막았다. 이들이 바로 "14인의 갱단(공화당 7인, 민주당 7인)"으로 불리는데, 공화당 의원 7인은 핵선택안의 사용을 지지하지 않을 것을, 민주당 의원 7인은 "이례적 상황(extraordinary circumstances)을 제외하고는" 향후 법관 임명에 대한 필리버스터를 지지하지 않겠다는 합의를 도출한 것이다.[137]

---

136) 김준석 (2010), "필리버스터의 제도화과정과 논란-미국 상원의 사례를 중심으로", OUGHTOPIA 25(1), 경희대학교 인류사회재건연구원, 181쪽; 그러나 Catherine Fisk; Erwin Chemerinsky (2005), "In Defense of Filibustering Judicial Nominations", *Cardozo Law Review*, Vol. 26, Issue 2, 331-352쪽은 오히려 법안이 폐기가 가능한 반면 법관은 탄핵되기 어렵고 종신이므로 더욱 견제가 필요하다고 주장한다.

137) 이들의 합의문에는 이렇게 되어 있다:
"A. 앞으로의 임명동의안. 서명자들은 연방헌법의 자문과 동의(Advice and Consent) 조항에 따른 책임을 성실하게 수행할 것이다. 임명 후보자들에 대해서는 이례적 상황하에서만 의사진행방해가 이루어져야 하며, 각 서명자들은 자신의 재량과 판단으로 그러한 상황이 존재하는지를 결정해야 한다.
B. 규칙 변경. 이 합의에서 이루어진 정신과 지속적 노력에 비추어, 우리는 109대 의회에서 우리가 이해하기에 법관임명 동의안에 대한 투표를 만장일치합의나 규칙 제22조 이외의 방법으로 강행하려는 상원 의사규칙의 해석이나 수정과 같

당시 공화당과 민주당이 55-44인 상황에서 공화당 7인의 이탈은 과반수선을 유지할 수 없게 되므로 핵선택안을 실행할 수 없게 만들었다. 비록 이들이 합의한 문구 가운데 "이례적 상황"이 무엇을 의미하는지 매우 애매한 타협이었고 시한이 109대 의회 2년간(2005-2006)뿐인 임시방편적 해결에 불과했지만, 어쨌든 그 타협은 2005년에 핵선택안의 실행을 막았고 그 실행은 뒤로 연기되었다.[138]

(3) 핵선택안의 실행 (2013년 11월 21일)

2005년의 위기 이후 공화당과 민주당의 위치가 바뀌고 이번에는 민주당 다수파에 의해서 핵선택안 실행이 위협되었고, 2013년 11월 21일 마침내 공무원 임명동의안에 대한 필리버스터에 대해 대법관 임명의 경우를 제외하고는 단순다수결에 의해 종결시킬 수 있다는 선례가 확립됨으로써 제한적인 범위에서 핵선택안의 발동에 의한 필리버스터의 개혁이 이루어졌다. 그 배경에는 미국 역사상 총 168회의 임명동의안에 대한 필리버스터 가운데 오바마 행정부 들어서서 82회를 기록하자 공화당의 무능화 정략에 대한 반발이 상당히 생겨났고, 또 오바마 케어에 대한 반대로 정국이 경색되자 상황을 전환할 필요도 있었다고 보인다. 그 구체적인 방법은 앞에서 설명한 바와 같이 규칙위반의 이의 제기 절차를 활용하였다.

〈2013년 11월 21일〉
레이드(Mr. Reid)(민주당 원내대표). 의장님, 미국민들은 의회가 다 부서졌다고 믿고 있습니다. 미국민들은 상원이 다 허물어졌다고 믿고 있고, 저는 미국민들이 옳다고 생각합니다.

은 규칙변경에 반대한다." *Congressional Record*, May 24, 2005, S5830-5831. ; Walter J. Oleszek (2014), 앞의 책, 318쪽.
138) Richard A. Arenberg and Robert B. Dove (2012), 앞의 책, 138-139쪽.

…… 변화의 필요성은 아주 명확합니다. 우리가 변화를 위해 뭔가 해야 한다는 것은 너무나 명확해 보입니다.

우리 나라 역사에서 -약 230여년- 행정부와 사법부 임명동의안에 대해 168회의 필리버스터가 있었습니다. 그 중 반이 오바마 행정부에서 일어났습니다. 그러니 230년에 조금 더 한 시간동안 50퍼센트; 그리고 겨우 4년 반동안 50%인 셈입니다. 이것이 과연 공정한 일입니까?

이 임명동의안들은 최소한 가부의 표결을 받을 자격이 있습니다. 그러나 공화당의 필리버스터는 그 마땅한 표결을 거부했고 결과적으로 대통령과 함께 일할 사람들을 부정해버렸습니다. ……

레이드. 규칙 제22조에 따라 연방 대법관을 제외한 다른 모든 임명동의안에 대한 토론종결이 다수(majority)의 투표로 가결될 수 있다고 규칙위반의 이의(point of order)를 제기하는 바입니다.

임시의장(The President pro tempore). 현행 규칙에 따를 때, 그러한 규칙위반의 이의는 지지될 수 없습니다.

레이드. 의장님의 판단에 항의하며(appeal) 그에 대해 찬반의 표결을 구합니다.

……

임시의장. …… 다수당 원내대표가 의장의 결정에 항의하였습니다. 이제 문제는, '의장의 결정이 상원의 판단으로서 유지될 수 있는가?' 하는 것입니다.

……

[표결이 행해지고] 표결결과가 선언된다 - 긍정 48, 부정 52.

……

임시의장. 의장의 결정은 지지되지 못했습니다.

맥코넬(Mr. McConnell)(공화당 원내대표). 의장님, 상원규칙에 따르면 임명동의안은 재적의원 3/5의 찬성으로 토론종결이 가결되지 않는 한 계속 토론할 수 있는 것이라고 규칙위반의 이의를 제기합니다. 방금 세워진 선례에 따르면 토론종결이 과반수로 가결될 수 있다는 것입니다. 따라서 의장님의 판단에 항의를 제기하며 찬반투표를 구합니다.

임시의장. 아직 의장은 판단을 내리지 않았습니다만. 2013년 11월 21일 바

로 오늘 세워진 선례에 따르면, 연방 대법관을 제외하고 임명동의안에 대
한 토론종결의 문턱은 과반수입니다. 이것이 의장의 판단입니다.

맥코넬. 의장님의 판단에 항의하며, 찬반투표를 구합니다.

임시의장. 공화당 원내대표가 의장에 결정에 항의했습니다. 문제는, '의장
의 결정이 상원의 판단으로서 유지될 수 있는가?' 하는 것입니다.

　……

[표결이 행해지고] 결과가 발표된다 - 찬성 52, 반대 48.

임시의장. 상원은 의장의 결정을 지지했습니다.139)

　이렇게 역사적인 필리버스터 개혁이 이루어졌다. 오바마 대통령은 그에
대해 "그동안 충분했다(enough is enough)"며 환영하는 논평을 내놓았다.
핵선택안의 실행은 부시 행정부 때 이미 공화당 다수로부터 공언되어 왔
었지만 실행되지 않았었고, 오바마 행정부에 들어서서 입장이 뒤바뀐 민
주당 다수가 그것을 실행한 것인데 그 필요성에 대해서 상호간의 공감이
있었기 때문에 그 명칭만큼(모든 것을 파괴시킬 것) 파괴력은 없었다. 그
러나 핵선택안을 발동함으로써 궁극적으로 모든 것은 결국 상원의 다수에
달려있다는 점140)이 상원규칙과 빚는 갈등은 여전히 해소되지 않고 있다.
규칙 변경에 대한 필리버스터는 출석의원 3분의 2에 의해서만이 토론종결

---

139) *Congressional Record*, November 21, 2013, S8414, S8417-8418쪽. ([ ]의 문구
　는 문장을 자연스럽게 연결하기 위해 내용에 따라 임의로 부가한 것임)

140) Sarah Binder (November 24, 2013), "Fate of the filibuster in a post-nuclear
　Senate", *The Washington Post*: "확실히, 코저 등은 다수파가 언제나 이러한 능력
　을 지니고 있었다고 주장해 왔다. 그러나 이번에 민주당은 충분히 좌절한 다수는
　상원규칙의 가장 민감한 요소에 핵버튼을 누르는 데서 생길 정치적 대가를 감수
　할 수 있다는 것을 보여주었다. (To be sure, Koger and other have argued that
　majorities have always had this capacity. But Democrats have now
　demonstrated that a sufficiently frustrated majority can sustain the political
　costs of pushing the nuclear button on the most critical element of Senate
　rules.)"

될 수 있다는 규칙 제22조는 핵선택안에 의해 무용지물이 되고 말았다. 이 것은 규칙위반에 대한 문제에 대한 판단은 상원 자신이 행하는데 언제나 단순다수결에 의해 판단하게 된다는 점이 토론종결의 가중다수요건과 만 나 상호간에 모순을 빚는 것이라고 할 수 있다. 상원의 규칙은 규칙과 절 차들 사이에 다소간의 모순이 발생하고 있는 것이다. 그러나 궁극적으로 상원의 의사절차가 완전히 단순다수로 귀착되는 것도 현실적으로 바람직 하지 않을 뿐만 아니라 상원 자신도 그것을 별로 원하지는 않기 때문에 다수지배의 원리와 소수보호의 원리가 조화를 이룰 수 있도록 상원의사절 차를 어떻게 운영해야 하는 지에 대한 절실한 모색이 필요한 시점이다. 그 러므로 상원 의사규칙과 '규칙위반의 이의(point of order)' 절차의 관계에 대한 보다 심도 있는 탐구가 필요할 것이다.

(4) 핵선택안의 실행 이후 필리버스터의 미래 전망

당시 언론의 논조를 보면 핵선택안의 실행 범위가 제한적이기 때문에 대체적인 평가는 환영할 수 있다는 분위기였다.[141] 대개는 민주주의의 기 본원리인 다수지배 원리를 회복할 수 있게 되었다는 점에서 긍정적으로 평가하였다. 그리고 레이드의 개혁이 법안에 대한 필리버스터가 아니라 임명동의안에 한정한 이유는 임명동의안이 오바마 정부의 정책에 대한 주 요 싸움터였기 때문이라고 보며, 공화당이 다음에 자신들이 다수당이 되

---

141) Sarah Binder (November 24, 2013), 앞의 글; Sarah Binder (November 21, 2013), "Boom! What the Senate will be like when the nuclear dust settles", *The Washington Post*; Gregory Koger (November 21, 2013), "Reid's tactical nuke and the future of the Senate", *The Washington Post*; Stephen Diana and Jacqueline Klimas (November 21, 2013), "Democrats trigger 'nuclear option' to eliminate many filibusters", *The Washington Times*; Ben Wolfgang (November 21, 2013), "'enough is enough': Obama backs new Senate rules". *The Washington Times*.

고 대통령을 배출할 경우에는 대법관에 대한 임명동의안에 대해서까지 보복으로 핵선택안을 실행하겠다고 하여[142] 후에 후폭풍이 다소 있을 것으로 예상되지만, 하루 아침에 필리버스터가 다 사라질 것으로 보지는 않는다는 의견이 지배적이었다. 빈더는 상원의원들이 여전히 필리버스터를 사랑하기 때문에 입법문제에 대한 필리버스터는 지속될 것으로 보며, 코저도 상원이 중장기적으로 작은 하원 형태로 될 것 같지는 않고, 중요 사안 입법에 대해서는 필리버스터를 조금씩 잘라내긴 하겠지만 나머지 일반 정책법안에 대해서는 방해할 능력을 계속 유지할 것이라고 전망했다.

(5) 법관임명동의안에 대한 필리버스터의 필요성 논의

2013년 11월 21일 핵선택안의 실행으로 상원의 고위공직자 임명동의안 처리절차에 대한 필리버스터의 토론종결을 5분의 3의 찬성에 의하는 경우는 이제 대법관에 한정하게 되었다. 그러나 법안에 대한 필리버스터와 법관에 대한 필리버스터의 차이에 대하여 짚고 넘어갈 필요가 있다. 핵선택안의 발동이 일어나게 된 계기는 주로 임명동의안에 대한 집중적인 필리버스터였고 이는 대통령의 권한 및 정부의 원활한 운영과도 관련이 있다. 인사에 관한 문제는 법안과 달리 타협의 여지가 적고 찬성 혹은 반대의 양상을 띠므로 대립의 여지가 더 크다. 따라서 그 성격만을 가지고 본다면 인사에 관한 문제는 법안에 관한 문제보다 의사진행방해를 통한 타협의 여지가 적어 그 대상으로 적절하지 않은 것이다. 그럼에도 불구하고 미국의 연방법관들이 종신직이라는 것, 사법심사를 통하여 사회에 광범위한 영향을 미칠 수 있다는 것, 탄핵이라는 특별한 절차 이외에는 견제가 가능하지 않다는 것을 고려하면 견제의 필요성 때문에 법안보다 더 필리버스

---

142) 실제로 공화당은 2017년 4월 6일 대법관에 대한 임명동의안에 대해서도 핵선택안을 실행하여 말만이 아니라 행동으로도 보복하였다.

터의 대상으로 남겨야 한다는 입장이 가능하다.[143] 따라서 의사진행방해
의 대상이라고 하여도 법안과 같은 정책, 조치들과 행정부 공무원 임명,
그리고 법관 임명은 그 성격이 매우 다른 것들이다. 따라서 미국 사회 특
유의 법관종신제와 사법심사를 통한 판사의 이념이 끼치는 영향력과 그에
따른 견제의 필요성은 행정부 공무원의 경우보다는 법안의 경우에, 법안
보다는 법관임명 동의안에 보다 더 엄격한 심사를 요한다고 보아야 할 것
이다. 그런 점에서 예외로 남아 있던 대법관에 한정된 가중다수 토론종결
제도는 계속 유지하는 것이 바람직해 보였다.

하지만 한번 당겨진 방아쇠는 다시 되돌릴 수 없다는 말을 입증이나 하
듯이, 2015년 상원의 다수를 점한 공화당은 이번에는 2013년에 임명동의
안에 대한 필리버스터를 파괴했던 민주당에 복수를 감행했다. 2017년 4월
6일 트럼프 대통령이 임명한 닐 고서치 대법관에 대한 임명동의안에 대한
무제한토론 종결에 대해 공화당은 핵선택 방법을 실행함으로써 52 대 48
로 단순다수결로 토론종결가능한 것으로 만들었고, 이로써 이제 임명동의
안에 대한 필리버스터는 그다지 의미를 가지지 못하게 되었다.[144]

8. 필리버스터 개혁논의에 대한 평가

위헌론에서 다수지배가 철저히 주장된다면 합헌론에서는 필리버스터의
순기능 즉, 소수의 보호가 강조되는 특징이 있다. 중간에 있는 개혁론에서
는 다수지배의 원리를 기본으로 한다는 점이 공통점으로 지적될 수 있을
것이다. 다만 어느 정도의 소수보호를 위해 필리버스터를 보존하려는 것
도 공통적이다.

---

143) Catherine Fisk; Erwin Chemerinsky (2005), 앞의 글, 336-347쪽.
144) Matt Flegenheimer (April 6, 2017), "Senate Republicans Deploy 'Nuclear
    Option' to Clear Path for Gorsuch", *The NY Times.*.

이처럼 필리버스터를 개혁하려는 입장은 모두 필리버스터의 일상화, 과도함을 지적하고, 그러한 의사진행방해는 토론을 진작시키는 것이 아니라 오히려 토론을 막으며, 다수지배를 소수지배로 대체하는 것에 불과하다는 비판을 제기한다. 이것은 필리버스터가 가지는 긍정적 기능에도 불구하고 그 역기능이 과도하고 그 역기능이 순기능의 정도를 넘었다는 판단을 의미한다. 미국의 상원은 처음부터 다수지배의 원리와 소수보호의 원리를 조화시키면서 탄생했고 활동을 해 왔다. 그리고 그 속에서 의사진행방해제도의 전체적인 흐름의 방향은 제한에 있지만 그래도 여전히 다수지배와 소수보호의 적정지점을 향해 나아가고 있다고 할 수 있다. 그러나 2000년대 이후 핵선택안의 거듭된 사용은 결국 필리버스터 자체의 입지를 지속적으로 좁히고 있는데, 그럼으로써 결국에는 하원과는 다른 상원의 독자적 가치와 차별성(그동안 자부심으로 여겨온 부분)을 궁극적으로 손상시켜버리게 되지 않을까 하는 두려움도 아울러 가지고 있는 상황이다.

제4절 이 장의 결론

처음에 미국의 상원과 하원은 별로 다르지 않은 의회규칙을 가지고 출발하였기 때문에 상원과 하원에서 필리버스터에 대한 태도의 차이가 생기게 된 이유는 궁금증을 자아낸다. 그것을 상원규칙의 개정에서 보여준 우연한 사태나 양원간 규모의 차이, 업무량의 증가로 설명할 수도 있다. 그러나 그보다는 헌법제정자들의 설계 차이가 출발점에서부터 필리버스터에 대한 차이를 생성하는데 더 본질적이었으며 이러한 차이가 시간을 경과하면서 논리적으로 강화된 것으로 보아야 할 것이다. 상원의 초기설계구조는 하원과 달리 '다수결 원리'를 제약할 수 있는 논리적 기초를 제공했고 그것에 기반해 필리버스터는 용인될 수 있었고, 반면 하원에서는 억압되게 되었다. 1890년 하원의 규칙개혁은 상원과 하원의 필리버스터에 대한 태도의 분기점이 아니라 초기부터 차이가 있었던 양자의 구조적 논리가 마침내 각 원의 지향으로 변화되어 본격적으로 드러난 자연스런 역사적 추이였다고 할 수 있다.

필리버스터는 상원에서 주의 대표인 상원의원의 무제한 발언권에 근거해 발전하였으나 1917년의 규칙 개혁은 이를 상원의원 개인보다는 소수파 정당이라는 집단의 권리로 변화시키는 측면도 가지고 있다. 그러나 무제한 토론권이 상원의원 개인의 권리에서 연유하기 때문에 완전히 집단의 권리로 변화시킬 수 있는 것도 아니었다. 단지 토론종결의 문턱이라는 형태로 1917년의 토론종결조항에 반영되었고 일정한 규모 이상을 지니는 소수집단은 무제한 토론을 계속 이어나갈 수 있었다. 이것은 주를 대표하는 미국 상원의 본래 구조와 정당의 발달로 이루어진 정당분획이 결합하여 상원의 의사진행방해를 매우 복잡한 양상이 되도록 만들었다.

미국 상원이 하원과 달리 의사진행방해를 제도화 할 수 있었던 것은 상원의 하원 견제 기능보다는 오히려 미국의 연방제 구조로부터 훨씬 더 많은 영향을 받았다. 연방제의 구조에서 작은 주들을 보호하기 위해 채택된 타협의 논리를 상원은 가지고 있었기 때문에 처음부터 소수보호의 제도인 의사진행방해제도에 호의적일 수 있었다.

의사진행방해가 의사규칙에 의해 가능해지기 때문에 소수파와 다수파 정당간의 타협의 산물이고 다수파와 소수파의 역관계에 따라 변화하게 된다는 점은 분명하다. 그리고 그 변화의 열쇠를 쥐고 있는 것은 다수파의 의지이다. 1890년 미국 하원의 규칙개혁에서나 2013년 그리고 2017년 상원에서 핵선택안의 실행에서 이것을 보여준다. 확고한 결의를 갖춘 다수파는 의사규칙의 변화를 통해 다수의 의지를 관철할 수 있고 그러한 방향으로 개혁을 이끌어간다는 것이다. 그러나 그러한 다수파 정당의 개혁도

보다 큰 틀에서는 정당이 몸담고 활동하는 장(場)인 의회의 특징에 의해
제약받는다. 헌법제정자들의 설계는 제도적 특징에 반영되고, 이 제도적
특징은 각 원의 지향으로 변화된다. 그리고 그 지향은 정당의 행동양식에
영향을 미친다. 하원은 인구비례의 기초 위에 설계되었고 이것은 하원을
다수지배의 기관으로 만들었고 다수지배를 지향하도록 개혁의 방향을 이
끌었다. 반면 상원은 주들 사이의 평등대표라는 기초 위에 설계되었고 이
것은 상원을 소수 보호에 보다 예민한 기관으로 만들었고 상원은 소수의
견해를 반영하는 기관을 지향하도록 스스로를 형성해왔다. 상원과 하원에
서 활동하는 정당들은 이러한 기관의 지향을 무시할 수 없고 수용하면서
자신들의 활동을 이어나간다. 그러므로 상원에서의 필리버스터 개혁은 다
수지배의 논리를 강화하려는 우연적, 일시적 움직임에도 불구하고 장기적
인 방향에서는 소수의 견해를 존중하려는 상원의 기관으로서의 지향점에
계속 영향 받을 것이다. 따라서 헌법적 선택안이나 핵선택안의 실행에 의
해 수행되는 상원의 필리버스터 개혁은 그 수단의 성격이 다수지배의 관
철이라는 모습을 띰에도 불구하고 장기적으로 다수지배와 소수 보호의 조
화라는 방향으로 계속 걸어 갈 것이다.

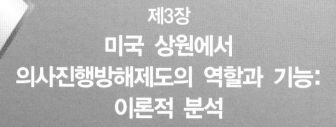

제3장
미국 상원에서
의사진행방해제도의 역할과 기능:
이론적 분석

제1절 서설

앞장에서는 미국 상원에서의 의사진행방해의 탄생과 제도화 과정을 역사적으로 살펴 보았다. 이제는 이 제도의 작동방식과 역할 기능을 제도 그 자체로 들어가서 이론적으로 분석해 볼 차례이다. 먼저 의사진행방해의 기본적 수단과 상대편의 대응 수단들을 살펴 본 뒤 이러한 작동형태에 대한 헌법적 분석과 이론화를 시도해 볼 것이다.

제2절 미국상원에서 의사진행방해제도의 작동 구조와 그 내용

Ⅰ. 의사진행방해의 작동 구조와 그 제도화

필리버스터 혹은 의사진행방해란 ① 소수파가 ② 전략적 이득의 전망 하에 ③ 합법적인 제도 장치를 활용하여(산회, 휴회 등 발의, 정족수 호명 요구, 무제한 토론) ④ 의회에서 (표결로 나아가는) 의안절차를 지체시키는 행위라고 할 수 있다. 따라서 의사진행방해의 본질은 의회 소수파가 의회 다수파에게 '시간적 압력을 가한다'는 점에 있다고 할 수 있다. 의사절차상에서 다수파는 정책주도권을 가지고 적극적으로 입법행위로 나아가려 할 것이다. 하지만 자신의 의사가 다수파의 정책에 반영되기를 원하는 소수파가 다수파의 그러한 입법절차를 지연시킨다면 다수파는 시간의 급박함에 부담을 느끼게 되어 사안의 중요성과 비중 등의 우선순위를 고려하여 상황에 따라 소수파와의 타협에 나서거나 아니면 그대로 강하게 맞서는 것을 선택할 수 있다.

의사진행방해는 본래 의회의사절차내에 제도화되어 있는 합법적인 수단을 정치전략적인 목적으로 소수파의 힘을 증대시키기 위해 이용함으로써 생겨났다. 따라서 그것은 하나의 현상이지 그 자체가 제도는 아니었다. 그러나 의사진행방해의 현상에 대응하기 위해 토론종결제도(cloture)나 다중경로 심의제도(track system)와 같이 기존의 의사진행방해를 용인함을 전제로 하여 그것에 일정한 규율력을 부과하려는 제도들이 만들어지면서 이제 그 의미는 상당한 변화를 겪게 되었다. 토론종결제도나 다중경로 심의제도는 의사진행방해와 무관한 것이 아니라 밀접하게 한 세트로 결합하여 작동하도록 마련된 제도이다. 의사진행방해는 이렇게 제도화되고 그 제도적 내용이 변화한다. 따라서 의사진행방해는 의사진행방해 행위 자체를 지칭하지만, 그 의미 내용을 보다 충분히 이해하려면 토론종결제도, 다중경로 심의제도 등의 다른 제도들까지 포함하여 전체적으로 이해를 시도하여야 한다. 따라서 의사진행방해제도라는 표현은 무제한 토론만을 지칭하는 것이지만 대개는 토론종결제도까지 아울러 지칭하는 표현일 경우가 많을 것이다.

그러나 제도화되었든 제도화되지 않았든 의사진행방해게임의 기본구조는 크게 다름이 없다. 다만 의사진행방해에 대한 대응수단이 제도화되면서 보다 다양하고 복잡해진 것 뿐이다. 그러나 토론종결제도와 같이 어떤 제도들은 게임전체의 구조에 심대한 변화를 가져오기도 한다(의사진행방해를 기본적으로 소모전에서 토론종결 게임으로 바꾸었다(from attrition to cloture)). 의사진행방해의 전체적 구조는 다양한 유형의 수단을 동원하여 의사진행방해로 나아가려는 소수파의 행동과 그에 대한 다수파의 대응행동의 두 측면으로 이루어져 있다. 이러한 의사진행방해의 구조는 게임이론으로 상황을 포착하기에 유리하다. 이러한 점에 착안해 미국의 많은 연구들은 게임이론에 기반한 분석방법을 선호한다.

이하에서는 의사방해 게임의 이러한 쌍방향적 구조를 전제로 먼저 소수파로 지칭될 수 있는 이들이 누구인가라는 주체의 문제를 설명하고, 다음으로 소수파가 사용하는 의사진행방해의 다양한 유형들을 소개한 다음에 마지막으로 그에 맞서 의사진행방해를 깨뜨리려는 다수파가 활용하는 대응행위의 다양한 유형들을 설명할 것이다. 의사진행방해의 주체로는 개인, 파벌, 정당을 상정할 수 있다고 생각한다. 의사진행방해의 수단으로는 장시간 발언, 의사지연, 호명에 의한 정족수 확인 요구, 정족수 증발, 다수의 수정안 제출 등의 실제적 의사진행방해행위(filibuster)와 보류, 연계와 같은 의사진행방해의 위협행위(threat of filibuster)가 있다. 한편 의사진행방해에 대한 대응수단으로는 굴복, 합의, 버티기에 의한 소모전, 토론종결, 심의보류, 다중경로 심의제도, 필리버스터 개혁의 위협(threat of filibuster reform) 등을 들 수 있다.

II. 의사진행방해의 주체

1. 주체를 확정하는 것이 중요한 이유

종래의 연구들은 의사진행방해의 주체에 대해 명확한 설명을 내놓지 않았다. 물론 암묵적으로 법안 반대자나 소수파와 같은 용어 속에 다양한 그룹들이 포함될 수 있음은 충분히 이해할 수 있는 바이다. 또한 의사진행방해를 개인적 행위자들 측면에서 분석한 연구(와우로와 쉬클러의 연구)가 있는가 하면 당파적 대립측면에서 분석한 연구(빈더와 스미스의 연구)도 있어 그 입장이 일정치는 않다. 그러나 이 연구에서는 이 부분을 좀 더 명확히 해야 한다는 문제의식을 가지고 있다. 법적으로 명확하진 않아도 그 명확하지 않은 규율 속에서 허용된 의사진행방해의 가능한 주체들을 특정하는 것이 의사진행방해의 게임구조를 이해하는 데 필수적이라고 보기 때문이다.

주체가 누구인지를 명확히 밝히는 것은 더 나아가 의사진행방해게임에 참가하는 주체의 수를 명확하게 인식하고 제도적으로 조절하는 데에 도움이 된다. 본 연구는 의사진행방해에 참가하는 "주체의 수(數)"가 엄청나게 중요하다고 판단한다. 국가의 의사를 결정하는 의회의 의사결정기구에서 참가주체의 수가 너무 많으면 합의의 가능성이 별로 없어진다. 의사진행방해의 게임구조에서 다수파가 상대해야 할 방해자의 수가 너무 많다면 다수파로서는 그들과 의사를 조정하기가 어려울 것이다. 이런 사실을 고려할 때, 의사합치를 지향하게 해주는 기제로서 필리버스터를 생각하고 제도화하려 한다면 의사진행방해의 주체의 문제는 아무리 강조해도 지나침이 없다고 생각한다. 합의를 도출하는 데 무리를 주지 않기 위해서는 주체를 명확히 해야 하고 또한 게임에 참가하는 주체의 수를 줄여야 하는 것이다.

미국의 맥락에서 의사진행방해는 규범에 명확히 기반하여 생겨난 제도가 아니다. 무제한 토론의 경우를 보면 미국 상원규칙은 의원의 발언을 다른 의원이 방해해서는 안된다는 내용의 소박한 조항만을 가지고 있을 뿐이다(규칙 제19조) 그러나 그 어떤 제한도 받지 않고 발언을 할 수 있다는 이런 조항의 존재로 말미암아 무제한 토론의 가능성이 생겨난다. 따라서 이러한 조항을 활용할 수 있는 이들이 모두 의사진행방해의 주체가 된다고 해석될 수 있다. 따라서 미국 상원규칙상으로 장시간토론에 의한 의사진행방해를 할 수 있는 주체는 '상원의원'으로 해석할 수 있지만, 이를 좀 더 세분하여 구분한다면 다음과 같이 의사진행의사진행방해의 주체를 의원 개인(individual), 파벌(section), 정당(party)의 세 부류로 특정하는 것이 가능할 것이다.[1]

2. 의원 개인(individual senator)

단 한명의 의원도 의사진행방해를 할 수 있다. 그러나 여러 의원들의 지지를 얻지 못할 경우 그 방해는 결코 성공적일 수 없다. 하지만 보류(holds)와 같은 관행의 발달로 단 한명의 의원이 사전적으로 의사진행방해의 위협을 통해 법안에 상당한 압력을 불어넣을 수가 있다. 그리고 이런 일은 미국 상원에서 매우 흔한 일이다. 또한 규범적으로도 미국의 필리버스터는 상원규칙이 의원의 발언을 제한하지 않기 때문에 그에 의해 생겨난 것이므로 그 유래에서 이미 필리버스터의 개인적 수행가능성이 명확히 드러난다.

한편 특정사안에 대하여 일시적인 이해를 같이 하기 때문에 개인 의원들이 혼자서가 아니라 몇 명이서 연대하여 의사진행방해를 할 수 있다. 이는 개인이 의사진행방해를 했을 때보다 훨씬 오랜 시간 연단을 장악하여 실효적인 의사방해를 할 수 있으므로 상대방에게 훨씬 더 큰 타격을 줄 수 있다. 그러나 이들의 관계는 일시적일 뿐 어떠한 지속적인 연결관계나 이념적 결속관계가 아니므로 파벌이나 정당과 같이 지속적인 그룹으로 묶을 수 있는 어떠한 실체가 없다. 따라서 이들은 본질적으로 단순한 개인플레이어들에 지나지 않고 개인플레이어들이 일시적으로 결합한 것에 불과하다. 따라서 수인의 의원들이라도 결국은 의원 개인의 의사진행방해로 이해하는 것이 타당하다. 이들의 의사진행방해는 일회적이지만 그 횟수가 많아지면 다수파의 의사절차진행에 굉장한 부담을 주게 된다. 실제로 미국 상원의 의사진행방해의 많은 수가 이러한 개인적인 내지 소규모적인

---

1) Franklin L. Burdette (1940), 앞의 책, 210-212쪽은 참가자를 기준으로 개인적(one-man), 협력적(cooperative), 조직적(organized) 의사진행방해의 세 유형으로 나눌 수 있다고 하였다. 용어의 차이를 제외하면 여기에서의 분류와 같은 관점을 제시하고 있다.

의사진행방해이다.

3. 파벌(section)

　단순한 개인들의 집합은 아니면서 정당과는 다른 형태의 잠정적 집단으로서, 공통된 이해관계의 기반위에서 그룹화 할 수 있는 지속적인 경계선을 어느 정도 가진 경우를 파벌(section)로 분류할 수 있다. 이들은 완전 모래알들의 모임도 아니고 아주 단단한 덩어리도 아닌 그 사이에 위치하는 약간 엉성한 결합물이다. 1950년대와 1960년대에 민권법안을 둘러싼 필리버스터에서 주된 역할을 한 것은 바로 민주당 남부의원들이었다. 민주당 전체가 필리버스터를 제기한 것이 아니기 때문에 그 주체를 정당이라고 할 수는 없다. 바로 남부라는 지역적 갈등선이 이들을 하나로 묶고 의사진행방해를 통해 민권법안에 반대하도록 만든 것이다. 따라서 이러한 실체적인 이해관계의 토대를 가진 그룹을 파벌로 개념화할 수 있다.

　단순한 지역적 갈등구조를 가지는 미국의 경우를 벗어나 생각해 보면 이러한 균열선은 벨기에나 스리랑카와 같이 언어나 민족을 달리하는 집단이 한 나라안에 동거하는 경우 그 언어나 민족간의 지리적 경계선에도 마찬가지로 존재할 수 있다. 이러한 경계선에 기초해 선출된 각 집단의 대표들이 만약 정당이 아닌 그룹의 형태로 의회안에서 상호 대립할 경우를 상정할 수 있다면 이를 파벌적 관계로 규정할 수 있다. 따라서 의사진행방해가 규범적으로 허용되어 소수민족 그룹이 의사진행방해를 통해 다수파를 압박하는 경우를 상정할 수 있다면 이들도 당당한 의사진행방해의 한 주체로 활동할 수 있는 것이다.

　그러나 1950, 60년대를 지나 현재에는 미국 상원에서 이러한 역할을 하는 의미 있는 파벌 그룹은 존재하지 않는 것으로 보인다. 따라서 의사진행방해의 주체로서 파벌의 역할은 극히 감소되어 있다.

4. 정당(party)

의회내에서 가장 선명한 경계선을 가지고 행동하는 조직은 역시 정당이므로 정당은 모든 의사진행방해의 가장 기본적인 행위자가 된다. 특히 여당에 대한 소수야당의 의사진행방해는 흔한 일로서 이 연구는 이와 같은 정당의 역할에 주목해 정당을 의사진행방해의 전형적인 주체로 상정하고 있다. 의사진행방해가 어느 정도 지속성을 가지는 지체행위로 다수파에 압박을 가해야 하는 이상 상원의원 개인은 방해를 할 수는 있지만 그리 비중있는 역할을 담당할 수 없다. 그러한 방해행위의 속성상 의사진행방해는 기본적으로 개인플레이가 아니라 팀플레이일 수밖에 없고 의회내에서는 역시 정당이 그러한 팀이고 주요한 주체일 수 밖에 없는 것이다.

5. 주체 특정의 한계와 정당의 중요성

이처럼 의사진행방해의 주체로 개인, 파벌, 정당 등을 들 수 있겠지만, 이는 어디까지나 잠정적인 규정일 수밖에 없고 어느 경우에나 타당한 정확한 분류는 될 수 없다. 왜냐하면 파벌이라고 하여도 한 정당내의 자유주의 파벌과 보수주의 파벌인 경우가 있을 수 있고, 19세기 중반이나 20세기 중반기의 미국과 같이 북부와 남부가 노예제를 둘러싸고 혹은 민권법을 둘러싸고 달리 행동하는 지역적인 색채의 파벌일 수가 있어 매 상황마다 다르고 또한 시시각각 중간자들이나 비열성구성원들의 지지나 반대로 인하여 집단의 경계선이 변동할 수 있기 때문이다. 정당의 경우에도 공화당이 민주당에 대하여 필리버스터를 제기하고 있는 상황이라도 공화당의 일부의원이 민주당편에 가담하여 지지를 보낼 수도 있기 때문에 의사진행방해의 주체로 규정되는 개인, 파벌, 정당이라는 규정은 어디까지나 잠정적인 규정일 수밖에 없다는 점을 유의할 필요가 있다.

그러나 갈등이 없는 곳에는 대립도 없다. 의사진행방해의 대립이 있다면 그것은 이익갈등이 있기 때문이다. 그러한 이익갈등이 어떠한 갈등선을 중심으로 그것이 일어나고 있는가를 파악하는 것이 중요할 것이다. 그런데 현대의회민주주의에서 가장 중요한 정치행위자가 정당이며 정당이야말로 갈등선의 설정과 확대, 축소, 변경을 담당하는 정치적 주체라는 점을 고려한다면2) 정당이 의사진행방해의 가장 중요한 행위자로 등장할 수밖에 없다. 정당은 갈등의 기반위에 구축된 조직이기 때문이다. 본 연구는 의사진행방해의 이론을 수립함에 있어 이 점을 매우 중시한다. 특히 상원의원 전체의 3/5의 찬성을 요하는 토론종결제도의 수립은 정당을 의사진행방해의 주체로 수립하려는 노력으로 이해될 수 있다는 것이 이 책의 주장이다.

III. 의사진행방해의 전략적 유형들

1. 무제한 토론(unlimited debate)

(1) 무제한 토론과 상원규칙

필리버스터는 그 본질적 속성이 시간을 끌어 의사진행을 지연시키는 것이기 때문에 시간을 지체시키는 데 유용한 것이라면 다양한 형태의 수단들이 동원될 수 있다. 그러나 가장 중요하고 큰 의미를 가지는 것은 장시간 발언 또는 무제한 토론이다. 이 수단은 대개의 의회 의사결정절차가 토론(debate)을 거친 뒤에 표결(vote)로 들어가는 형태이기 때문에 표결 전에

---

2) 샤츠슈나이더 지음, 절반의 인민주권, 현재호·박수형 옮김 (2008), 후마니타스, 113-162면 참조.

토론과정을 연장시킴으로써 표결과정에의 도달을 저지할 수 있다는 점에서 크나큰 중요성을 갖는다. 무제한 토론(unlimited debate)을 허용하는 의회규칙을 가진 의회에서는 장시간 발언을 통해 토론 시간을 가능한 길게 유지함으로써 상당한 시간의 소비가 가능하다. 미국 상원과 같이 의원 개인의 자유로운 발언권이 보장되어 있고 시간제한이 없는 경우라면(미 상원규칙 제19조) 이 수단의 사용이 매우 용이하다. 최장의 개인 발언은 1957년의 민권법안에 대한 반대를 위해 장장 24시간 18분 연설의 대기록을 세운 제임스 스트롬 써몬드(James Strom Thurmond, Democrat) 상원의원이 가지고 있다. 물론 그의 인간의 한계를 시험하는 이 기록은 친애하는 상원 동료들을 향해 많은 시간을 요리법 등의 책을 읽어 줌으로써 달성한 것이긴 하다.

이러한 형태의 장시간 발언이 가능한 것은 상원규칙에 반드시 의제와 관련이 있는 발언을 해야 한다는 제한이 부가되어 있지 않기 때문이다. 종일 서 있어야 하고 화장실을 가는 등으로 연단을 이탈할 경우에는 발언이 끝난 것으로 간주하는 엄격한 규정 때문에 인간의 생리적 한계를 고려한다면 24시간은 아마 한 인간이 연설할 수 있는 최장의 시간이 아닐까 생각한다. 그러나 소수의 팀을 이루면 이러한 한계는 쉽게 극복된다. 한 사람의 일정시간 발언 후에 연달아 발언권을 얻어 발언을 이어감으로써 상당히 장기간의 지체가 가능해 지는 것이다. 의사진행방해에서 팀플레이가 중요하게 여겨지는 지점이다.

이처럼 의사발언을 규율하는 의회규칙은 장시간 발언을 이용한 의사진행방해의 가능성에 큰 영향을 미친다. 만약 우리나라 국회법과 같이 의원의 발언시간을 15분으로 한정하거나(제104조 제1항) 발언 횟수 제한(제103조), 혹은 의장의 직권하에 의제와 관련없는 발언의 금지를 강력하게 부과(제102조)하고 있는 규칙이 있다면 그러한 의회에서는 이 수단을 이용한 의사진행방해의 가능성이 극도로 줄어들게 된다.

미국 상원은 오직 한 입법일(legislative day)[3]에 두 번만 발언할 수 있다는 "2회 발언 규칙(two speech rule)"을 가지고 있을 뿐(규칙 제19조 1(a)) 그 이외의 어떤 발언제한 규칙도 보유한 적이 없다. 반면 미국 하원은 1841년에 의원의 발언시간을 최대 1시간으로 제한하는 "1시간 규칙(one-hour rule)"을 도입했다. 1872년에 상원이 상원의원은 예의의 한계안에서 어떤 내용이라도 발언할 권리가 있다는 선례를 수립한 반면, 하원의 것은 토론중인 주제에 엄격히 한정된다는 것이었다. 그러나 두 기관 모두 발언자는 모두 일어서야 하며, 앉지도 걷지도 화장실에 가지도 못한다고 엄격하게 규율하여 장시간 발언자에게 상당한 압박을 가하고 있다.[4]

(2) 무제한 토론이 가능한 대상

오늘날 상원에서 가장 즐겨 사용되고 있는 의사진행방해의 수단은 바로 이 장시간 발언 혹은 토론이다. 미국에서 필리버스터라고 하면 흔히 장시간 토론과 같은 의미로 사용되고 있는 상황도 그러한 현실을 반영한 것이다. 이처럼 장시간 토론이 의사진행방해의 수단으로서 광범위하게 사용될 수 있는 이유는 토론이 가능한 대상영역이 너무나도 넓기 때문이다. 각종 동의(motions), 법안 등 토론이 가능한 것이면 무엇이든 필리버스터가 가능하다.

---

3) 미국 의회에서 입법일(legislative day)과 달력일(calendar day)은 구분된다. 달력일은 달력에 따른 자연적인 하루하루의 날을 의미하지만, 입법일은 입법부에 특유한 특별한 법률적 시간처리기법이다. 이는 산회(Adjourn)와 휴회(Recess)의 구분 때문에 생긴다. 산회시 입법일이 종료되는 효과를 가지는 데 반해, 휴회는 일시적인 것으로 입법일이 종료되지 않고 따라서 안건심의도 종료되지 않고 그대로 남는 것으로 처리된다고 한다. 상원은 하루 일정이 끝난 후 산회가 아닌 휴회를 하는 경우가 많아 입법일이 수일, 수주에 걸치는 경우가 있다고 한다. 임재주 (2013), 국회에서 바라본 미국의회, 개정증보판, 한울아카데미, 268쪽.

4) Gregory Koger (2010), 앞의 책, 17쪽.

가장 즐겨 필리버스터가 행해지는 대상은 '법안의 본회의심의상정 동의 (the motion to proceed to the measure's consideration)'이다. 이에 대한 필리버스터가 선호되는 이유는 법안의 본회의 상정 전 의견조정의 기회를 가질 수 있기 때문이다. 그러나 미국 상원의 의사절차에서는 다음과 같이 하나의 법안에 대해서도 무제한 토론에 의한 의사진행방해가 아래와 같이 단계를 따라 순차적으로 이론상 4번이 행해질 수 있다[5]:

① 법안의 본회의심의상정 동의(the motion to proceed)에 대하여;

② 법안 자체(the bill itself)에 대하여;

그리고 통과된 법안이 하원의 원안 혹은 수정안과 차이가 있을 때 수정을 요구하는 절차를 거쳐야 하므로, 하원과의 협의 위원회에 상정하는 것[6]과 관련된 아래의 3개 절차에 대해 통합하여 하나의 동의로 하여 그에 대해 가능하다.[7]

③ 상원의 수정안을 요구하는 (혹은 하원의 수정안에 반대를 요구하는) 동의(the motion to insist on Senate amendments, or disagree to House amendments)에 대하여;

④ 하원과의 협의를 요구 또는 수락하는 동의(the motion to request or agree to a conference with the House)에 대하여;

⑤ 협의위원을 지명하는 권한을 의장에게 부여하는 동의(the motion to authorize the chair to appoint conferees)에 대하여;

---

5) Walter J. Oleszek (2014), 앞의 책, 281쪽; Jeanne Shaheen (2013), "Gridlock Rules: Why We Need Filibuster Reform in the US Senate", *Harvard Journal on Legislation*, Vol. 50, No. 1, 6쪽; Richard A. Arenberg and Robert B. Dove (2012), 앞의 책, 12-13쪽.

6) 양원협의위원회의 구체적 절차에 관해서는 Walter J. Oleszek (2014), 앞의 책, 343-366쪽 참조.

7) 본래 3번이 다 가능하였으나 2013년 1월 개혁의 일환으로 하나로 통합하여 줄였다. S. RES. 16 (January 24 (legislative day, January 3), 2013); Walter J. Oleszek (2014), 앞의 책, 317쪽.

마지막으로 ⑥ 양원협의 위원회에서 조정을 거쳐 최종적으로 다시 돌아오는 법안인 협의위원회의 보고서(conference report)에 대하여.

물론 이 이외에 수정안(amendments)에 대해서도 토론이 가능하므로 별도로 필리버스터가 제기될 수 있다. 수정안에 대한 필리버스터를 종결하는 토론종결 절차는 그 효과가 오직 수정안에 한해서만 미친다. 그러나 반대로 원래의 법안 자체에 대한 토론종결 절차의 효과는 다른 모든 수정안에 대한 토론에까지 미친다.[8]

따라서 법안의 본회의심의상정동의에 대한 필리버스터를 극복하더라도 다시 법안 자체의 필리버스터를 만나게 되니 시간적 압박을 받는 다수파로서는 이러한 대상의 광범성은 매우 곤혹스런 일이다. 그렇기 때문에 의사진행방해 개혁논의에서는 법안에 대한 필리버스터만을 허용하고 법안의 본회의상정동의(motion to proceed)에 대해서는 필리버스터를 허용하지 말자는 안이 제시된다. 그에 대한 논리적인 이유로는 다음과 같은 것이 제시된다: 의사진행방해는 토론을 통한 숙의(deliberation)에 기여하는 것인데 본회의상정동의에 대한 필리버스터는 그 속성이 심의를 못하게 하려는 것이므로 숙의에 기여하는 바가 없다는 것이다.[9]

(3) 토론이 제한되는 경우

상원에서는 원칙적으로 무제한 토론이 가능하다. 하지만, 다음의 4가지 경우에는 토론이 제한된다.[10]

첫째, 만장일치합의는 법안, 수정안 및 다양한 동의안 등에 대해 토론을 제한하는 효과를 가진다.

---

8) Richard S. Beth and Valerie Heitshusen (2013), "Filibusters and Cloture in the Senate", Congressional Research Service, 11쪽.
9) Jeanne Shaheen (2013), 앞의 글, 14-15쪽.
10) Walter J. Oleszek (2014), 앞의 책, 283쪽.

둘째, 토론종결이 가결되면 토론은 30시간에 한해서만 허용된다.

셋째, 의안심의보류 동의(motion to table)는 토론대상이 아니기 때문에 다수파 측에서 토론을 중지하고 동시에 상대편의 수정안을 제거하기 위한 목적으로 주로 사용된다. 다수파가 이를 자신의 법안을 보류하기 위해 사용하는 경우는 거의 없다. 왜냐하면 의안심의보류는 곧 법안의 폐기를 의미하는 것이나 다름이 없기 때문이다.

넷째, 법령 안에 토론을 제한하는 요소를 포함하고 있는 일부 법령들의 경우에도 그러하다. 이러한 시도의 최초 사례인 1974년 예산법의 경우를 보면 예산에 관한 합동결의안에 대한 수정은 2시간 이내의 토론, 예산에 관한 양원협의회 보고서에 대해서는 10시간 이내의 토론을 규정하는 등 토론을 제한하는 규정을 두어 신속한 처리를 도모하였다.[11]

이와 같은 경우에는 의사진행방해가 시도될 수 없다.

2. 의사지연적 동의(議事遲延的 動議; dilatory motions)

성질상 장시간 발언은 상당한 수준의 육체적 힘의 마모를 양측에 부과하는 전술이다. 그보다 훨씬 가벼운 수단들이 존재하는데 의사절차상 동의(motion)을 이용해 약간의 시간적 지체를 유도하는 것이다. 그러한 수단으로는 산회와 휴회의 잦은 발의(motion to adjourn or to recess)가 있다. 다수파의 의안을 반대하기 위해 소수파가 산회 동의(motion to adjourn)를 제기하면 만장일치합의(unanimous consent agreement)가 이루어지지 않는 한 결정은 표결에 의해 이루어진다. 다수파는 계속 의사를 진행하는 데에 관심을 가지고 있기 때문에 산회 동의를 받아들이지 않을 것이다. 따라서 만장일치합의는 이루어지지 않는다. 이 때 소수파는 호명 표결(roll call vote)을 요구하는 것이다.

---

11) 올레스젝, 미국의회 의사절차, 국회사무처 의사국 역 (2000), 305-306쪽.

호명 표결은 그 자체로도 의사를 지체시킬 수 있는 유용한 수단이다. 최소 11인의 의원이면 호명투표를 요구할 수 있고, 산회 동의(散會 動議)는 상원 의안 처리 순서에서 최우선 순위에 있다(규칙 제22조). 그리고 호명투표는 최소한 15분은 걸릴 수 있으므로 전체 투표를 마치기까지 상당한 시간을 소비할 수 있다.[12] 이로써 시간적 압박의 작전이 성공할 수도 있는 것이다. 특히 회기의 마지막으로 갈수록 남아있는 시간이 얼마 없기 때문에 시간의 가치가 급속도로 상승할 때 이러한 지연은 최대의 압박효과를 발휘할 수 있고 의사방해의 성공확률은 높아진다.

3. 호명에 의한 정족수 확인(quorum calls)

본회의 심의 중에 장시간 토론 이외에도 상원의원들은 안건의 표결을 방지하고 지체를 기도할 수 있는 방법이 있다. 호명에 의한 정족수 확인이 그러한 목적을 위해 동원된다. 헌법은 의원 과반수의 출석을 의사정족수로서 요구하고 있기 때문이다.(미연방헌법 제1조 제5항 제1호) 정족수 확인 요청이 제기되면 의장은 서기(clerk)로 하여금 호명에 의해 정족수를 확인하도록 지시한다. 상원에서 의장은 정족수를 확인할 권한이 없기 때문에 서기에게 그 일을 지시하여야 한다. 일반적으로 서기는 호명을 매우 천천히 하기 때문에 호명을 다 끝내는 데만도 상당한 시간이 지체된다. 물론 의장은 서기에게 빨리 서두르도록 지시할 수도 있다. 그러나 소수파가 정족수 확인을 요청했을 때에는 실제 정족수가 부족할 가능성이 많기 때문에 빠른 호명으로 정족수 부족이 드러나는 것은 바로 산회(adjourn)로 이어질 수 있기 때문에 오히려 더 위험한 일이다. 따라서 그냥 천천히 진행하도록 놔두는 편이 낫다.

---

12) Gregory Koger (2010), 앞의 책, 17-18쪽; Richard S. Beth and Valerie Heitshusen (2013), 앞의 글, 8-9쪽.

제3장 미국 상원에서 의사진행방해제도의 역할과 기능: 이론적 분석 135

호명 확인이 다 마무리되기 전이라도 호명은 만장일치합의에 의해 중지되고 의사는 계속 진행될 수 있다. 그러나 그러한 합의가 없고 또한 실제 정족수 부족이 확인될 가능성이 높은 경우 다수파의 선택은 두 가지가 있다. 하나는 일시정회(recess)를 선택하는 것이고 다른 하나는 수위로 하여금 자기파 상원의원들의 출석을 확보하도록 하는 것이다. 대개 선택은 두 번째 것을 향한다. 이에 의해 회의장 주변에서 서성이던 의원들을 본회의장 안으로 출석시켜 정족수가 확보되면 문제없이 의사진행을 계속할 수 있기 때문이다.13) 또한 산회는 결국 소수파의 전략에 패배했음을 의미하는 것이기에 때문에 받아들이기 어려운 것이다.

4. 정족수 확인(quorum)과
정족수 증발(disappearing quorums)

미연방 헌법은 "의회 각 원(院)은 소속의원의 과반수가 출석함으로써 의사를 진행시킬 수 있는 정족수를 구성한다"고 규정하고 있다(제1조 제5항 제1호). 따라서 과반수 정족수의 확보는 의사진행에 있어 긴요한 요건이 된다. 만약 의사정족수 확보에 실패하는 경우에는 산회(to adjourn)나 사라진 소속의원들에게 출석을 촉구하는 결정 이외에는 어떠한 결정도 내릴 수 없다.

이러한 정족수 부족의 효과를 이용한 전략이 정족수 확인과 정족수 증발이다.

먼저 정족수 확인은 다수파 의원들이 본회의장에서 많이 이탈하여 실제 출석자 수를 확인할 경우 정족수를 채우지 못할 것으로 예상되는 경우에 소수파가 이용할 수 있는 전략이다. 이 정족수 확인 요청은 독자적으로 쓰이기보다는 대체로 장시간 발언을 행할 때 지루함, 육체적 피로, 인내심의

---

13) Beth and Heitshusen (2013), 앞의 글, 6-7쪽.

고갈 등으로 다수파 의원들이 자리를 많이 뜨는 경우 사용한다. 소수파 의원은 이때 적절한 시기를 살펴 정족수 확인요청을 한다. 실제 정족수 부족이 드러나면 산회가 되는 것이므로 의사진행방해에 성공한 것이 되고, 그렇지 않더라도 정족수 확인에 일정시간 시간을 소진할 수 있을 뿐만 아니라 다수파 의원들로 하여금 급히 자리로 돌아와 다시 이탈하지 못하도록 강제함으로써 그들을 더욱 피로하게 만드는 전략적 효과가 있다. 이처럼 소모전 양상(attrition)의 의사진행방해게임은 소수파는 몇 명이서만 나와 연이어 말을 이어나가면 되지만 다수파로서는 정족수 확인 요청에 대비해 과반수가 나와 있어야 하는 비대칭 구조이기 때문에 다수파에 불리한 측면이 있다.

다음으로 정족수 증발은 다음과 같은 관행을 이용한 것이다. 미국 의회 초기 수십년동안의 관행은 상하원을 통틀어 투표하지 않은 의원은 출석하지 않은 것으로 여기는 것이었다. 이러한 관행에 의지해 의원이 실제로 출석해 있음에도 불구하고, 일부러 투표에 참가하지 않음으로써 출석하지 않은 것으로 인정되는 효과를 노리는 것이다. 예컨대 호명투표의 경우 출석해 있음에도 서기의 호명에 응답하지 않으면 된다. 뻔히 출석해 있지만 이름을 부르는 것에 대해 대답하지 않고 그 자리에 가만히 있으면서(심지어 가끔은 책상 밑에 숨기도 했다) 투표하지 않으면 출석하지 않은 것으로 간주된다는 것인데, 이 선례의 실제적 부당성은 사실 명백하다. 하지만 이런 미국 의회의 초기관행은 만약 출석 확인을 판단할 권한을 의장에게 부여하게 된다면 권한남용의 위험이 너무 크다고 여겨 이를 기피해 온 데에서 생겨난 반사적 효과라고 할 수 있다.[14]

그러한 연유로 19세기동안 하원에서는 이 정족수 증발이 의사진행방해의 수단으로 아주 주효하게 쓰였다. 이에는 상원과 달리 이미 초기부터 선결문제(previous question) 규칙이 채택되어 있어서 장시간 토론이 다수결

_____

14) Gregory Koger (2010), 앞의 책, 18쪽.

에 의해 효과적으로 방지될 수 있기 때문에 소수파에 의해 효과적인 의사
진행방해수단으로 사용되기에 불가능했다는 사정도 일조하였다. 그러나
1890년 하원의 강력한 개혁에 의해 이 정족수 깨기의 관행은 깨어졌다. 새
로 하원의장이 된 리드(Reed)의 강력한 개혁의지로 의장이 출석을 확인할
권한이 있다는 것을 유효한 최초의 선례로서 수립한 것이다. 최초의 선례
가 수립되면 그에 기해 그 선례가 판단의 기준이 되고 더 이상은 그에 대
한 규칙위반의 이의(point of order)가 받아들여지지 않는다. 의장의 권한이
이렇게 강화되면서 정족수 증발을 비롯한 의사방해 행동들은 하원 본회의
장 심의절차에서 강력하게 억제되었다.

상원에서는 18년을 더 유지하다가 마치 리드가 했던 것처럼 의장이 새
로운 선례를 세움으로서 정족수 증발 관행을 축출하였다.[15] 그러나 상원
에서는 무제한 토론이 가능하기 때문에 이 방법의 소실이 별다른 의미를
가지는 것은 아니었다.

5. 호명 표결(roll call vote)

상원 의사절차에 최종결정을 위해 상정된 모든 안건은 표결을 요하는
데, 이때 상원의원 11인 이상이 호명 표결을 요구할 수 있다. 미연방 헌법
은 "각 원(院)은 출석의원수의 5분의 1 이상이 요구할 경우에는 어떠한 문
제에 대하여도 소속의원의 찬반투표를 의사록에 기재하여야 한다"(제5항
제3호)고 규정하고 있다. 각 원의 의사정족수는 과반수이므로(미연방 헌법
제5항 제1호: 각 원은 소속의원의 과반수가 출석함으로써 의사를 진행시
킬 수 있다.) 과반수인 51인의 1/5이면 11인이 되는 것이다. 호명투표는 이
와 같은 경우에 찬반을 확인하고 기재하기 위한 방법으로 사용된다. 상원
은 하원과 달리 전자투표를 이용하지 않고 있다. 그리고 투표를 마치는 데

---

15) Franklin L. Burdette (1940), 82-85쪽.

적어도 15분이상이 소요되므로 한 번의 호명표결 요구로 최소한 일정한 시간을 소비할 수 있다. 따라서 19세기에도 그러했지만 현재에도 호명 표결은 상원에서 유용한 지연전략으로 사용될 수 있는 수단이다.16)

6. 수정안 제출에 의한 지연(dilatory amendments)

상원의 의사규칙은 토론종결이 제기된 경우를 제외하고 수정안을 의안과 관련이 있는 것(germaneness)으로 제한하는 규정을 두지 않고 있다. 따라서 소수파는 이러한 규칙상의 이점을 이용하여 다수파가 감당하기 힘들 정도의 엄청난 수량의 수정안을 일시에 제출하여 의사진행을 방해하는 시도가 가능하다. 수정안들이 의제와 별 관련이 없어도 상관없다. 그러나 이러한 수정안들은 다수파의 절차진행에 상당한 부담을 준다. 따라서 효율적으로 이를 제거하는 것이 필요하다. 다수파는 심의보류동의(motion to table)을 사용하여 효과적으로 그러한 수정안들을 제거하는 것이 가능하다.

7. 보류(holds)

보류는 매우 논란이 많은 상원의 독특한 관행이다. 상원의원이 개인적으로나 집단적으로 원내대표 등 정당지도부에 법안이나 임명동의안의 심의를 보류해 줄 것을 요청함으로써 본회의에서 이들 안건의 심의를 저지하는 비공식적 관행이 바로 보류이다. 예컨대 위원회에서 의안이 보고되면 의안은 본회의 상정절차를 밟는다. 그런데 이에 이해관계가 있거나 반대하는 의원은 자기편 정당 지도부에 편지나 구두로 심의를 보류해 줄 것을 통보한다. 이것은 의사진행방해의 예고나 다름이 없으므로 본회의에서 의사진행방해를 피하고자 할 경우 다수파 원내대표와 같은 리더들은 이러

---

16) Beth and Heitshusen (2013), 앞의 글, 7쪽.

한 보류에 맞딱뜨리면 의안을 본회의에 상정하는 것을 주저할 수밖에 없다. 왜냐하면 상원의 의사절차는 원칙적으로 만장일치합의에 의해 이루어지는데 의안의 본회의 심사에 대해 단 한명의 의원이라도 반대를 하게 되면 만장일치합의에 의한 처리는 불가능하게 되는 것이고 의사진행방해를 받게 된다면 상당한 시간의 손실을 감내해야 하기 때문이다. 이러한 효과로 말미암아 보류는 의사절차에 상당한 영향력을 발휘하고 있으며 의사진행방해의 한 유형으로 분류된다. 그리고 배후에서 조용히 일어나기 때문에 '조용한 의사진행방해(silent filibuster)'로 지칭되기도 한다.[17] 보류는 본회의 심의과정에서 일어나는 실제적인 의사진행방해는 아니다. 오히려 그러한 의사진행방해에 대한 예고 내지 위협이라고 할 수 있다. 그러나 이 위협이 진실성과 상당한 결의를 갖춘 것으로 드러날 때는 위협만으로도 다수파에게는 의사절차진행에 상당한 압박을 부과하기 때문에 실제적 의사진행방해 못지않게 오늘날 상원의 의사절차진행에 많은 영향을 미치고 있다. 예컨대 상원의 지도그룹에 속해있던 버드(Byrd) 상원의원은 "많은 경우 의사진행방해의 위협이 법안이 상정되지 못하도록 만들고 있다"고 말했다.[18]

그러나 보류의 이 조용하고 비밀스런 면은 상대방에게 실제적으로 매우 곤란한 문제점을 안겨주기 때문에 의사진행방해의 개혁을 논의할 때 상당한 비중을 차지하는 문제로 부각되고 있다. 보류의 본질은 다름 아닌 '내가 이 안건과 이해관계가 있고 그에 반대하니 심의단계로 올리지 말아 주기 바란다. 그렇지 않으면 의사진행방해를 할 생각이다'라는 "위협"이다. 그리고 이 위협의 메시지 속에는 "만약 당신이 이 의안을 살리고 싶다면

---

17) 올레스젝, 앞의 책, 국회사무처 의사국 역 (2000), 271-274쪽.
18) *Washington Times*, November 17, 1987, A6. (Walter J. Oleszek (2014), *Congressional Procedures and the Policy Process*, Washington, D.C.: CQ Press, 306쪽에서 재인용)

이해관계가 있는 나를 찾아 와서 협의하라. 그렇지 않으면 의사진행방해로 저지될 것이다'라는 두 가지 내용이 들어 있다. 따라서 상대편으로서는 협의를 통해 반대자편의 의견을 반영할 여지가 있는 의안이라면 마땅히 협의의 상대방을 알아야 할 필요가 있고 알려고 할 것이다. 대개의 보류는 이러한 필요에 호응하여 자신을 드러내는 보류이다. 이를 '구명조끼 있는 보류(Mae West holds)'라고 한다. 상대방이 와서 협의만 한다면 의안은 살아날 가능성이 있기 때문에 구명조끼가 달려 있는 것으로 비유하는 것이다. 그러나 반대자가 상대방의 의안을 한사코 저지하고자 할 때는 상대편과 애초부터 협의할 생각이 없기 때문에 자신을 드러내지 않고 비밀스럽게 행동하는 것이 유리하다. 그리고 정당지도부는 이러한 비밀을 매우 신중하게 보장하는 관행을 발달시켜 왔다. 이러한 보류의 목적은 당연히 의안을 폐기시키는 것이다. 이를 '목조르기 보류(choke holds)'라고 한다. 그리고 이는 대개 "비밀 보류(secret holds)"이다. 비밀 보류는 상대편이 도대체 누구이며 그래서 누구로부터 이러한 압력이 행사되는 것인지를 알 수 없기 때문에 굉장한 문제점을 노출한다. 보류를 둘러싼 많은 비판은 바로 이 비밀보류에 행해지고 있다.[19] 왜냐하면 비밀보류는 이처럼 상대방의 입장에서 매우 불만스런 방해행위방식일 뿐만 아니라 행위자 측면에서도 문제점이 없지 않기 때문이다. 개별 의원이 큰 정치적 부담 없이 은밀한 필리버스터를 감행할 수 있는 반면 다수파의 의사진행에 미치는 장애 효과는 매우 크기 때문에 그 비용과 효과간의 불균형이 심각하다는 것이다. 그 비밀성으로 말미암아 정치적 책임을 전혀 지지 않고 소기의 목적을 달성할 수 있다는 점은 매우 부당하다는 지적이 매우 설득력이 있고[20] 따라서 대개의 개혁론은 그 비밀성을 제거하는 데에 초점이 맞추어져 있다.[21]

---

19) Richard A. Arenberg and Robert B. Dove (2012), 앞의 책, 85-95쪽.
20) Michael J. Gerhardt, (2010), 앞의 글, 256쪽.
21) Richard A. Arenberg and Robert B. Dove (2012), 앞의 책, 91-95쪽.

8. 연계전략(linkage and leverage) 혹은 저당잡기(hostage taking)

의사진행방해나 의사방해의 위협은 종종 다른 안건에까지 그 영향력이 미친다. 상원이 어느 한 안건을 의사진행방해로 말미암아 지나치게 오래 붙들고 있으면 다른 안건들을 처리할 수 있는 실질적인 시간의 양이 부족해지면서 자연스럽게 다른 안건들의 운명에도 영향을 미치게 되는 것이다. 이런 측면을 활용한 전략이 '연계전략'이다. 어느 상원의원은 어느 법안 혹은 행정부 관련 기타 안건에 대해 무제한 토론을 통한 방해행위를 감행하는 방식을 통해 그와는 전혀 상관이 없는 자신이 원하는 다른 특정 조치에 대한 양보를 얻어내려고 시도하는 경우를 상정해 보자. 궁극적인 조치에 대한 의사진행방해가 다른 동료들의 지지를 별로 얻지 못할 경우, 그는 그 조치에 앞선 다수의 안건들에 대한 의사방해를 감행하거나 위협함으로써 자신이 원하는 궁극적인 조치에 대한 양보를 압박한다. 이러한 방식으로 그는 하나 또는 다수의 안건에 대한 의사방해를 다른 안건에 대한 협의를 위한 지렛대로 활용하는 것이다.[22]

의사진행방해의 역사에서 이러한 전략이 구사되는 경우는 흔히 있다. 일례로 가장 별난 개인적 스타일의 의사진행방해자였던 휴이 롱(Huey Long) 민주당 상원의원은 1934년 6월 회기가 막바지를 달리고 있을 때 갑자기 연방농업파산법안(Federal Farm Bankruptcy Act)이 통과되지 않으면 다른 모든 법안을 저지하겠다고 위협했다. 롱의 위협이 먹혀 그 법안은 통과되었고 대통령 루즈벨트는 이를 공포하여 대공황 시기 농업인들의 파산을 구제하였다.[23]

---

22) Beth and Heitshusen (2013), 앞의 글, 22쪽; Gregory Koger (2010), 앞의 책, 112-113쪽.
23) Gregory Koger (2010), 앞의 책, 112-113쪽.

Ⅳ. 의사진행방해에 대한 대응의 유형들

1. 굴복(surrender)

소수파의 의사진행방해에 대해 다수파가 보일 수 있는 반응 중에 소수파의 결의가 굳건하거나 반대로 다수파의 결속력이 약하고 의안 관철의 의지나 중요성이 크지 않다면 굴복할 가능성이 많다. 조기에 굴복할 수도 있으나 치열한 버티기 소모전(attrition)이나 토론종결에 실패하여 결국 굴복하게 되는 경우도 있을 수 있다. 굴복한 법안은 결국 심의보류상태로 옮겨질 것이고 결국 폐기될 것이다.

2. 합의(consensus)

일반적으로 의사진행방해가 있을 것으로 예상이 된다면 다수파로서는 이를 피하기 위해 의안에 대한 합의를 추구할 가능성이 높아진다. 미국 상원에서 법안의 통과를 위해 필요한 표의 수는 과반수의 출석과 찬성이다. 하지만 의사진행방해가 일어난다면 먼저 토론종결을 요구해 가결시키는 절차가 있어야 하므로 필요한 표의 수가 상원전체의 3/5 즉 60인의 표가 요구된다. 이러한 사실을 감안하면 법안의 최종통과를 원하는 다수파로서는 3/5의 지지를 얻기 위해 일부 상원의원집단을 상대로든 반대파 정당을 상대로든 합의를 시도할 유인이 충분한 것이다.

특히 상황이 본회의에서 처리해야 할 법안들은 많은데 시간은 충분치 않은 경우에 다수파로서는 새로 본회의에 상정할 법안이 의사진행방해에 걸려 시간이 지체되기를 원하지 않을 것이다. 의회의 회기가 끝나가는 상황이라면 더욱 그러할 것이다. 다수파 지도자는 이러한 상황에서 의사일정을 조정해야 하는 책임을 맡고 있으므로 보류(holds)와 같은 의사진행방

해의 위협 등에 대한 정보를 면밀히 고려하여 본안에서 다른 중요한 사안
들에 시간을 집중하기 위해 새로운 법안에 대해서는 조기에 타협에 나서
는 것이 현명하다고 판단할 수 있다. 비록 의사진행방해가 반드시 많은 지
지를 얻어 성공하리라는 보장이 없더라도 토론종결을 요구해 가결시키고
또 이어지는 30시간의 추가적 토론으로 인한 시간적 지체, 즉 최소한 4일
정도의 시간적 지체를 감안한다면 의사진행방해의 위협만으로도 미리 합
의하는 것이 낫기 때문이다. 예컨대 1994년에 42명의 상원의원들이 에너
지 및 천연자원위원회의 위원장에게 광산개혁법안의 몇몇 조항이 광업 회
사들의 관심사를 수용하는 방향으로 바뀌지 않으면 그 법안에 대해 의사
진행방해를 펼치겠다는 경고 서한을 보냈는데 이러한 현실적인 위협에 직
면하면 당연히 법안의 수정을 고려하지 않을 수 없는 것이다.24)

다수파는 스스로 법안을 약화시켜 소수파의 반대를 피하기를 구할 수도
있고 본격적인 합의조율을 거쳐 소수파가 원하는 필요조항을 삽입하는 경
우도 있을 수 있다. 이런 과정을 거쳐 애초에 법안의 반대자들이 지지자로
돌아서는 것이다. 이처럼 의사진행방해는 직접적으로 본회의장에서 대결
하는 국면만을 연출하는 것이 아니라 대결의 예상 자체가 다수파에게 압
력을 가하여 양측의 이익을 조정하여 가능한 한 둘 다에게 만족스러운 양
측의 합의로 유도하는 기제로서 작용하는 것이다.25)

3. 만장일치합의(unanimous consent agreement)

상원의 기본적인 의사진행 방식은 만장일치합의이다. 만장일치합의가
이루어지면 의안은 신속히 처리되고 의사진행방해는 일어나지 않는다. 그
러나 한명의 의원이라도 반대하면 만장일치합의는 이루어지기 어렵기 때

24) 올레스젝, 앞의 책, 국회사무처 의사국 역 (2000), 333쪽.
25) Beth and Heitshusen (2013), 앞의 글, 22-23쪽.

문에, 의사진행방해가 일단 일어나고 난 다음이라면 만장일치합의는 의사
방해에 대한 유용한 대응책이 될 수 없다.26) 따라서 만장일치합의는 의사
진행방해가 있기 전에 작용하는 것으로 만장일치합의를 얻기 위해 미리
의견을 조율함으로써 의사진행방해의 위험을 사전에 제거할 수는 있을 것
이다.

4. 규칙위반의 판단(ruling out of order)

　양원 모두에서 규칙은 준수되어야 하기 때문에 규칙위반의 판단을 받은
행위는 계속될 수 없다. 따라서 다수파는 의장에게 전략적으로 규칙위반
의 이의(point of order)를 제기함으로써 소수파의 의사진행방해행위를 제
거하거나 억제할 수 있다. 1787년 이래 미국의 상원과 하원은 모두 의장에
게 의원들이 규칙위반을 했는지 여부를 판단할 권한을 부여하고 있다. 의
장이 규칙위반으로 판단하면 의원은 자리에 앉아야만 하고 원내 구성원들
의 허가 없이 더 이상은 발언이 허용되지 않는다. 당해 의원은 이에 항의
할 수 있다. 그러나 이때 문제는 표결에 부쳐져 다수결로 결정된다. 따라
서 이 절차를 이용한 전략이 소수의 수행자들에 의한 의사진행방해를 억
제하는 데에 유용하게 쓰일 수 있다. 일례로 1948년 6월 민주당의 테일러
(Taylor) 상원의원은 징병연장법안(a bill extending the military draft)에 필
리버스터를 제기했는데 바로 이 전략에 의해 저지당했다. 테일러 의원은
발언 도중 자신을 칭송하는 내용의 전보를 낭독했는데 그 중 일부 문구인
"평화의 적들이 가지는 특별한 이익이 아니라 국민의 여망과 이익을 대표
해야 하는 자신의 의무를 존중하는 상원의원이신 … "의 부분이 문제가
되었다. 의미상 그 문구는 다른 동료 상원의원들을 모욕한 것이고 따라서
규칙위반으로 판단되어 방해를 그만두어야 했고 법안은 바로 통과되었

26) Gregory Koger (2010), 앞의 책, 21-22쪽.

다.27) 왜냐하면, 상원규칙 제19조 제2항은 "상원의원은 토론에서, 직접적
으로든 간접적으로든, 어떠한 형태의 말로도 다른 상원의원이나 다른 상
원의원들의 행동 또는 동기를 상원의원에게 부적절하거나 어울리지 않는
다고 비난해선 안된다"고 규정하고 있기 때문이다.28)

5. 선결문제(previous question)

선결문제란 안건을 우선적으로 결정해야 될 문제로 지정하여 처리하는
것을 말한다. 따라서 선결문제 동의(motion to previous question)가 제기되
고 그것이 채택이 되면 안건은 토론을 생략하고 즉시 표결하여 결정되어
야 하는 것으로 되는 효과를 발휘한다. 본회의 심의단계에 놓인 안건은 본
래 토론과 표결의 단계를 순차적으로 거쳐야 한다. 그런데 토론단계에서
상원의원은 시간제한 없이 발언을 할 수 있으므로 이를 이용하여 무제한
토론 형태의 의사진행방해를 시도하는 것이 가능하다. 따라서 선결문제는
무제한 토론에 대한 좋은 대응책이 된다. 그리고 선결문제동의는 단순다
수결(simple majority)로 채택이 가능하다. 따라서 선결문제는 다수결에 의
해 토론을 종결하는 제도이다. 기본적으로 선결문제도 토론종결제도
(closure)라는 점에서 아래 5에서 설명할 토론종결제도(cloture)와 기능이
같으나 양자의 차이점은 바로 단순다수에 의해 채택이 가능하냐 아니면
가중다수에 의해 채택해야만 하느냐에 놓여있다. 따라서 선결문제는 단순
다수결이 지배하는 입법기관에서, 토론종결제도는 가중다수결이 채택된
입법기관에서 사용된다. 미국 하원은 토론종결을 위해 선결문제를 활용함
에 반해 미국 상원은 가중다수의 토론종결제도에 의지한다.

미국 하원은 1811년 이래 이 선결문제 동의(motion to previous question)

27) Gregory Koger (2010), 앞의 책, 22쪽.
28) 상원 의사규칙 원문은 말미에 첨부된 <참고자료>를 참조할 것.

에 의해 토론을 종결시키는 것이 가능했다. 그러나 미국 상원에서는 1806
년에 선결문제를 규칙에서 삭제하고 그 이후로 선결문제 규칙을 가져 본
적이 없다. 물론 이 선결문제 규칙이 있다는 사실이 바로 의사진행방해가
존재하지 않는다는 의미로 연결되지는 되지 않는다. 그리고 이 규칙이 없
더라도 역시 의사진행방해가 일어나지 않을 수도 있다. 그러나 일단 의사
진행방해가 제기되면 선결문제규칙은 그에 대한 손쉬운 억제책이 될 것이
다. 단순다수결에 의해 그 토론종결이 가능하기 때문이다.[29]

6. 소모전(attrition; exhaustion)

　의회 다수파가 장시간 토론을 효과적으로 제한하는 방법을 가지고 있지
않다면 가장 기본적인 대응 방법은 바로 상대편이 말을 계속하다가 지쳐
나가떨어질 때까지 버티며 기다리는 것이다. 이것이 소모전(attrition)이다.
의사진행방해에 대해 소모전(war of attrition) 방식으로 대응하는 경우 본
회의장은 누가 오래 버티느냐의 경기장이나 다를 바 없다. 오래 버티는 쪽
이 이긴다. 따라서 버티기는 상대편이 지쳐 그만둘 때까지 '끝까지 기다리
는 것(to wait out)'이라고도 할 수 있다. 굴복(앞의 1)이나 합의(뒤의 7에서
설명)와 달리 소모전은 버티기 방식을 동원하기 때문에 그 속성상 토론종
결과 함께 의사진행방해에 대응하는 대표적인 비타협적 방식이라고 할 수
있다. 이것은 양쪽 다 육체적으로 굉장히 힘들기 때문에 큰 물리적 부담을
준다. 그리고 소모되는 시간도 만만치 않다. 그러나 대개 시간여유를 가지
고 있는 쪽은 의사진행방해를 감행하는 소수파이기 때문에 대립의 격렬한
양상에도 불구하고 유리한 쪽은 대체로 소수파이다. 따라서 소모전은 의
사진행방해에 대한 가장 기본적인 대응방식이지만 무제한 토론과 같은 장
시간의 의사방해에 대한 대응으로서는 시간지체에 대해 시간소모로 대응

---

29) Gregory Koger (2010), 앞의 책, 19-20쪽.

하는 매우 무모한 방법이고 다수파로서는 별로 득이 없는 방법이기도 하다. 하지만 여기에도 약간의 요령이 있다: 우선 의안의 지지자들로서는 말을 되도록 삼가는 것이다. 그러면 의사진행방해를 하는 편은 계속 연단을 점거하며 말을 이어가야 하므로 피로도가 가중될 것이다. 다음으로 다수파는 발언자가 서서 말을 해야 하고 앉아서도 걸어서도 안된다는 연설규칙을 엄격하게 요구함으로써 의사방해자측의 부담을 더욱 증가시킬 수 있다. 셋째, 다수파는 24시간 회의를 진행하기로 함으로써 밤을 새워야 하는 상대편의 자연적 피로도를 더욱 극대화시킬 수 있다. 넷째, 다수파는 입법일을 수일 혹은 일주일간 연장시키는 기법을 사용하여[30] 상대의 발언기회를 다 써버리도록 하고, 마지막으로 자리에 없는 의원들의 출석을 요구해 소모를 가중시킨다.[31]

소모전에서 당사자들은 물리적인 부담감과 시간손실에 대한 고려, 그리고 상대방의 결집력과 결의의 정도에 대한 판단을 바탕으로 행동해야 한다. 그러나 소모전은 상대방에 대한 정확한 정보를 알기 어렵기 때문에 무작정 오래 버티고 기다리는 양상으로 전개될 가능성이 높다. 이는 쌍방 모두에 유익한 결과를 산출하지 못한다. 따라서 버티기는 그다지 현명한 대응방식이라고 생각될 수 없다. 미국 상원에서 소모전에 의한 분쇄가 시도되면 밤새울 준비를 해가며 상원의원들이 피곤한 몸을 누이기 위해 간이

---

30) 이는 산회와 휴회가 구별된다는 점을 이용한 것이다. 산회(adjournment)와 달리 휴회(recess)를 하면 입법일이 종료되지 않고 수일 후 재개되더라도 같은 입법일이 계속된다. 예컨대 4월 5일에 정회를 하고 4월 9일에 재개했다면, 달력일(calendar day)로는 4월 9일이지만 입법일(legislative day)은 여전히 4월 5일이 된다. Walter J. Oleszek (2014), 앞의 책, 279쪽.
상원규칙 제19조는 "상원의원은 상원의 허가 없이 동일 입법일(the same legislative day)에 두 번이상 발언할 수 없다"고 하여, 소위 "2회 발언 한정 규칙"(two speech rule)을 정하고 있기 때문에 이에 따라 한 입법일에 1인당 2회씩의 발언기회가 다 소진되면 자연스럽게 의사방해는 끝나게 된다.
31) Gregory Koger (2010), 앞의 책, 22-23쪽.

침대를 준비해 들여오는 등의 진풍경이 벌어지곤 했다. 그러나 이제 이런 모습을 보기는 쉽지 않다.

왜냐하면 1917년 가중다수에 의한 토론종결제도가 규칙에 들어오면서 20세기에는 토론종결이 무제한 토론에 대한 가장 기본적인 대응방법으로 대체되었기 때문이다. 이제 무제한 토론을 분쇄하기 위해 무한정 기다리며 밤을 새는 수고를 하지 않아도 된다.

7. 토론종결(cloture)

(1) 도입배경과 변화과정

토론종결은 의사진행방해의 한 유형인 장시간 발언 혹은 무제한 토론에 대한 대응방법으로 채택된 것이다. 토론종결(cloture)은 그 어원이 프랑스어 clôture, 라틴어 clōstra에서 왔고 동일한 의미의 단어인 closure와 어원을 같이 하는 이형태일 뿐이다.[32] 그러나 상원규칙 상의 토론종결 조항은 특별히 cloture라는 단어를 선택하고 있다.

오랫동안 토론을 제한하는 규칙을 도입하는 것에 저항해 왔던 상원은 1917년에 비로소 상원규칙 제22조를 통해 토론종결제도를 채택했다. 이로써 상원은 장시간 토론에 의한 의사진행방해를 제한할 수 있는 공식적인 수단을 처음으로 가지게 되었다. 그때까지는 기본적으로 그냥 소모전을 통해 마냥 버티면서 기다리거나 아니면 거의 있기 어려운 만장일치합의에 의지하는 방법 외에는 아무런 수단이 없었다.[33] 따라서 토론종결제도의 도입은 의사진행방해의 구조를 완전히 뒤바꿨다. 그 이후 의사진행방해에

---

32) *Webster's College Dictionary* (2010); *The American Heritage Dictionary of the English Language* (2000).
33) Walter J. Oleszek (2014), 앞의 책, 310쪽.

대한 기본적인 대응은 더 이상 소모전이 아니라 토론종결이 되었다.

토론종결제도의 도입은 제1차 세계대전 당시 독일 잠수함의 무제한 공격에 대비하여 미국의 상선을 보호하기 위해 상선을 무장시키자는 법안이 공화당의 의사진행방해가 걸림돌이 되어 무산된 것이 계기가 되었다. 여론은 분노했고 민주당 소속인 윌슨 대통령도 그 기세를 이용하여 즉각 상원을 다시 소집했다. 토론종결규칙을 채택하도록 요구했고, 여론에 내몰린 의회는 그에 76:3으로 따랐다. 이 모든 것이 1917년 3월 2일에서 8일까지 불과 일주일 사이에 벌어진 일이었다.[34]

그 결과 규칙 제22조는 다음과 같은 내용으로 변경되었고 지금까지 기본적으로 거의 동일하다[35]:

① 의원 16인의 서명으로 토론종결의 요구가 제기될 수 있고,

② 그 이틀 후에 표결을 한다.

③ 이때 투표자 2/3의 찬성을 얻으면 가결된다.

④ 토론종결이 가결된 경우 각 의원은 현안 조치에 대해 딱 1시간 한도의 토론만을 할 수 있다.(1979년 이후에는 총 토론시간 제한이 추가되었고 현재는 30시간이다)

⑤ 또한 수정안은 관련성이 있는(germane) 것만이 허용된다.

⑥ 토론 시간이 다 경과하면 최종표결은 현안 법안과 심의된 모든 수정안에 대해 행한다.

다만, 1917년에 채택된 토론종결 조항은 그 적용대상이 '조치(measure)'로 규정되어 있었다. 1948-1949경에 일부 반대자들이 그 '조치'라는 문언

---

34) Gregory Koger (2007), "Filibuster Reform in the Senate, 1913-1917", in: *Party, Process, and Political Change in Congress*, Vol. 2, edit. David Brady; Mathew McCubbins, Stanford University Press, 219-221쪽.

35) Gregory Koger (2010), 앞의 책, 20-21쪽.

을 매우 좁게 해석하여 '본회의 심의상정 동의(motion to proceed to the consideration of the measure)'에는 토론종결이 적용되지 않는다고 주장하였고, 임시의장인 반덴버그(Arthur Vandenberg)가 이를 받아들인 일이 있었다. 이 선례는 그 뒤에 곧 깨졌지만 문제점이 지적되어 토론종결의 적용대상을 모든 조치(measure), 동의(motion) 등 토론가능한 모든 문제로 확장하고 대신 토론종결 요건을 재적의원 3분의 2로 높이는 개혁을 이루었다.[36]

이후 토론종결에 필요한 문턱은 시기에 따라 조금 높아졌다 낮아졌다 하는 약간의 변화를 겪었다. 그러나 상원규칙을 개정하는 데에 필요한 토론종결정족수는 투표자의 2/3로 변함이 없다.

〈표1〉 상원규칙상의 토론종결 조항의 변화, 1917-현재까지[37]

채택 연도	적용 대상	법안에 대한 토론종결 정족수	상원규칙개정건에 대한 토론종결 정족수	토론종결가결 후 표결시까지 토론허용시간
1917	조치 (A measure)	상원의원 총투표자의 2/3	상원의원 총투표자의 2/3	
1949	모든 조치, 동의(動議) 혹은 기타 계류 문제 (Any measure, motion, or other pending issue)	재적 상원의원의 2/3	없음; 토론종결 불가	
1959	상동	상원의원 총투표자의 2/3	상원의원 총투표자의 2/3	
1975	상동	재적 상원의원의 3/5	상원의원 총투표자의 2/3	

---

36) Martin B. Gold; Dimple Gupta (2004), 앞의 글, 227-230쪽.
37) Gregory Koger (2010), 앞의 책, 21쪽.

1976	상동	재적 상원의원의 3/5	상원의원 총투표자의 2/3	
1979	상동	재적 상원의원의 3/5	상원의원 총투표자의 2/3	100시간*
1986	상동	재적 상원의원의 3/5	상원의원 총투표자의 2/3	30시간*

* 이 경우 그 시간범위에서 각 상원의원은 10분간 발언을 할 권리가 있다. 상원의원들은 자신
의 할당시간을 의장이나 당수에게 몰아줄 수 있지만, 그 경우에도 2시간 이상은 허용되지 않
는다. 다만, 시간제한 연장을 위한 동의(motion)가 하루에 한번 허용되고, 재적 상원의원의
3/5의 찬성으로 가결된다.(상원 의사규칙 제22조 참조)

(2) 토론종결의 효과

토론종결이 가결된 이후에도 토론이 아예 불가능한 것은 아니다. 그러
나 약간의 시간만이 토론을 위해 허용된다.(현재는 30시간) 따라서 토론종
결의 효과로서 중요한 것은 첫째, 심의를 위한 토론시간이 제한된다는 것
과 둘째로, 관련성이 있는 수정안(germane amendments)만을 제출할 수 있
다는 것이다. 이로써 토론종결이 가결된 이후에 더 이상 지체행위가 일어
나지 않도록 배려하였다. 그렇지만 토론종결이 되더라도 여전히 소모되는
시간이 상당히 있다. 추가적인 토론이 허용되는 이상 최소 30시간동안의
시간손실은 피할 수 없다. 통상 상원은 토론종결이 제기된 다음다음날 개
의 후에 1시간이 경과한 시점에 표결을 실시한다. 그리고 토론종결이 가결
되면 추가적으로 30시간의 토론이 더 허용된다. 이를 합산한다면 통상 가
장 빠르게 토론종결이 가결되더라도 토론종결동의(動議)를 제출한 시점에
서 의안에 대한 최종적인 표결까지는 약4일 가량의 시간이 소진되게 되는
셈이다.

(3) 토론종결이 시도될 수 있는 대상

토론이 가능한 대상이라면 무엇이든 토론종결의 대상이 될 수 있다. 따라서 무제한 토론형태의 의사진행방해가 가능한 대상이 바로 토론종결의 가능 대상이 된다. 토론시간이 이미 상원규칙이나 법률 혹은 만장일치합의에 의해 제한되는 경우에는 토론종결의 대상이 될 수 없다. 법안(bills), 결의안(resolutions), 수정안(amendments), 협의회 보고서(conference reports), 지명과 조약승인건과 같은 행정부사안(executive business such as nominations and treaties), 하원의 수정안에 동의 혹은 수정을 요구하는 동의(motions to concur in or amend amendments of the House) 및 기타 토론이 가능한 동의들(motions)에 대해서는 모두 토론할 수 있으므로 이에 대한 토론종결이 가능하다.38)

또한 미국 상원의 의사절차에서는 하나의 법안에 대해서도 무제한 토론에 의한 의사진행방해는 이론상 6번 행해질 수 있다. 따라서 아래의 각 경우에 대해 각각 의사진행방해가 시도될 수 있고 따라서 그에 대해 모두 토론종결이 시도될 수 있다.39)

① 법안의 본회의심의상정 동의에 대하여(on the motion to proceed);

② 법안 자체에 대하여(on the bill itself);

그리고 하원과의 협의 위원회에 상정하는 것과 관련된 아래의 3개의 동의에 대하여 각각 가능하다.

③ 상원의 수정안을 요구하는 (혹은 하원의 수정안에 반대를 요구하는) 동의에 대하여(on the motion to insist on Senate amendments, or disagree to House amendments);

---

38) Beth and Heitshusen (2013), 앞의 글, 10쪽.
39) Jeanne Shaheen (2013), 앞의 글, 6쪽; Richard A. Arenberg and Robert B. Dove (2012), 앞의 책, 12-13쪽.

④ 하원과의 협의를 요구 또는 수락하는 동의에 대하여(on the motion to request or agree to a conference with the House);

⑤ 협의위원을 지명하는 권한을 의장에게 부여하는 동의에 대하여(on the motion to authorize the chair to appoint conferees); 마지막으로

⑥ 최종심의를 위해 협의회에서 상원으로 다시 돌아오는 법안에 대하여 (on return of the bill to the Senate from a conference for final consideration).

이렇게 의사진행방해가 제기될 수 있는 단계가 많기 때문에 토론종결이 가능하더라도 하나의 법안을 지키기 위해 들여야 할 시간적 기회비용이 적지 않다. 이로부터 생기는 번거로움을 피하기 위해 다수파 지도자로서 는 의안의 상정을 주저하거나 법안의 내용을 변경하거나 혹은 여러 가지 의 타협을 고려하거나 등의 선택지를 항상 염두에 둘 수밖에 없다. 의사진 행방해는 이렇듯 상원의 입법절차의 거의 모든 단계에서 영향력을 행사하 고 있다.

(4) 토론종결이 시도될 수 있는 횟수

토론종결이 시도될 수 있는 횟수에는 제한이 없다. 가중다수의 지지(재 적 3/5)를 얻지 못하여 토론종결에 실패한 경우 다시 토론종결동의를 제기 하여 전과 동일한 절차를 반복할 수 있다. 마찬가지로 이틀 후에 표결이 실시되고 이 때에도 가중다수의 지지를 얻지 못하면 토론종결은 또다시 실패하게 된다. 실제로 제100대 의회(1987-1988)에서 상원 선거의 선거비 지출제한 법안에 대해서는 8번까지 토론종결이 시도된 기록이 있고, 2003 년 미구엘 에스트라다(Miguel Estrada)의 연방순회법원판사 임명동의안에 대해서는 7번까지 토론종결이 시도된 끝에 스스로 사퇴했던 적이 있다.[40)

토론종결이 계속 실패하면 결국 대상 법안에 대한 본회의 심의를 끝내고 최종표결로 들어갈 수 없으므로 대상 법안은 회기가 끝나면 폐기될 운명에 처하게 된다.

8. 심의보류동의(motion to table)

현재 발언을 계속하고 있는 의원이 있더라도 바로 토론을 끝낼 수 있는 방법이 있다. 토론중이라도 심의보류동의를 제기하는 것은 허용되기 때문이다. 심의보류동의는 토론의 대상이 아니다.(상원 규칙 제22조) 따라서 즉시 표결로 들어가 단순다수에 의해 채택될 수 있다. 심의보류가 결정되면 그 효과는 말 그대로 심의를 보류하는 것(to lay the question on the table)인데 이는 곧 의안폐기를 의미한다.

이러한 효과 때문에 상원에서는 심의보류동의가 반대측의 수정안을 폐기하는데 적극 활용된다. 토론종결제도가 무제한 토론에 대한 효과적인 대응책이라면 심의보류동의는 지연적인 수정안 제출에 대한 효과적인 대응책이라고 할 수 있다.41) 일단 심의보류동의가 제기되면 상원은 앞에 놓여있는 수정안에 대한 심의를 중지하고, 심의보류동의 자체에 대한 처리로 들어간다. 이런 방식으로 수정안 제거를 통해서 토론이 무한정 길어지는 것을 방지할 수 있다.

그러나 심의보류동의는 다수파의 의안에 대한 무제한 토론형태의 의사진행방해를 막는 데 사용될 수 있는 수단은 되지 못한다. 자신의 의안에 대해 심의보류동의를 제기한다는 것은 만약 가결될 경우 무제한 토론이 끝나는 효과도 있겠지만 결국 자신의 의안을 폐기해 버리는 것이기 때문이다.

---

40) Walter J. Oleszek (2014), 앞의 책, 313쪽.
41) Beth and Heitshusen (2013), 앞의 글, 4쪽; Martin B. Gold (2013), Senate Procedure and Practice, 3rd edition, Rowman & Littlefield, 40쪽.

9. 다중경로 심의제도(multi-track system)

다중경로 심의제도(multi-track system; track system)는 의사진행방해에 대한 직접적인 대응수단은 아니다. 그러나 이 제도의 도입으로 연계와 같은 방식으로 압력을 가하려는 의사진행방해에 대해 매우 효율적으로 대응할 수 있게 되었다. 다중경로 심의제도는 그때그때 반드시 심의되어야 하는 법안 혹은 안건들을 지장 없이 처리하기 위해 만들어진 것이다.42) 이 제도의 요점은 단 하나밖에 존재하지 않았던 본회의 심의경로를 육상경기 트랙과 같이 필요에 따라 여러 개로 만들 수 있다는 것이다. 즉, 하루를 일정한 시간대별로 두 개(혹은 세 개, 네 개도 가능하다)의 구간으로 나누어 첫 번째 시간대에 A법안 심의를 할당하지만, 만약 그것이 의사진행방해에 걸리면 그 할당된 시간동안만 의사진행방해를 진행하고 두 번째 시간대가 되면 두 번째 시간대에 할당된 다른 법안들을 심사하는 것으로 전환하는 것이다. 이러한 제도의 도입으로 본회의 심의의 통로가 하루에 여러 개 존재할 수 있게 되어 하나의 통로가 막히더라도 일정 시간이 지나고 나면 다른 통로로 옮겨 다른 사안에 대해 본회의 심의를 지속할 수 있게 되는 것이다.

다중 경로의 도입은 다수당 원내대표가 만장일치합의를 얻어서 도입하거나 다수당 원내대표와 소수당 원내대표의 합의로 할 수 있다. 이렇게 여러 구획이 생길 수 있기 때문에 심의의 시간이 한정되어, 오늘날 상원 의원들은 어느 법안이 어느 날 몇 시에 심의되는지 그리고 그가 발언을 하기로 되어 있다면 할당된 시간은 얼마인지를 대체로 알고 있어야 하기 때문에 일정한 기율부과의 수단으로서의 의미도 갖는다고 한다.43)

과거에는 하나의 의안에 의사진행방해가 시작되면 본회의 의사는 한정

---

42) Walter J. Oleszek (2014), 앞의 책, 270쪽.
43) Walter J. Oleszek (2014), 앞의 책, 271족.

없이 지체되고 다른 안건은 모두 뒤로 밀리는 수밖에 없었다. 그러나 별다른 이의도 없는데 반드시 처리되어야 할 안건들이 앞서 진행되는 단 하나의 의사진행방해로 인해 마냥 볼모로 잡혀 있는 일은 다수파로서 감내하기 어려운 부담이었다. 1960년대에 다수당 원내대표였던 맨스필드(Mansfield)는 종일 회기(around-the-clock sessions)로 의사진행방해를 하는 소수파를 소모시키려 시도해 보았지만 별로 성공하지 못했고, 토론종결 투표도 여러번 시도하였으나 역시 성공하지 못하였다. 그래서 맨스필드는 버드(Byrd)의 도움을 얻어 소수당 지도자 및 다른 상원의원들의 동의를 얻어 1970년대 초에 이 제도를 만들었다.44) 이 제도의 효과는 명백하다. 이제 한정된 시간만 의사진행방해에 의해 뜯기고 나머지는 다른 법안들을 처리할 시간으로 사용할 수 있는 것이다.45) 따라서 이제 의사진행방해는 이 제도에 의해 상당히 관념적인 것으로 변했다. 한 법안이 의사진행방해를 당하면, 이제 다른 트랙이 설정되고 다른 법안이 심사되기 때문에 이 다른 법안이 심의되는 동안 처음의 심의경로에 있던 법안은 실제로는 의사진행방해가 일어나지 않지만 관념적으로는 여전히 방해가 계속 진행되는 것으로 되는 것이다. 물론 그러한 관념적 의사진행방해라도 종결시키지 않으면 표결로 나아갈 수 없으므로 그러한 방해상태가 지속된다면 궁극적으로는 그 부분은 다수파의 실패로 귀결된다. 그러나 이 제도의 창안으로 다수파는 의사진행방해가 야기하는 의사일정 전체에 대한 시간적 압박에서 벗어날 수 있게 되었다. 따라서 다른 법안들 전체를 볼모로 다수파에게 부담을 가하려는 소수파의 전략을 실질적으로 거의 불가능하게 만들고 다수파의 시간적 압박을 상당부분 해소시켜 다수파의 입지를 강화해주었다. 한

---

44) Steven S. Smith (1989), *Call to Order ‐ Floor Politics in the House and Senate*, Washinton, D.C.: The Brookings Institution, 96쪽; Walter J. Oleszek (2014), 앞의 책, 270쪽.
45) Walter J. Oleszek (2014), 앞의 책, 270쪽.

편 소수파 입장에서도 하나의 법안에 대한 의사진행방해가 가하는 시간적 압박이 너무 크기 때문에 의사진행방해전략을 자주 구사하는 것이 굉장히 부담스러웠던 것이 사실인데 이 제도로 말미암아 그 부담을 크게 덜어 낼 수 있게 되었다. 이처럼 다른 안건 전체와 연계하여 가할 수 있는 압박이 감소되었기 때문에 이제는 매 안건별로 필요에 따라 일일이 의사진행방해를 제기하는 것이 필수적인 것으로 되어 의사진행방해 횟수의 증가에 일조하게 되는 면도 있다.

따라서 이 제도에 대한 대체적인 평가는 의사진행방해를 줄이는 데 별로 기여하지 못했다는 것이다.[46] 의사진행방해 싸움에 중심적인 상원 의원들에게는 의사진행방해의 압력을 완화시켜주었고, 주변적인 의원들에게는 의사진행방해를 참을 만한 것으로 만들어 방해에 대한 적개심이 줄어들어 토론종결투표에 참여할 유인을 줄였으며, 의사진행방해 수행자에게도 비용을 감소시키고 성공확률을 높였기 때문에 순 결과는 이 제도의 더 많은 이용과 의사진행방해의 증가라고 한다.

이러한 측면에 비추어 이 제도는 의사진행방해를 중요하게 변화시킨 것으로 평가된다. 그때까지의 의사진행방해가 주로 '전체적인 시간적 지연의 압박'에 초점이 있었다면, 이 제도로 인해 그러한 압박에서 벗어남과 동시에 의사진행방해가 이루어지는 해당 안건은 손쉽게 성공적으로 방해가 이루어지게 되므로, 이제는 '개별적 안건에 대한 저지'로 그 중심적 효과가 이동하게 되었다는 것이다. 이것은 이후 의사진행방해의 모습을 완전히 바꾸어 놓은 매우 중요한 변화이다. 와우로나 코저는 이 제도를 '소모전에서 토론종결로'라는 의사진행방해제도의 발전 과정에 매우 부수적인 역할만을 한다고 보지만, 다중경로 심의제도의 도입으로 의사진행방해는 힘드는 의사진행방해에서 힘 안드는 의사진행방해로 변화되었기 때문에 토론종결에 남아있던 소모전의 가능성이 거의 완전히 사라졌다고 할 수 있

---

46) Steven S. Smith (1989), 앞의 책, 96쪽.

다.47) 이것은 매우 중요한 변화이다. 그리고 의사진행방해를 통해 전체일
정에 대한 지연의 효과를 가졌던 측면이 이제는 특정안건을 저지
(blocking)한다는 효과로 축소되었다. 따라서 힘이 들지 않는다는 측면과
개별안건만을 저지할 수 있다는 측면이 결합하여 이제 필요하면 모든 안
건에 의사진행방해를 할 수 있고 또 하게 되는 시대로 접어들게 되는 것이
다. 이렇게 하여 다중경로 심의제도는 다수파의 시간부담을 덜어주기 위
해 고안되었지만, 그 성과와는 별도로 의사진행방해제도의 모습을 심대하
게 변화시켜 의사진행방해의 일상화라는 오늘날의 모습을 만들어내었다.
단일한 의사경로에서는 하나의 의사진행방해밖에는 있을 수 없지만, 다중
의 심의경로에서는 여러 개의 의사진행방해가 있을 수 있다. 그렇기 때문
에 의사진행방해의 일상화를 가능하게 한 가장 큰 원인은 바로 이 다중경
로 심의제도의 도입이었다고 할 수 있다.48) 그런 의미에서 이 제도는 '다
중 의사진행방해(multi-filibuster)'의 시대를 열었고, '소모전에서 토론종결
로' 변화되어 온 제도를 '단일방해에서 다중방해로(from one blocking to
multi blocking)' 만들었다고 할 수 있다. 그리고 토론종결제도에서 소모전
의 성격이 거의 제거되면서 의사진행방해는 현저히 관념적으로 변해, 실
제로 하는 의사진행방해가 아니라 대개는 관념적으로만 하는 의사진행방
해가 된 것이다. 따라서 실제로 하지 않아도 되어 힘이 별로 들지 않고 하
나 하나의 안건에 다 제기해도 다른 안건들에 영향을 미치지 않는다는 성
격들이 결합하여, 소수파가 사실상 거의 모든 안건에 의사진행방해를 할
수 있는 시대가 열린 것이다. 이른바 '소수파 거부권(minority veto)'인 것
이다.49) 이 점이 오늘날 미국의 의사진행방해를 '다수의 지배를 소수의 지

---

47) Koger (2010), 앞의 책, 137쪽. 코저도 이 제도가 토론종결제도에 남아 있던 일부
    소모전 양상을 다 없애 버렸다고 지적한다.
48) 그렇기 때문에 오늘날 의사진행방해의 일상화 문제를 해결하려면 실제로 토론을
    하는 힘든 의사진행방해로 돌아가야 한다는 의견이 제시되는 것이다. Jeanne
    Shaheen (2013), 앞의 글, 15쪽; Tom Udall (2011), 앞의 글, 124쪽.

배로 변질시켰다'고 비난할 수 있는 중요한 이유가 된다.

10. 법령자체에서 토론을 제한

1974년 예산법(1974 Budget Act)은 법령자체에서 신속절차(expedited process)를 규정하여 예산의결(budget resolution)과 예산조정(reconciliation)에 의사진행방해를 금지하고 가부표결 시한의 확실성을 보장하였다. 예컨대 예산에 관한 합동결의안에 대한 수정안은 2시간 이내의 토론, 예산에 관한 양원협의회 보고서에 대해서는 10시간 이내의 토론만을 허용하는 등의 토론제한규정을 두고 있다. 이와 같이 법령 자체가 의안 심의 과정에서 있을 토론에 대한 제한규정을 포함하고 있는 경우에는 의사진행방해를 제한하는 의미 있는 방법이 된다. 예산에 관한 정쟁이 가져오는 지연을 막고 양당간의 협의를 촉진시킬 것을 의도한 이런 신속절차(expedited process)는 그러나 기대와는 달리 그러한 결과를 산출하지 못하고 있다.[50] 단지 처리 시간만 단축했을 뿐이다. 이처럼 정상적인 절차를 회피하는 예외를 많이 만드는 것이 바람직하다고 할 수는 없다. 하지만 다수파로서는 의사진행방해의 피할 수 없는 증가에 대응하여 이러한 의사진행방해를 허용하지 않는 대상영역을 선별하여 규정함으로써 의사진행방해가 가져올 폐해나 극심한 압박을 피해갈 수 있고 국가정책적 차원에서 신속성이라는 것도 중요한 가치이기 때문에 이러한 예외적 절차들의 필요성은 인정될 수 있을 것이다.

---

49) Tom Udall (2011), "Constitutional Option: Reforming the Rules of the Senate to Restore Accountability and Reduce Gridlock", *The Harvard Law & Policy Review*, Vol. 5, Issue 1, 122쪽.
50) Richard A. Arenberg and Robert B. Dove (2012), 앞의 책, 80쪽.

11. 의사진행방해제도 개혁의 위협
(threat of parliamentary reform)

의사진행방해가 활발히 일어나면 다수파는 오히려 의사진행방해의 제한에 목청을 높이는 경우가 많다. 그러나 의사진행방해의 개혁은 필연적으로 상원규칙 조항을 개정해야 하는데, 상원규칙의 개정과 관련한 의사진행방해를 저지하려면 투표참가자 2/3의 찬성이 필요하다(상원규칙 제22조). 따라서 1/3이 넘는 소수파가 의사진행방해를 할 경우 상원규칙을 개정할 수 없게 된다. 이 때문에 정상적인 개정의 길이 막힌 다수파는 종종 비상적인 수단을 사용하겠다는 위협을 써서 소수파를 압박한다. 이 비상적인 수단이 바로 '헌법적 선택안(constitutional option)' 혹은 '핵선택안(nuclear option)'이라는 전략이다.

헌법적 선택안의 논리는 미연방헌법은 의회의 각 원(院)에 규칙제정권을 부여하고 있으므로51), 모든 과거와 현재의 의회들은 언제나 그 자신의 의회규칙을 당대에 제정할 권한을 가진다는 점에 근거하고 있다. 그런데 현재 상원의 관행은 상원규칙을 매2년마다 별도로 채택하고 있지 않으므로, 상원규칙은 과거의회의 소산으로서 부당하게 헌법이 부여하고 있는 현재 의회의 규칙제정권을 제약하고 있다는 것이다. 따라서 이들에 따르면 이러한 상원규칙의 현상태는 위헌이다. 그러므로 새로 선출된 상원의 원으로 구성된 새로운 의회인 상원은 개의 첫날 자신의 규칙제정권을 행사하여 과반수로 토론을 종결하는 내용의 새로운 규칙을 채택할 수 있고 그것으로 문제는 해결된다고 주장한다.

한편 핵선택안은 헌법적 선택안과 달리 개의 첫날 규칙제정권을 사용해야 한다는 제한을 두지 않는다. 상원은 언제나 자신의 규칙을 세울 수 있

---

51) 미연방헌법 제1조 제5항 제1호: 각 院은 의사규칙을 결정하며, 원내의 질서를 문란케 한 의원을 징계하며, 의원 3분의 2이상의 찬성을 얻어 의원을 제명할 수 있다.

다. 이것은 상원규칙에 의거해 선례를 세우는 방식에 의해 개혁을 추진하는데, 새로이 선례를 세우는 데에는 과반수의 지지가 있으면 족하다. 따라서 이를 통해 의사진행방해를 단순다수결로 제압할 수 있는 것이다.[52]

헌법적 선택안이나 핵선택안의 발동에 대한 위협과 함께 제기되는 필리버스터 개혁논의는 다수파와 소수파의 갈등이 극에 달할 때마다 종종 분출하고 극단적인 상황에서 실제로 발동되는 경우가 있다. 그러나 일반적으로는 위협만이 가해지고 실제로 발동되지 않는다. 왜냐하면 후폭풍이 두렵기 때문이다. 그리고 다수파 자신에게도 그것은 그다지 매력적인 선택지가 아니다. 민주주의 사회에서 다수파와 소수파의 위치는 선거결과에 따라 수시로 바뀔 수 있기 때문이다. 지금 다수파로 역할을 수행하고 있지만 그 정당이 다음 선거에서 패할 경우에는 언제든 소수파로 전락할 수 있으므로 그 때 의사진행방해의 권리는 자신의 입지를 강화해주는 귀한 무기가 될 수 있다. 따라서 핵선택안의 실현으로 당장에 의회 주도권을 발휘할 수 있는 강점은 있더라도 장래 자신의 권리를 영구히 제한해버릴 수도 있는 선택은 그리 좋은 것이 아니다. 하지만 이런 이유들을 감안하더라도 경우에 따라 헌법적 선택안이나 핵선택안이 아주 실행불가능한 것도 아니기 때문에 이러한 위협은 의사진행방해 수단의 사용을 자제하게 만드는 효과가 있다.[53]

2005년 핵선택안 사용의 위기국면에서 중도성향의원들인 '14인의 갱단(gangs of 14)'이 법관인준에 의사진행방해의 사용을 자제하기로 합의하면서 갈등국면을 봉합한 바 있었다.[54] 그러나 2013년 11월 21일 이번에는 반대로 민주당 다수파에 의해 핵선택안이 실제로 발동되어 대법관을 제외

---

52) Richard A. Arenberg and Robert B. Dove (2012), 앞의 책, 135-138쪽.
53) Gregory Koger (2010), 앞의 책, 24쪽.
54) Sheryl Gay Stolberg, "Senators Who Averted Showdown Face New Test in Court Fight", *The New York Times*, July 14, 2005.

한 고위공직자 임명동의안에 대한 필리버스터는 단순다수결로 토론종결할
수 있다는 내용의 규칙개정을 이루었다. 이후 2017년 4월 6일 이번에는 공
화당 다수파가 트럼프 대통령이 지명한 닐 고서치 대법관 임명동의안을
관철시키기 위해 대법관에 대한 예외 부분을 철폐함으로써 이제는 모든
공직자 임명동의안에 대한 필리버스터의 종결을 단순다수결로 가능하도록
만들고 말았다.

제3절 의사진행방해의 이론

Ⅰ. 의사진행방해의 이론

미국에서 의사진행방해를 전적으로 혹은 부분적으로 조명한 연구들은
대개 행태중심적 연구이다. 따라서 의사진행방해의 작동방향이나 영향관
계의 규명에는 도움을 줄 수 있지만 의사진행방해의 본질의 규명이나 제
도의 정당성을 밝히는 데에는 도움이 되지 않는다.

1. 중심축 이론(pivotal theory)

케이쓰 크레빌의 중심축 정치학 이론(1998)은 의사진행방해에 관한 전
문적인 이론은 아니지만 의사진행방해를 대통령의 거부권과 같이 일종의
가중다수를 요구하는 거부권으로 보고 입법과정에서 이 두 개의 중심축이
어떻게 입법자들의 의회 의사절차내 행동에 영향을 미치는지를 규명하고
자 한 이론이다.55) 그에 따르면 미국 상원의 입법은 대체로 70%의 지지를

---

55) Keith Krehbiel (1998), *Pivotal politics: A Theory of U. S. Lawmaking*, Chicago:
University of Chicago Press.

얻어 통과되기 때문에 대체로 민주당이든 공화당이든 상대편 구성원의 약 40%정도를 지지세력으로 끌어들이는 셈이다. 따라서 상원에서는 정당의 역할은 중요하지 않다고 본다. 오히려 가중다수 요건(3/5)의 수인 60인을 중심으로 개인적 행태를 보이는 이들이 중심축의 역할을 하며 입법을 성공적으로 이끈다는 것이다.

따라서 이 이론은 의사진행방해에서도 중심적인 역할을 하는 것은 정당이 아니라 의원개인들이라는 주장을 개진한 것이다. 또한 의사진행방해를 미국 대통령의 거부권과 같이 또 하나의 거부권(veto)으로 봄으로써 미국 정치질서의 결절점들을 이해하는 데에 도움이 된다. 그러나 이 이론은 의사진행방해 발생의 원인이나 증가의 원인 등에 대해서는 말해주는 바가 없다는 단점이 있다.

2. 소수의 권리 이론(minority right theory)

이 이론은 의사진행방해를 의회내 소수파에게 주어진 소수의 권리 중 하나로 보고 다수 지배(majority rule)와 소수의 권리와의 관계를 규명하고자 하였다. 디온(Dion)의 연구(1997)는 과반수를 조금 넘는 다수파의 경우 결속력이 더 강하고 이는 소수파의 의사진행방해를 부르며 반대로 이번에는 다수파가 규칙개정을 통해 소수의 권리를 억압하는 장기적인 경향을 보임을 하원을 대상으로 한 연구에서 확인하고 상원도 다소 뚜렷하진 않지만 유사한 패턴을 보인다고 보아 보다 일반화 한다.[56] 디온의 연구는 의사진행방해가 본질적으로 다수 지배 원리와 긴장관계에 있음을 밝힌 점에서 매우 큰 의미가 있다.

---

56) Douglas Dion (1997), *Turning the Legislative Thumbscrew: Minority Rights and Procedural Change in Legislative Politics*, Ann Arbor: University of Michigan Press.

빈더의 연구(1997)도 유사하게 오늘날 상원의 의사진행방해제도는 초기 선택이 이후 경로를 크게 좌우하기 때문에 생겨난 경로의존성의 산물이라고 본다. 즉 의사진행방해는 소수의 권리로서 원리적인 근거를 갖추고 생겨난 것이 아니라 정치적 경쟁의 소산일 뿐이라는 것이다.[57] 소수의 권리란 본질적으로 어떤 원리적 기반이 없음을 강조하는 측면에서 디온의 연구와 결론을 같이한다.

3. 비용편익 분석이론(cost-benefit theory)

와우로와 쉬클러의 연구(2006), 그리고 코저의 연구(2009)가 이 이론에 기반하고 있다. 그러나 보다 종합적인 이론모델을 제시한 코저의 경우를 소개하면 충분할 것이다. 아래 그림과 함께 설명한다.[58]

코저의 이론이 지향하는 목적은 의사진행방해의 전체구조를 간명하게 설명하면서도 '왜 시간이 갈수록 필리버스터가 증가하느냐?'에 답하는 것이다.

여기서 법안 지지파는 다수파이고 반대파는 소수파이다. 먼저 의원들은 공익과 자신의 의원으로서의 경력에 관심을 가지고 있다. 이것이 수익 측면이다. 그리고 그는 한정된 시간과 에너지를 가지고 있다. 따라서 하나의 법안에서의 시간지체는 다른 의안에 쏟을 시간이 사라지는 기회비용을 의미한다. 이것이 비용 측면이다. 여기의 '법안'은 법안, 조약안, 임명동의안을 모두 포함하는 대표용어로 사용한다.

게임은 네 단계인데, 먼저 법안지지파는 대개 강한 법안을 선호하지만 가끔은 의사방해를 피하기 위해 약한 법안을 내기도 한다. 그러면 반대파

---

57) Sarah A. Binder and Steven S. Smith (1997), 앞의 책 (각주 2); Sarah A. Binder (1997), *Minority Rights, Majority Rule*, Cambridge: Cambridge University Press.
58) Gregory Koger (2010), 앞의 책, 24-35쪽.

는 의사진행방해를 할지를 결정한다. 이때 반대파는 상대방의 전략에 크게 영향을 받게 되는데 상대방이 소모전이나 개혁으로 대응하지 않을 것으로 보이면 의사진행방해를 더 많이 할 것이다. 마지막으로 법안지지파는 의사진행방해에 대해 굴복, 소모전, 토론종결, 규칙개혁으로 다양하게 대응한다. 그리고 그림 우측에는 각 단계에서의 전략적 선택을 설명하고 있다. 이것이 코저가 제시하고 있는 의사진행방해의 전체구조이다.

그런데 코저는 마지막 부분에서 법안지지파의 기본적인 대응이 소모전에서 토론종결로(from attrition to cloture) 바뀐 것을 시대의 진행 추세로 보고, 그 이유를 다음과 같이 설명한다: 참을성이 있는 다수파라면 소모전을 기본적인 대응방식으로 선택할 것이다. 그러나 참을성이 없는 다수라면 토론종결을 선택할 것이다. 그런데 19세기에서 20세기로 넘어오면서 지속적으로 업무량(workload)이 증가하고 상원업무는 주3일 정도로 줄어들었다. 따라서 시간의 가치가 높아졌기 때문에 갈수록 다수파는 참을 수 없게 되었고 토론종결을 선호하게 되었다.

한편 이 결과는 반대로 반대파로 하여금 의사진행방해에 들일 수고를 덜어주게 되기 때문에 의사진행방해의 비용을 낮췄고 이것이 의사진행방해의 지속적인 증가 원인이라는 결론을 제시한다.

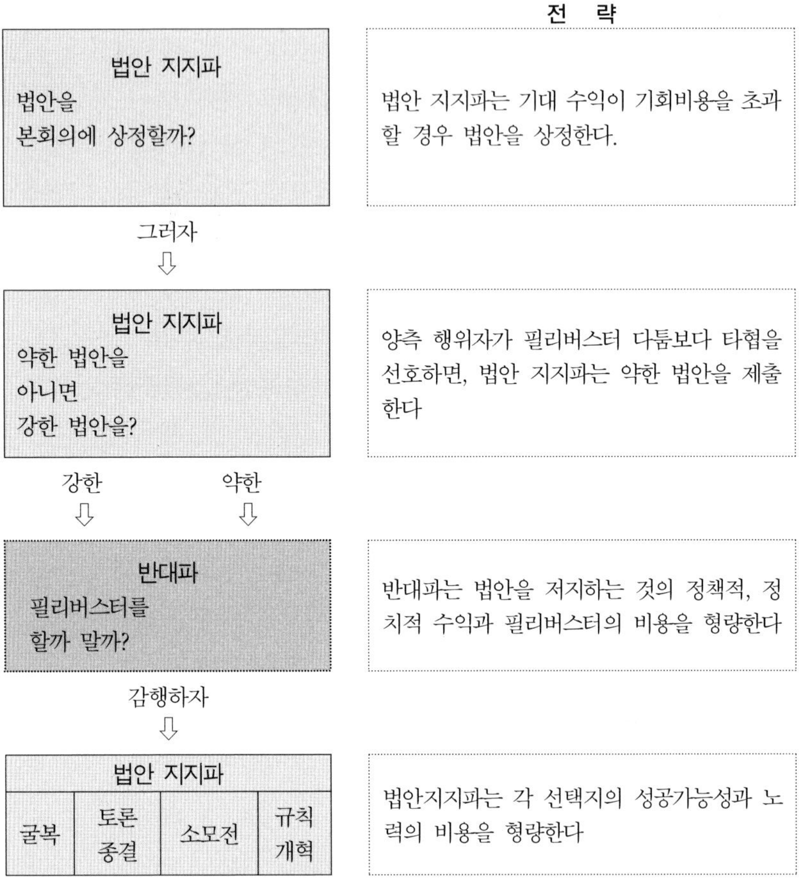

	전 략
법안 지지파 법안을 본회의에 상정할까?	법안 지지파는 기대 수익이 기회비용을 초과 할 경우 법안을 상정한다.

그러자
⇩

법안 지지파 약한 법안을 아니면 강한 법안을?	양측 행위자가 필리버스터 다툼보다 타협을 선호하면, 법안 지지파는 약한 법안을 제출 한다

강한　　　　　　약한
⇩　　　　　　　⇩

반대파 필리버스터를 할까 말까?	반대파는 법안을 저지하는 것의 정책적, 정 치적 수익과 필리버스터의 비용을 형량한다

감행하자
⇩

법안 지지파			
굴복	토론 종결	소모전	규칙 개혁

법안지지파는 각 선택지의 성공가능성과 노
력의 비용을 형량한다

〈그림 1〉 코저의 의사진행방해의 이론[58]

---

59) Gregory Koger (2010), 앞의 책, 25쪽.

Ⅱ. 의사진행방해의 이론에 대한 평가와 비판점

중심점 이론(pivotal theory)의 경우는 의사진행방해제도를 대통령의 거부권(veto)과 같이 미국 입법절차 내에 선재하는 것으로 전제하기 때문에 거부권으로서의 작동 방식만을 알려 줄 뿐 보다 다양하게 전체적인 구조와 변화과정을 알려 주지 못한다.

소수의 권리 이론 역시 19세기 미국 하원의 60년을 연구한 결과 소수의 권리가 다수의 관용하에 성립되었다가 제한되어 가는 역사적 패턴만을 알려 줄 뿐 그 권리의 내용이나 제한의 정당성에 대한 관심과 분석이 결여되어 있다. 이것은 단순한 정치과정의 소산으로만 볼 뿐 사실상 소수의 권리라는 것은 존재의 기반이 없다고 본다는 관점을 개진하는 것이다. 빈더의 연구도 유사하게 오늘날 상원의 의사진행방해제도는 역사의 경로를 통해 초기 선택이 이후의 경로를 크게 규정하는 형태로 정치적 선택이 누적된 다소 우연적인 산물로 간주한다는 점에서 원리적 정당성의 근거는 없다는 입장을 취하고 있다.

마지막으로 비용-편익분석의 경우도 의사진행방해자의 행동만을 설명할 뿐 이 제도에 대한 규범적 평가(위헌인지 합헌인지, 바람직한지 그렇지 않은지)에 대해서는 아무런 정보를 제공해 주지 못한다는 한계를 가지고 있다. 미국에서 상원규칙의 개정을 둘러싼 논의들은 모두 이 제도의 위헌여부를 둘러싸고 다툼을 벌이고 있는데, 의사진행방해를 분석한 일반이론이 위헌여부와 같은 규범적인 측면에 대해 암시하는 바가 없다는 것은 중요한 결점일 것이다. 코저의 이론이든 와우로와 쉬클러의 연구이든 비용-편익 분석은 주체의 의사결정의 구조와 행동선택을 간명하게 설명하는 장점이 있으므로, 이러한 장점은 받아들이되 그 한계를 보완하는 추가적 작업이 필요할 것이다. 따라서 의사진행방해의 헌법이론에서는 제도의 정당성 여부와 위헌 여부에 대한 탐색과 설명이 별도로 보완되어야 할 것이다.

비용-편익 분석은 미시적 차원에서의 움직임을 설명하는 데 매우 유익하다. 그 결과 왜 20세기 중후반 이후에 의사진행방해가 급증하는가라는 문제에 대해 의사진행방해의 수행비용이 매우 낮아졌기 때문이라는 실질적인 답을 내놓고 있다. 그러나 미시적 차원에서 이러한 행태변화는 잘 설명할 수 있지만 거시적인 차원에서 애초에 의사진행방해는 왜 생겨났느냐라는 행동의 동기와 목적은 설명할 수 없다. 의사진행방해는 그것이 왜 일어났고 무엇을 목적으로 하는 것인가를 설명할 수 있어야 할 것이다. 그러한 근본적인 질문에 의사진행방해의 이론은 답해주어야 하는 것이다. 그런 점에서 코저의 이론은 다수파의 행동전략을 위주로 설명하고 정작 중요한 소수파의 행동전략에 대해 설명이 너무 소략하다. 하지만 의사진행방해는 본질적으로 소수파의 행동인데 본질을 놓치고 있는 것이 아닌가하는 의문이 든다.

이상과 같은 한계를 감안하면서 그러한 의문에 답할 수 있는 헌법이론이 모색되어야 할 것이다.

제4절 의사진행방해의 헌법이론: 의회제도와 의사진행방해의 의의

의사진행방해는 의회의 의사결정과정에서 나타나는 것이기 때문에 그역할과 기능을 이해하기 위해서는 의회주의라는 보다 큰 틀에 대한 이해와 분석이 필요하다. 근대 의회제도의 성립과 의회주의의 기본틀을 먼저 개관하고 그러한 의회의 거시적 작동원리 차원에서 의사진행방해가 차지하는 위상이 무엇인지를 살펴보기로 하자.

I. 근대의회제도의 확립과 의회주의의 기본원리

1. 근대의회제도의 확립

(1) 중세 의회의 의미와 발생

의회(parliament; parlament))의 어원은 고대 프랑스어 빠를르망(parlement)
(동사 'parler'에서 옴)과 중세라틴어 '파를라멘툼(parlamentum)'에서 찾을
수 있다. 이것은 "논의"나 "집회"를 의미하는 것이다. 따라서 의회는 본래
무언가에 대해 논의하는 곳이고, 또한 그러한 논의를 위한 회합 및 회합장
소이기도 했다. 왕과 신분귀족들의 이러한 회의체로서 중세의회는 13세기
경에 영국을 비롯하여 유럽 여러 나라에 출현하였다.60) 그것은 기본적으
로 국왕의 결정에 대한 보좌기구로서 역할이 주어졌고 그 권한이 강한 것
이 아니었다. 중세의 의회는 군주가 결정한 과세에 대해 공동체 수준에서
동의를 부여하는 과세협찬기구였고 그러한 기구로서 출발하였다.61)

(2) 근대의회제도의 발전

중세의 신분의회는 국왕과의 투쟁을 통해 점진적으로 근대의회로 이행
하게 되었는데, 그 결정적인 계기가 된 것은 영국의 명예혁명(1688)이었
다. 그에 앞서 이미 16세기와 17세기에 이르면 의회의 구성과 그 권한에
관하여 이론적, 정치적 대립이 심화되고 있었다. 영국에서 의회는 국왕, 귀

---

60) Hans Boldt, "Parlament", Otto Brunner, Werner Conze, Reinhart Koselleck(Hrsg.)
(1997) in: *Geschichtliche Grundbegriffe: Historisches Lexikon zur politisch-
sozialen Sprache in Deutschland*, Band 4, 2. Auf. Stuttgart, 649-651쪽.
61) 이화용 (2011), "서양 중세의 대의사상: 대표성의 실체에 대한 비판적 검토", 왜 대
의민주주의인가, 이학사, 155-156쪽.

족원, 서민원의 3자(the King, Lords, and Commons in Parliament)로 구성
되어 있고, 제정법은 귀족원과 서민원의 양원의회의 자문과 동의(with the
advice and consent)를 얻어 국왕이 제정하는 것으로 이해되고 있었다. 이
러한 상황에서 의회의 구성과 의회입법의 주체를 누구로 이해해야 하는가
에 관한 문제가 쟁점으로 부각되었다. 이에 대해 두 가지 입장이 대립하였
는데, 국왕중심의 이론(royalist theories)은 의회양원의 자문과 동의를 얻음
에도 불구하고 입법권은 오로지 신이 국왕에게 부여한 권한으로서 이것의
행사는 오로지 국왕에게 속한다는 입장을 취했다. 반면, 명예혁명기에 승
리를 거둔 의회주의적 이론(parliamentary theories)은 제정법은 국왕, 귀족
원, 서민원(the King, Lords, and Commons in Parliament)의 3자에 의해 공
동으로 행사되고 이들 3자가 전체공동체를 대표하기 때문에 주권적 입법
권의 소재는 이들 모두에게 공동으로 귀속된다는 입장이었다.62) 권리청원,
청교도혁명을 거쳐 명예혁명(1689)에서 국왕과의 투쟁에서 승리한 의회는
주권은 국왕 단독이 아니라 "의회내의 국왕(the King in Parliament)"에 있
음을 확인하였다. 이것은 국왕, 상원, 하원 3자 공동의 입법권을 주장하는
의회주의 이론의 승리를 의미하는 것이었다. 이후 국왕이 보유하고 있던
법률재가 거부권이 1707년을 끝으로 현실적으로 더 이상 행사되지 않게
됨으로써 입법권의 행사에서 국왕은 실질적으로 배제되고 의회에 거의 전
적으로 이양되어,63) "국왕 임재(臨在)하의 의회"가 이제 국가의사결정의
중심적 기관이 되었다.

한편 프랑스 혁명(1789)을 통하여 의회는 국민대표기관으로서의 지위를
확립함으로써 중세의회의 성격으로부터 완전히 탈피하였다. 이는 종래 신
분의회의 의원이 특권신분들의 개별적인 이익을 대표하는 명령적 위임의

---

62) 이에 대한 간략한 설명으로는 Jeffery Goldsworthy (2002), *The Sovereignty of
Parliament: History and Philosophy*, Oxford: Clarndon Press, 63-75쪽.
63) 鄭萬喜 (1995), "英國의 議員內閣制", 現代憲法과 議會主義, 法文社, 357쪽.

대표였다면, 이제 근대의회의 의원은 자유위임에 기해 국민전체의 이익을 추구하는 국민대표임을 의미하는 것이다. 시에예스에 의해 주창되었던 이 이론64)은 혁명과정을 통해 관철되어 다음과 같이 1791년 프랑스헌법에서 그 명확한 표현을 얻었다.

제1장 제3절 제7조: 지역에서 선출된 대표자는 특정지역의 대표자가 아니라 전체국민의 대표자이며, 어떠한 명령도 받지 않는다.

2. 의회주의의 기본원리

의회가 이처럼 국가의사결정의 중심에 섬으로써 근대의회주의는 확립되었다. 의회주의(parlamentarismus)란 국민의 의사를 반영하고 관철하는 데에 의회가 중심적인 역할을 하는 정부형태를 의미한다.65) 유럽에서 의회주의는 의회제 정부형태 즉 의원내각제 정부형태로 발전하였지만 그와 다른 방식으로 발전한 대통령제 정부형태에서도 의회가 국가의사의 결정에 중심적인 역할을 한다는 사실에는 변함이 없었다. 따라서 의원내각제와 대통령제 정부형태가 그 구조와 구체적인 운영의 모습에서 차이가 있지만, 그에 상관없이 이들을 모두 포괄하여 의회주의는 논의될 수 있는 것이다.

(1) 국민대표의 원리

의회주의는 주권자인 국민의 의사가 선거를 통하여 대표기관인 의회에 전달되고, 의회가 입법 등을 통하여 국가의 정책을 결정한다는 의회의 국

---

64) 시에예스, 제3신분이란 무엇인가, 박인수 옮김 (2003), 책세상.
65) 송석윤 (2010. 6), "4월 혁명의 헌정사적 영향과 의회민주주의 실현의 과제 - 헌법개정 및 정치개혁과 관련하여-", 憲法學硏究, 제16권 제2호, 韓國憲法學會, 175쪽.

민대표성을 그 기본원리로 하고 있고, 그 구체적 내용에 대하여는 일반적
으로 통치자와 피치자의 구별을 전제로 국민이 대표자를 선출하고 대표자
는 국가의 정책결정권을 보유하고 행사하며, 대표자는 국민전체를 대표하
여, 선거구민의 지시나 명령에 기속되지 않으면서(무기속 위임) 공공복리
를 추구한다고 정리된다.[66]

　그러나 실제로 근대시민혁명기에 추구된 대표제 개념의 의미내용이 무
엇이었는지에 대해서는 다양한 입장이 표출되었고, 본래 대표제 개념은
본질적으로 의회주의 내지 민주주의로부터 유래한 개념도 아니며, 또한
오늘날 우리의 현실에서도 국민들간에 다양한 입장이 실제로 존재함을 고
려하면, 무기속 위임을 본질로 하는 순수한 의회대표제 개념의 적실성과
기능에 대해서 의문이 제기된다.[67] 이 글에서는 그러한 문제의식을 이어
받아 의회의 의사결정이 이루어지는 현실적 모습이라고 할 수 있는 정당
간의 대결과 타협을 전제로 그로부터 출발하는 의사결정의 이론을 모색해
보고자 한다.

(2) 의회의 의사결정에 관한 원리

　고전적 의회주의의 의미에서 의회가 국민의 대표기관으로서 정책결정
권을 행사하고 직무를 수행함에는 의회의 의사결정과정이 의원들의 자율
적 판단에 의해 이루어질 것을 요구하므로, 의회의 자율적인 의사결정과
정은 매우 중요한 의미를 지니게 된다. 이러한 자율적인 의사결정을 가능
하게 하는 의사절차의 원리로 심의의 원리와 의사공개의 원칙 및 다수결
의 원리를 들 수 있다.[68]

---

66) 鄭宗燮 (2004), "代議原理의 基本概念들에 대한 分析", 憲法研究 1, 博英社,
　　250쪽 이하.
67) 송석윤 (2007), "대표제개념의 헌법사", 헌법과 정치, 경인문화사, 31-60쪽; 서병훈,
　　왜 대의민주주의인가, 171쪽 이하 등.

가. 심의의 원리

심의의 원리는 의회의 의사결정과정에서 문제에 대한 의견의 진술과 반대 의견의 진술 등 충분한 토론을 통한 심의가 이루어져야 한다는 요청을 말한다.[69] 따라서 심의의 원리는 토론의 중요성을 의미하는 것이기도 하다. 의회는 토론의 과정에서 대립하는 주장을 개진함으로써 진리를 발견하는 장소로 이해된다. 칼 슈미트는 이를 (i) 권력자인 국민의 대표자는 항상 토론하도록 강제되고 이를 통해 공동으로 진리를 탐구하도록 되고 있고 (ii) 이러한 과정을 공개하는 것에 의해 권력을 시민의 통제 아래에 두는 것이 가능해지며 (iii) 언론의 자유에 의해 시민들 스스로 진리를 탐구하여 이 진리를 대표자에게 발언함으로써 의회주의가 유기적으로 구현되는 것으로 표현하여 근대 의회주의를 이와 같이 이해하였다.[70] 따라서 의회주의는 본질적으로 "토론에 의한 정치"(government by discussion)인 것이다.[71] 의안의 심도 있는 토론을 통한 심의의 원리는 의회정치의 핵심을 이루고 의회 의사절차를 규정하는 중심원리가 된다.

나. 의사공개의 원리

심의가 비밀스럽게 행해지는 것을 막고 국민에 의한 통제를 가능하게 하기 위한 수단으로 의사의 공개성이 요청된다. 의사의 공개를 통하여 대표자의 직무수행이 감시될 수 있고 국민의 신뢰를 확보할 수 있다.[72] 그러나 이 원칙은 절대적인 것은 아니고 의회의 의결에 의해 회의를 비공개로 하는 것이 가능하다.

---

68) 鄭萬喜 (1995), "議會主義의 原理", 앞의 책, 29쪽.
69) 鄭萬喜 (1995), 앞의 글, 앞의 책, 30쪽.
70) 카를 슈미트 지음, 현대의회주의의 정신사적 상황, 나종석 옮김 (2012), 74쪽.
71) 카를 슈미트, 앞의 책, 21쪽.
72) 鄭萬喜 (1995), "議會主義의 原理", 앞의 책, 30쪽.

다. 다수결의 원리

다수결의 원리는 의회가 단독체가 아니라 합의체 기관이라는 속성으로 부터 요청된다. 다수결이란 의사결정에서 다수의 의견에 소수의 의견을 복종시키는 방법으로 다수의 지배(majority rule)를 의미하는 것이다.[73]

단체의 의사결정에서 만장일치가 이루어지는 것은 바람직하기는 하지 만 단체의 규모나 사안의 성질, 구성원의 동질성 정도 등에 따라 불가능하 거나 바람직하지 않을 수 있다. 따라서 단체의 의사결정은 일반적으로 다 수결이 불가피한 원리로서 수용된다. 이것은 다수라는 수(number)를 중시 하는 것이지만, 단순히 그 양(量)적인 수를 중시하는 것은 아니고 심의과 정에서의 충분한 의견교환과 토론을 전제로 함으로써 이미 다수의 의견은 질(質)적으로 우수하다고 보기 때문이다. 따라서 다수의 의견이 질적으로 우위에 설 수 있는 토대는 바로 심의의 원리가 존중된다는 점에 있다. 토 론을 통한 심의에 의해 이성적 설득이 가능해 지는 것이고, 그것은 개별적 이익에 관한 논쟁이 아니라 정의와 공공복리에 관한 진리를 발견하는 것 으로서 이해되는 것이다.[74] 이러한 이성적 토론과정을 통해 소수의사가 존중되고 보호됨은 물론이다. 따라서 이러한 토론을 통한 합리적 의사형 성과정이 결여된 다수결은 정당화될 수 없고 단순한 수의 지배 즉, 다수의 횡포에 지나지 않게 된다[75].

다수결의 원리와 심의의 원리는 이처럼 긴밀히 연결되어 있고, 따라서 의회주의적 의사결정절차의 정당성을 이루는 핵심요소로서 토론의 중요성 은 아무리 강조해도 지나침이 없을 것이다.

---

73) 鄭萬喜 (1995), "議會主義의 原理", 앞의 책, 31쪽.
74) 카를 슈미트, 앞의 책, 나종석 옮김 (2012), 101쪽.
75) 鄭萬喜 (1995), "議會主義의 原理", 앞의 책, 31-32쪽.

3. 의회주의의 현대적 상황

심의원리를 핵심으로 하는 고전적 의회주의는 현대의 의회주의 상황에서 위기에 처해있다는 진단을 받는다. 일반적으로 지적되는 변화로는 정당국가화 현상과 행정국가화 현상이 지적된다. 정당을 기초로 하는 의회정치에서 의원은 정당에 기속되는 현상이 강화됨으로써 그 자율성이 현저히 약화되었고 또한 정부기능의 확장으로 인해 의회의 중심성이 약화되게 되었다는 것이다. 칼 슈미트는 이러한 변화를 토론과 공개성에 대한 믿음이 무너지고 19세기에 발전해 온 의회가 자신의 이제까지의 기초와 의미를 상실해버린 것으로 이해하고 의회제도를 공격하는 반의회주의 사상을 펼쳤다.76)

그러나 이러한 변화된 상황은 의회주의가 새로운 상황에 적응하는 문제일 뿐 의회주의의 위기나 종언은 아니므로 칼 슈미트의 문제의식은 잘못되었다고 할 수 있다. 칼 슈미트는 심의와 토론의 상실 및 정당간 야합을 경멸하고 성급히 의회주의의 종언을 말했으나, 정당간의 타협은 정치과정의 본래적인 모습이자 정치현실이므로 이러한 부분은 현실을 적극적으로 인정하고 보다 더 바람직한 모습으로 규율해 나가야 할 문제이다. 따라서 이하에서는 의회주의와 의회주의의 변화된 상황과 관련하여 의사진행방해의 성격과 그 역할을 어떻게 이해할 수 있는지 그 이론적 설명을 시도해 보도록 하겠다.

---

76) 카를 슈미트, 앞의 책, 나종석 옮김 (2012), 18-23쪽.

Ⅱ. 의사진행방해의 역할과 기능:
의사진행방해의 헌법이론

1. 의사진행방해의 헌법이론이 달성하려는 목표

의사진행방해의 헌법이론이란 의회주의의 전체 작동원리 차원에서 의사진행방해를 헌법적으로 설명할 수 있는 이론이라고 할 수 있다. 따라서 이 논문이 제시하려는 의사진행방해의 헌법이론은 다음과 같은 것을 목표로 한다.

(1) 의사진행방해의 헌법이론은 의사진행방해 현상 및 제도를 설명함에 있어 헌법이 관심을 가지는 부분인 정치질서와 기본권에 관련된 헌법이론과 합치를 이뤄야 하고 특히 그 제도의 규범적 정당성 여부가 드러나야 한다. 이는 종래의 연구에서 충분히 수행되지 못한 측면이라고 할 수 있다. 미국의 경험적 연구들은 대개 이 부분을 드러내지 못하고 있고, 규범적 연구들은 주로 헌법의 구체적 해석과 헌법제정자의 의도(framer's intent)에 부합하는지 여부에 초점을 맞추고 있기 때문이다. 그러나 의사진행방해는 그러한 미국 특유의 헌법해석적 차원보다는 보다 일반적인 의회주의의 작동원리 차원에 대한 분석에서 오히려 그 정당화 근거를 발견할 수 있다고 생각한다.

(2) 의사진행방해의 헌법이론은 의회주의절차의 작동차원에서 의사진행방해가 가지는 순기능과 역기능의 측면을 모두 조명함으로써 향후 그 제도화에 관한 기본원칙을 도출할 수 있어야 한다. 순기능의 측면은 의사진행방해의 제도화에 정당화 근거를 마련해 줄 것이고 역기능의 측면은 그 제도화의 한계에 대한 기본적 원칙을 제공해 줄

것이다. 이러한 기본원칙은 기존의 제도를 평가하는 지침으로 작용할 수 있고 동시에 현대 의회주의 작동상의 문제점을 해결하면서 의회주의절차를 활성화 시킬 수 있는 향후의 제도개선에도 일정한 도움을 줄 수 있을 것이다.

2. 의사진행방해의 헌법이론: 수(number)와 이익(interest)에 근거한 설명모델

의사진행방해의 역할과 기능은 의회주의의 거시적인 작동 차원에서 보다 명확하게 이해될 수 있을 것이다. 의회주의의 변화된 상황과 관련하여 그림과 함께 설명을 시도해 보면 다음과 같다.

(1) 의사진행방해제도의 정당성: 의사진행방해의 역할과 기능

가. 의회의 의사절차의 구성

고전적 의회주의에서 심의의 원리와 다수결 원리가 핵심적 중요성을 차지하고 있었음은 앞에서 설명하였다. 이러한 원리에 부합하게 의회의 의사절차는 의안의 심의단계와 표결단계로 이루어진다. 심의절차에서는 자유로운 토론을 통한 의사형성이 이루어지고 표결단계에서는 다수결에 의해 최종적인 의사결정이 이루어질 것이다. 위원회제도가 도입된 현대 의회의 경우에도 이러한 이해에 변화가 일어나는 것은 아니다. 기존의 [본회의 심의 -> 본회의 표결]의 2단계 절차에 대신하여 [위원회심사 및 표결 -> 본회의 심의 -> 본회의 표결]의 3단계 절차로 변화된 것이지만, 위원회 단계에서 일어나는 의안의 심사와 표결은 최종적인 의사결정이 아니고 본회의 심의를 위한 예비단계의 성격을 가지기 때문에 위원회 단계도 크게는 심의절차에 포함시킬 수 있을 것이다. 따라서 의회의 의사절차를 심의단계와 표결단계의 2단계 구조로 이해하는 것은 여전히 타당하다고 할 수 있다.

나. 의사진행방해의 목적

의사진행방해는 주로 심의단계에서 일어난다. 심의단계에서 다양한 수단을 활용하여 표결단계로 이행하는 것을 저지하는 것이다. 그러나 표결단계에서도 일어날 수 있는데, 미국의 호명표결이나 일본의 우보행위전략과 같이 투표행위 자체를 지체함으로써 최종표결을 지연 내지 저지하려는 것을 들 수 있다. 따라서 심의단계에서든 표결단계에서든 의사진행방해의 수단은 다양하더라도 목적은 결국 최종표결을 저지하려는 것으로 동일하다.

다. 의사진행방해의 역할과 기능

의사진행방해는 의회의사절차에서 다수파와 소수파가 벌이는 게임이라고 할 수 있다. 의사진행방해는 앞에서 본 바와 같이 의안이 최종표결을 통해 결정되는 것을 저지하려는 소수파의 행동이다. 따라서 의사진행방해를 통해 소수파가 궁극적으로 노리는 것은 순수하게 표결의 저지일 수도 있지만 보다 본질적으로는 표결의 저지를 수단으로 삼아 최종의사결정에 영향력을 행사하려는 것으로 이해할 수 있다. 즉 의사진행방해 제도의 본질은 다수파에 가하는 시간적 압박을 통해 의회내 의사결정절차에서 소수파의 의사실현기회 보장과 다수파의 양보 메커니즘을 제도화한 것으로 이해될 수 있다. 아래 그림은 왜 그러한 양보 메커니즘의 제도화가 나타나게 되었고 그것이 어떤 근거하에 정당화될 수 있는지를 헌법이론적으로 구성한 것이다. 그 핵심적 요점은 의사결정절차에서 다수결에 의한 표결로만 의사를 결정하는 것은 소수파에게 부당함이 있고, 그 부당함에 대한 대응으로부터 의사진행방해는 생겨났다는 것이다. 이러한 과정의 명확한 분석은 의사진행방해제도의 헌법적 정당화 근거를 제공하는 데 도움을 줄 것이다. 아래의 그림을 통해 순서대로 간단한 설명을 시도하고자 한다.

	고전적 의회주의 상황	현대적 의회주의 상황
1. 의사결정 참가자는?	독립적인 개별 의원들 (다수 : 소수) 51 : 49	정당으로 묶인 의원들 (다수파 : 소수파) 51 : 49
2. 참가자의 권리는?	의안심의권, 표결권 등 평등한 권리보유	의안심의권, 표결권 등 평등한 권리보유
3. 의사결정방법은?	다수결제	다수결제
4. 의사결정결과는?	(다수 : 소수) 100 : 0	(다수파 : 소수파) 100 : 0
5. 결과는 정당한가?	정당함	부당함
6. 결과가 정당하거나 정당하지 않은 이유는?	소수가 받는 불이익은 1회적이기 때문에 다수결에 승복해야 함	소수파는 그 수에도 불구하고 전혀 의사반영을 못하여 국민대표로서의 역할을 수행하지 못함. 1회적인 사태가 아니라 의원 임기내내 같은 결과이기 때문에 지속적인 불이익을 받아 부당
7. 부당한 결과에 저항하는 방법은?		합법적 의사진행방해 /몸싸움/장외투쟁/규범통제나 권한쟁의 /무장투쟁
8. 바람직한 시정 방법은?		합법적 의사진행방해제도 (가중다수요건의 도입으로 소수파에 힘을 실어주어 합의를 유도)
9. 시정된 의사결정 결과는?		(다수파 : 소수파) 70 : 30
10. 정당화의 이론적 기반은?	① 진리발견 이론: 의회의 심의는 진리를 발견하는 과정 ② 다수제 민주주의론	① 갈등이론, 다원주의: 의회의 심의는 이익갈등을 조정하는 과정 ② 동반자 민주주의론 ③ 소수 보호, 다수의 견제

〈그림 2〉 의사진행방해의 헌법이론

우선은 비교를 위해 고전적 의회주의 상황과 현대적 의회주의 상황의 차이를 설명해야 한다. 고전적 의회주의에서 의원들은 무당파(無黨派)의 개인들로서 보통의 국민들보다 탁월한 지적 능력을 가진 이들로 상정된다. 따라서 이들은 토론을 통하여 국가의사의 결정에 누구보다도 적합하게 참여할 수 있는 능력을 가진 이들이다.77)

그러나 19세기 후반 정당이 정치과정에 깊숙이 개입하고 갈등을 조율하기 시작하면서 변화된 현대적 의회주의 상황은 정당의 개입 없이 생각할 수 없게 되었다. 직접민주주의의 이상이 철저히 관철되는 곳에 대의민주주의는 배척될 수밖에 없는 논리적 관계에 있지만, 근대 입헌주의 국가에서 민주주의는 대의제를 기초로 하여 발달해 왔고 정당이 이의 실질적 구현을 위해 불가피한 제도로 인식, 수용되는 과정을 겪었다. 특히 다원적 민주주의의 이상을 구현하기 위해서는 복수정당제도가 정치질서의 불가결한 요소라는 인식점에 이르게 되어 그것이 현대 헌법에서는 헌법적 제도의 수준으로까지 보장되기에 이르렀다.78)

따라서 정당이 개입된 현대의회주의적 상황은 이미 고전적 의회주의가 상정했던 의회의 의사결정 모습과 많은 차이가 생기게 되었다. 이념적 윤곽이 뚜렷한 다원적 세력이 경쟁하는 의회를 상정할 때, 의원이 모두 국민의 대표자라는 점에서는 다를 바가 없으나 그들은 각기 자신들이 속한 정당의 성향에 따라 국가의사를 정하고 공익을 실현하려 하기 때문에 기존에 무당파, 무색채의 탁월한 대표자를 상정했던 고전적 의회주의의 이념적 모델이 상정하는 행동방식과는 괴리가 있다. 의원개인의 자율성이 크게 상실되게 된 것이다. 이러한 이해를 바탕으로 하여 그림에서는 고전적

---

77) 대의원리의 기본개념들에 대하여는 鄭宗燮 (2004), 憲法硏究 1, 제3판, 博英社, 143-148쪽; 249-267쪽; 서병훈, 왜 대의민주주의인가, 175-184쪽.

78) 成樂寅 (2012. 3), "통일헌법의 기본원리 소고", 서울대학교 法學, 서울대학교 법학연구소, 426쪽.

의회주의 상황에서의 의원들은 개인들이므로 다수파와 소수파로 나누지 않고 단순히 다수와 소수로 나누어 표시하였다. 이러한 다수와 소수의 구분은 매 사안별로 1회적이고 잠정적이라고 할 수 있다. 반면 현대적 의회주의 상황에서는 의원들이 정당소속원이므로 정당의 경계를 따라 다수파와 소수파로 나누어지게 되고 표결도 대개 그러한 경계를 따라 이루어지게 된다. 정당기율이 강하고 정당간 대립이 심할수록 그런 경향은 강화될 것이다.(시간적 지속성의 차이)

먼저 위 그림에서 1번은 의사절차를 진행하는 각 의회의 상황을 나타낸 것이다. 의사절차의 참가자는 의원이고 그 의원은 헌법이 상정하는 대로 국민에 의해 선출된 대표로서 국가전체적인 공익실현을 추구하며 국가의 사를 결정한다.(제41조; 제46조 제2항)

의회 의사결정에 참여하여 다수결로 결정할 경우를 상정하여 이들을 미리 51:49의 다수와 소수 또는 다수파와 소수파로 나누어 놓았다.

2번에서 의원들은 의회내에서 의안 심의권, 표결권 등 평등한 권리를 부여받는다. 따라서 심의절차에서 소수파도 의안에 대한 의견을 표명하는 데에 아무런 지장이 없을 것이고 토론의 기회와 권리도 다수파에 속하는 의원에게나 소수파에 속하는 의원에게나 모두 평등하게 보장된다.

3번은 의회내 의사결정 방법을 나타낸 것인데, 의회의 기본적 의사결정 방법은 다수결이고 본회의 표결은 그에 따라 표결이 이루어질 것이다.

4번은 그러한 표결의 결과를 나타낸 것이다. 표의 비율은 51:49이겠지만 51이 다수이므로 다수의 의안이 표결로 채택이 되어 의사결정의 결과에 있어서는 다수가 100을 얻고 소수가 0을 얻었다는 것을 뜻한다. 여기서

100과 0의 숫자는 표결결과인데 이것은 주로 법안 등 공적 사안에 대해 이루어지므로 다른 한편으로는 다수와 소수가 각각 실현하고자 하는 공익을 의미하는 것이기도 하다.

5번은 그 의사결정의 결과가 정당한가를 묻고 있다. 국민의 대표들이 의안 심의절차에서 평등한 권리를 가지고 참여하여 표결을 한 결과 각각 51:49의 표를 가지지만, 다수와 소수의 공익실현에 기여하는 의사결정에 행사한 영향력의 결과는 100:0이 되었다. 이를 과연 정당하다고 볼 수 있는가? 고전적 의회주의 상황과 현대적 의회주의 상황의 차이점과 괴리는 바로 이처럼 의회의 의사결정에 다수결 원리를 적용할 때 나온다.

그래서 6번은 그 결과가 왜 정당한지 혹은 왜 정당하지 않은지를 각각 설명한다. 고전적 의회주의 상황에서 다수의 의사란 어느 한 의안에 대하여 그때그때 '잠정적(=1회적)'으로 형성되는 것뿐이고, 본질적으로 모든 의원은 독립적인 개인들이다. 또한 최종 표결결과인 다수와 소수의 51:49라는 숫자는 심의과정에서 충분한 토론을 통해 합리적 설득이 이루어진 결과로 이해된다. 따라서 이러한 경우에 다수결은 의사결정의 수단으로 매우 적합하고 또 그 정당성을 얻는다. 우선 합리적인 개인들간에 토론을 통한 합리적 의사형성의 기회와 절차가 충분히 보장되었고, 실제로 그러한 형성이 이루어졌다고 볼 수 있기 때문이다. 따라서 다수의 의견은 질적인 우위를 가지는 것으로 인정된다. 또한 한 사안에서 49의 소수가 불이익을 얻지만 다음 사안에서 불이익을 얻는 소수인 49는 앞의 49와는 또 다른 이들이기 때문에 항구적으로 불이익을 얻는 이들은 없다. 그들은 이익과 불이익의 분배라는 점에서도 모두 평등하다. 따라서 그들은 매회 의사결정시마다 다수결의 결과에 승복해야 하고 또 그것이 정당하다.

그러나 현대의회주의 상황에서는 다수파가 언제나 표결에서 승리를 거두고 소수파는 언제나 패배하게 된다. 그리고 그들의 이익배분인 100: 0의 결과는 의원의 임기내내 지속된다. 앞에서 고전적 의회주의 상황에서는 매 사안마다 불이익을 받을 소수가 달라졌지만 정당민주주의 하에서는 대체로 정당간 이념 차이로 인해 불이익을 받는 소수파가 고정되기 마련이다.(시간적 지속성) 정당기속에 따른 표결경향은 이러한 불이익을 더욱 명확하게 정당간 선으로 구분하게 한다. 또한 다수파와 소수파 의원들은 의안심의권을 가지고 평등하게 절차에 참가했지만 각자의 의견을 진술했을 뿐 설득의 기제가 작동하지 않기 때문에 최종 결정에는 반영이 되지 않는다. 따라서 의안심의권은 형식화되고 토론은 큰 의미를 가지지 못한다. 이 연구는 바로 이 부분에 다수결에 의한 의사결정을 언제나 무조건적으로 정당하게 볼 수 없는 문제점이 있다고 본다. 그 이유는 정당이 의회정치과정에 개입함으로써 다수파와 소수파의 구분은 강한 균열선을 가지게 되었고 다음 선거에 의해 다시 다수파와 소수파가 바뀔 때까지 그들은 임기동안 고정되어 있다. 따라서 이들의 투표성향은 거의 바뀌지 않고, 다수파는 표결에서 언제나 승리할 수 있기 때문에 토론에도 실질적으로 임하지 않는다. 이러한 변화로 말미암아 의회의 심의절차는 더욱 형해화 될 위험에 처해지고 결국 의회의 표결절차는 단순히 수의 횡포를 행사하는 장에 지나지 않게 되어 본래 고전적 의회주의가 상정했던 절차적 정당성을 지니지 못하게 되는 것이다.

그러나 소수파 49도 엄연히 국민이 선출한 대표이다. 그런데 다수결에 의한 의사결정을 반복할 경우 임기동안 그들은 이론상 단 한 차례도 의사실현의 결과를 얻을 수 없다. 따라서 이론적으로만 본다면 극단적인 정당기속투표를 전제할 때 소수파는 임기동안 국민대표의 역할을 단 한 차례도 수행할 수 없다는 결론에 이르는 것이다! 이러한 상황은 헌법이 상정해 온 의회주의적 국가의사결정과정에 합치하지 않는다. 따라서 이러한 결과가 단지 다수결에 의한 의사결정이라는 사실만으로 정당화될 수는 없는 것이다.

7번은 이러한 부당한 결과에 대한 소수파의 대응을 나열한 것이다. 바로 여기에 의사진행방해의 진정한 기원이 있다고 할 수 있다. 소수파는 이러한 불리한 상황에 직면하여 다수결 원리의 지배가 가져오는 결과에 저항하고자 했던 것이다. 소수파는 언제나 다수결의 희생자일 뿐이기 때문에 표결을 회피하려는 전략을 구사하고자 하였다. 그 수단으로서 소수파는 가장 온건한 방법인 '합법적 의사진행방해'로부터 가장 강도 높은 '무장투쟁'까지 다양한 방법을 선택할 수 있다. 그러나 무장투쟁은 헌법질서가 용인하는 바가 아니어서 수단적 정당성이 없고 바람직하지도 않을 것이다.

8번은 이러한 현대 의회주의의 작동상황에 대한 이해를 바탕으로 다수파가 소수파의 부당한 처지를 이해하고 의사결정과정에서 행사하는 다수파의 영향력을 소수파에게 일부 나누어주려는 개혁을 하려고 할 때 7번의 수단들 중 어떤 수단을 택하는 것이 바람직한지를 묻고 있다. 소수파로서는 선택가능한 것들 중 가장 덜 폭력적이어서 부담이 적은 의사진행방해를 택하는 것이 좋은 선택일 것이다. 그리고 그 중에서도 가중다수 요건을 갖추도록 하여 그 요건에 따른 일정한 수(예컨대 2/5) 이상을 점하는 소수파에 한해서만 보호를 주는 것이 다수결 원리와 가장 조화되기가 쉬울 것이다. 이러한 방식의 개혁을 통해 소수파의 의사절차에서의 의사결정력은 상당한 정도로 보호되게 된다. 따라서 가중다수 토론종결제도는 "다수의 양보"를 제도화한 것으로 볼 수 있다.

9번은 시정된 가중다수 토론종결제도를 가진 의사진행방해제도에 의해 보완된 의사절차를 거친 의사결정 결과를 나타내준다. 물론 70:30은 임의적으로 상정한 숫자이다. 그것이 80:20이 될지 70:30이 될지는 다수파와 소수파의 합의에 의해 정해지는 규칙에 따라, 그리고 그 규칙에 따른 다수파와 소수파의 구체적인 행동에 따라 달라질 것이다. 여기서는 이해의 편의를 위해 잠정적으로 70:30을 바람직한 수치로 설정해 보았다. 여기서 중요한 것은 소수파에게 힘을 실어주는 것이 다수지배(majority rule)를 소수지배(minority rule)로 대체하는 것이 되어서는 안된다는 것이다. 즉 100:0이 0:100으로 역전되는 일이 발생되어서는 곤란하다는 것이다. 다수지배를 소수지배로 대체하는 것은 아무 실익과 정당성이 없으며 오히려 더 상황을 악화시킨다. 따라서 소수에게 힘을 실어주되 다수지배의 기본틀이 유지되는 범위내로 제한하는 것이 중요하다. 그러한 제한범위를 수치로 70:30으로 제시해 본 것이다. 이것은 의사진행방해가 무한정 허용되어서는 안되며 일정한 제한이 필요하다는 것을 의미한다. 이러한 조정을 통해 이제 의회 의사절차는 다음과 같은 변화된 의미를 지니게 된다: 소수파에게 시간적 압박을 가할 수 있는 제도를 보장하여 힘을 실어줌으로써 형식화되었던 그들의 의안심의권은 이제 다시 실질적인 힘과 의미를 가지게 되어 다수와의 타협과 조정 과정을 통해 소수파의 의사가 최종적으로 반영될 수 있게 되었다. 따라서 형해화되었던 소수파 의원들의 국민대표기능도 회복되게 된다.

10번은 의사진행방해제도에 의해 의사절차를 보완하는 것에 대한 정당화의 이론근거를 제시하고 있다. 물론 왼쪽에는 본래 고전적 의회주의의 의사절차를 정당화하는 이론이 제시되어 있다. 그것은 의회주의의 핵심을 토론과 공개성으로 보고 그러한 심의 과정을 거쳐 궁극적으로는 의사결정을 진리의 발견과정으로 보는 이론인 것이다. 따라서 의원 개개인은 탁월한 능력을 가진 이를 선출하는 것이 중요하고 이들은 이러한 자신의 능력을 바탕으로 합리적인 토론을 해 나갈 것이고 그 과정을 통해 진리를 발견

할 것이다.[79] 그러나 국가의사결정과정을 진리발견으로 이해하면 진리에
는 타협이 있을 수 없으므로 가능한 결과는 하나만이 있어야 한다. 따라서
토론을 통해 진리가 드러나고 다수결을 통해 그것이 확인되는 것으로 보
는 것이다.

한편 의사진행방해제도에 의한 보완을 옹호하는 이론으로는 갈등이론
과 다원주의가 제시될 수 있다. 다원민주주의는 상대적 세계관을 가진 정
당들의 경쟁을 인정하고 그들이 각기 주장하는 국가이익을 모두 가능한
것으로 인정한다.[80] 또한 갈등이론은 이익갈등을 정치의 중심으로 끌어들
이므로 이에 의하면 의회의 심의절차는 이익조정의 장이 된다.[81] 이들은
모두 정당간의 이익조정을 긍정한다. 진리에는 타협이 없지만 이익은 타
협이 가능할 것이므로 공익실현에 대한 타협도 당연히 가능할 것이다. 현
실적으로 보더라도 100억의 예산을 A사업에 쓸 것인지 B 사업에 쓸 것인
지를 결정하는 문제나, C사업에 100억의 예산을 배정할 것인지, 80억의
예산만을 배정할 것인지와 같은 문제가 진리발견의 문제라고 보기는 어렵
다. 이러한 문제들은 모두 상황에 따른 이익조정의 문제라고 볼 수 있을
것이다. 따라서 정당간의 주고받기가 심의절차에서 일어나는 것을 부정적
으로 볼 필요는 없다고 생각한다. 고전적 의회주의에서 토론을 통한 진리
발견과정으로 이해되던 심의과정은 현대적 의회주의에서 다양한 갈등의
조정과 타협이 일어나는 장이자 다원적 세력사이에 이익의 조정과 배분을
유도하는 장으로 보다 폭넓게 이해될 수 있다.

또한 다수파와 소수파간의 이러한 역관계의 조정은 드워킨이 말하는
'동반자 민주주의 이론'에 의해서도 지지가 가능하다. 드워킨은 다수제 민

---

79) 칼 슈미트는 기조(François Pierre Guillaume Guizot)를 그러한 이론의 대표적 이
  론가로 설명하고 있다. 카를 슈미트, 앞의 책, 나종석 옮김 (2012), 94-104쪽.
80) 한스 켈젠, 民主主義의 本質과 價値, 韓泰淵 譯 (1958), 隆宇社, 113-120쪽.
81) 샤츠슈나이더 지음, 절반의 인민주권, 현재호·박수형 옮김 (2008), 후마니타스,
  65-135쪽.

주주의와 동반자 민주주의를 대립시키면서 동반자민주주의는 다수파와 소수파 모두를 민주주의 과정의 동반자로 여기므로 상호존중해야 하고 또한 동등한 동반자 개념을 실현하기 위하여 소수에 대한 보호와 배려가 필요하다고 주장한다. 모든 의사결정을 다수결로 하는 다수제 민주주의보다는 동반자 민주주의가 의사결정 참여자 모두에게 질적으로 좀 더 나은 결과를 가져온다고 주장하는 것이다. 드워킨은 그러면서 동반자 민주주의를 실현하는 제도 중의 하나로 의사진행방해제도를 들면서 이것은 성급한 다수결 입법으로부터 소수자를 보호하고 또 소수파가 꼭 보호해야 한다고 믿는 근본적 이익을 다수파가 무시하고 마구 나아가지 못하도록 하는 목적에 유용하다는 점에 동조하는 견해를 보이고 있다.[82]

소수의 보호와 다수의 견제라는 헌법이론 역시 이러한 조정을 정당화하는 근거로 원용될 수 있다. 임기동안 의사결정 결과를 좌우할 세력관계의 변화가 일어나지 않으므로 임기동안 성급한 다수의 결정을 견제하고 제어할 힘은 의사절차 내에 존재하지 않게 된다. 이렇듯 의사결정이 다수의 횡포에 의해 이루어지는 것은 권력통제의 측면에서 문제가 있다. 고전적 권력분립에 따른 삼권분립은 시대가 변하면서 사법심사를 제외하고는 더 이상 권력통제적 측면에서 큰 의미가 없어졌다. 의회와 행정부 사이에 상정되었던 견제와 균형의 선은 이제 여당과 야당사이에 그어져 있는 선으로 옮아갔다. 야당에 의한 여당의 견제야말로 이제 가장 강력하고 실질적인 권력통제수단이라고 할 수 있다. 따라서 의사결정과정에서 일정한 규모의 소수에게 힘을 실어주는 것은 역관계의 재균형을 달성할 수 있게 하여 견제와 균형을 통한 권력통제측면에서 정당화될 수 있다.

---

82) 로널드 드워킨, 민주주의는 가능한가, 홍한별 옮김 (2012), 문학과 지성사, 170-208쪽.

라. 소수보호의 원칙과 평등원칙

소수에 대한 보호의 문제는 차별의 배제를 핵심으로 하므로 결국 다수와 소수의 평등의 문제라고 할 수 있다.[83] 따라서 소수보호의 이론의 근거는 평등원칙(헌법 제11조)에서 찾을 수 있다.

소수자의 개념에 대하여는 첫째, 다수자에 대한 관계에서 사회의 중심 세력 밖에 위치한 집단이고, 둘째로 집단의 양적인 숫자는 소수자의 개념을 결정하는 데 중요한 요인이 아니고 질적, 사회적 개념이라고 한다.[84] 예컨대 여성의 경우에 남성집단과 수적으로 대등하더라도 역사적, 사회적으로 차별을 받아왔다는 사실을 고려하면 소수자 집단으로 인정될 수 있다는 것이다. 그러나 이것은 기본적으로 구성원 숫자의 많고 적음에 의한 수적 개념에 기초하되, 다양한 판단기준에 따른 질적 개념을 추가할 수 있는 것으로 이해해야 할 것이다.[85] 따라서 이를 의회내 의사결정과정에 적용할 경우에는 수적 개념이 중요할 것이다. 왜냐하면 의회내 의사결정과정에서는 기본적으로 다수결의 원리가 지배하고 교섭단체의 인정에 있어서도 소속의원의 수가 기준이 되므로 의회내 다수와 소수의 결정 기준은 수적 개념이라고 할 수 있기 때문이다. 따라서 의회내 다수와 소수의 결정은 다른 사회집단의 경우와 달리 그 수에 의한 양적인 기준에 따라 쉽게 결정할 수 있다.

이러한 소수에 대한 보호는 평등원칙의 일반론에 따라 의회내 의사절차에서 가지는 권한의 기회균등과 차별금지, 그리고 실질적 평등에 의한 적극적 실현조치로 이해될 수 있다. 다수파와 소수파에게 동등한 권한의 보장은 기회균등의 측면에서 매우 중요하다. 그러나 심의와 표결권의 동등

---

83) 李琄渶 (2007. 9), "대의제민주주의에서 소수자 보호의 헌법적 의의와 구조", 서울대학교 法學, 제48권 제3호, 163-164쪽.
84) 李琄渶 (2007. 9), 위의 글, 164쪽.
85) 이준일 (2014), "헌법과 소수자 보호", 안암법학, 43권, 3쪽.

한 권한의 보장도 다수결에 의한 의사결정절차가 다수의 횡포로 흐를 때에는 소수의 권리에 대한 실질적인 보호에 충분하지 않게 된다. 다수결 원칙을 기본적 작동원리로 삼고 있는 대의민주주의에서 국민의 기본권 보장에 의해 소수를 보호함과 동시에 적극적 평등실현조치가 가능한 것과 마찬가지로, 의회 의사결정 과정에서도 동등한 권리보장과 아울러 소수에 대한 적극적 보호조치가 가능하고, 실질적 평등의 원리에 의해 이러한 소수의 보호조치는 헌법적으로 정당화될 수 있는 것이다. 따라서 의사진행방해제도는 이처럼 의회내 의사결정과정에서 다수의 횡포를 방지하고 다수파와 소수파간에 실질적 평등을 도모하기 위한 소수보호조치로 이해될 수 있다.

마. 수의 논리와 대표성

이처럼 소수파가 보호받아야 하는 근거는 그 수(數; number)와 대표성(representation)에 있다고 할 수 있다. 헌법은 대표에 의한 의사결정을 인정하여 의회주의를 국가의사결정의 기본원리로 채택하고 있다. 그런데 오늘날 국민대표기관인 의회는 정당으로 인하여 다수파와 소수파로 나누어져 있다. 다수파든 소수파든 모두 국민의 대표로서 국가의사를 결정하는 데 기여해야 할 헌법상의 권한과 의무를 가지고 있음은 의심의 여지가 없다. 그러나 정당기속이 강하게 작용하는 상황에서 다수결의 원리에 따라서만 의사결정을 할 경우에는, 소수파가 표결참여 기회를 보장받더라도 언제나 의사결정의 결과에 그 실질적 크기가 반영되는 것에 실패함으로써 만족스러운 결과를 얻을 수 없게 된다. 그러한 결과가 1회적이 아니라 임기동안 항상적인 사태라면 그것은 그들의 국민대표로서의 역할을 못하게 하는 것이 되어 부당하다. 대표로서의 그들의 수가 49/100로 무(無)가 아닌데 그들의 의사결정 영향력은 무(無)=0/100인 사태는 장기적으로 용납되기 어려운 결과이다.

수가 아무것도 아닌 것이 결코 아니고, 수적 비례가 대표제 민주주의의 기본전제이므로 이러한 결과는 보다 더 심각하게 받아들여져야 한다. 수적 논리를 통하여 이러한 결과가 나왔기 때문에 이러한 결과의 시정도 역시 수의 논리를 통해 할 수 있는 방법이 있다면 바람직할 것이다. 수의 논리에 의해 상실된 영향력을 수의 논리에 의해 일정부분 회복시켜 주는 것이다. 가중다수는 이런 측면에서 수를 이용한 소수보호장치의 수단이 된다.

바. 의사진행방해의 순기능과 역기능

의사진행방해를 통한 의사절차에서의 세력관계의 이러한 조정이 다수결의 원리가 가져오는 부당한 결과를 시정하는 긍정적인 기능을 할 수 있음을 앞에서 살펴보았다. 그러나 이것이 곧 다수결의 원리가 위헌이라는 것을 의미하진 않는다는 점을 주의해야 한다. 이는 형식적 평등과 실질적 평등의 관계와 유사하다고 볼 수 있다.

형식적 평등은 평등원리의 가장 기본적인 구현 형태이다. 다만 기회균등이라는 형식적 평등의 논리를 그대로 관철했을 때 부당함이 있는 상황이 있을 수 있고 그러한 상황에 한하여 결과의 평등을 도모하는 조치를 취하는 것이 평등에 어긋나는 것이 아니고 오히려 실질적 평등의 구현에 적합하다는 것이 실질적 평등의 이론이다. 이는 적극적 평등실현조치로 표현된다. 적극적 평등실현조치는 역사적으로 차별을 받아 온 특정집단에 대하여 차별로 인한 불이익을 보상해 주기 위해 그 집단의 구성원에게 일정한 이익을 부여하는 정책을 말하고, 이는 기회의 평등보다는 결과의 평등, 실질적 평등을 추구하는 정책이며, 개인보다는 집단에 초점을 맞추어 시행되고 구제목적을 달성하기 위해 잠정적으로 시행되는 조치이다.[86] 따

---

86) 성낙인 (2014), 헌법학, 제14판, 법문사, 1022-1023쪽.

라서 실질적 평등은 형식적 평등을 배척하지 아니하고 오히려 그것을 보완하는 조치인 것이다.

대의민주주의에서 의사결정방법은 다수결의 원리를 기본으로 한다. 의회내 절차 운영에서도 그러한 다수결의 원리는 의사결정의 가장 기본적인 원리로 놓인다. 그러나 그것을 형식적으로 관철했을 때에는 표결결과가 언제나 다수파에게만 유리하게 되어 심의과정이 형해화되고 소수파가 배제되는 부작용이 초래될 수 있다. 그러한 상황에서 소수파에게 부당한 결과를 실질적으로 보정해 주고자 하는 장치로 활용할 수 있는 것이 의사진행방해제도인 것이다. 따라서 의사진행방해제도는 다수결이 가져올 수 있는 폐해의 시정을 가능하게 해주는 제도이다. 일정한 수 이상의 소수파에 실질적인 힘을 실어 주어 소수파의 의견이 공허한 의견개진만으로 끝나지 않고 실질적인 의사실현의 결과를 얻을 수 있는 기회와 수단을 보장해 주려는 것이다. 이러한 제도는 다수결을 보완하는 것이지 다수결을 배척하거나 다수결에 대립되는 것이 아니다. 그런 의미에서 그것이 다수지배를 소수지배로 전환시키는 정도에 이른다면 그것은 다수결에 대한 보완의 한계를 넘어서는 것이 될 것이다. 소수파에 대한 배려로 주어진 의사진행방해의 권리가 무한정하게 사용될 수 있거나 그 효과가 너무 큰 경우에는 소수파가 그러한 권리를 남용하여 소수지배전략을 구사할 가능성이 높게 된다. 따라서 의사진행방해를 제도화함에 있어서는 다수의 지배 원칙을 저해하지 않는 한도 내에서 소수의 보호를 가능하게 하도록 하여 그 순기능을 최대화하면서 역기능을 억제할 수 있는 적절한 방식과 범위를 찾는 것이 중요할 것이다.

사. 소결

의사진행방해는 의회의 의사결정과정에서 언제나 일어날 수 있지만 그것이 정당화되는 것은 정당의 개입을 통해 다수파와 소수파로 분기된 현대 의회주의의 상황으로부터 나온다. 정당기속을 통한 표결경향으로 인해 의회의 의사결정과정이 다수파의 수의 횡포에 의해 지배되고 심의과정이 형해화될 가능성이 높아졌기 때문이다. 따라서 역으로 소수파의 수에 일정도 상응하는 의사결정과정상의 영향력을 회복시켜 의회의 의사결정절차를 정상화시킬 필요성이 생긴다. 따라서 의사진행방해는 최종 표결을 시간적으로 지체시키고 의사진행을 방해함으로써 다수파에게 시간적 압박을 가하려는 소수파의 행동전략이다. 이것은 소수파로 하여금 이러한 시간적 지체를 수단으로 다수파에 대해 의사결정상 일정한 양보와 타협을 이끌어 낼 수 있는 여지를 만들어준다. 따라서 의사진행방해제도는 그러한 다수파에 대한 양보의 압력을 가할 수 있는 절차상의 권리를 소수파에게 부여하여 제도화한 것이다.

그러나 그것이 다수결 원리에 대한 부정으로 이해될 수는 없다. 그것은 본래 소수파가 수행해야 하는 국민대표로서의 의사결정상의 역할을 변화된 현대의회주의 상황에서도 충실히 수행할 수 있도록 제도적으로 보완해주는 정상화적 기능을 하는데 불과한 것이다. 정당의 개입에 의해 작동하는 현대 의회주의의 상황은 다수결에 의한 의사결정 방식의 한계를 노출시켰고, 소수파의 수(number) 즉 소수파가 대표하는 그 크기를 다수결에 의한 의사결정의 결과에 전혀 반영할 수 없도록 만들었다. 이는 소수파가 국민대표로서 기능할 수 있는 여지를 매우 협소하게 만드는 상황이다. 따라서 이러한 의사결정상의 결과의 부당함을 시정하기 위해 의사진행방해제도는 다수파의 양보를 지시하고 또한 그것을 얻을 수 있는 수단으로 소수파가 시간적 압력을 사용할 수 있도록 제도화한 것이다.

의사진행방해제도는 다수결 원리가 가지는 긍정적 기능을 인정하는 전제 위에서 그것이 가져오는 부당한 측면을 시정하기 위한 제도로서, 이를 통해 소수파에게 단순한 토론참가기회를 제공하는 것에 그치는 것이 아니라 그들의 의사가 실질적인 의사결정결과에도 반영될 수 있도록 다수파와 소수파간의 합의를 유도하는 기제로서 작용한다. 이를 통해 소수의 보호와 다수의 견제라는 헌법 원리는 실현될 것이다. 따라서 의사진행방해는 권력통제라는 헌법 원리의 측면에서도 사법심사와 함께 입헌주의와 의회 민주주의를 떠받치는 중요한 중심축의 역할을 할 수 있는 제도라고 할 것이다.

(2) 의사진행방해의 제도화와 그 한계

가. 토론종결제도의 의의

의사진행방해가 처음부터 하나의 제도로 출발한 것은 아니었다. 의사진행방해는 애초에 토론시간 제한규정이 없는 초기의 의사규칙 상태에서 시작된 하나의 관행과 같은 것이었다. 따라서 무제한 토론을 통한 의사진행방해의 초기형태는 소모전(attrition) 게임이었고 다수파와 소수파 모두에게 물리적, 심리적 부담을 안기는 전투였다. 따라서 이에 대한 사용이 전반적으로 회피되었고 다수파에게도 소수파에게도 부정적 인식을 주었던 점이 이해될 수 있을 것이다. 그러나 토론종결의 제도화(1917년)는 초기의 의사진행방해와는 아주 다른 성격을 이 제도에 새로이 부여했다. 그리고 이 시도는 현저히 소수에게 유리한 위치를 부여함으로써 이 제도를 소수의 보호를 위한 제도로 만들었다. 어떻게 그것이 가능하게 되었을까? 그것은 다음과 같은 방식을 통해서 일어날 수 있었다: 의사진행방해의 발전과정에서 버티기 소모전에서 토론종결게임으로의 변화(from attrition to cloture)는 다수파 양보의 지시기능을 일정규모 이상의 소수파의 수(number)로써 분명히 표현하였다. 이는 예측가능성과 타협가능성을 제고시켰고 의사진행방해의 주체를 가중다수요건의 형태로 표현함으로써 잠정적으로 (소수파) 정당으로 규정하고 그러한 소수파에게 '다수파에 대한 양보의 압력'을 권리로서 허용하여 의사진행게임을 효율적으로 수행할 수 있도록 만들었다.

		소 수 파	
		유화 30	강경 0
다 수 파	유화 70	가중다수 토론종결제도 (cloture)	
	강경 100		소모전 (attrition)

〈그림 3〉 제도적 소수보호장치로서 의사진행방해제도의 발전

(i) 불확실성 게임에서 확실성 게임으로

(from uncertainty to certainty)

소모전에서 토론종결(from attrition to cloture)로의 제도적 발전의 의미
는 엄청나다. 이 점이 특별히 상세히 설명될 필요가 있다. 가중다수 토론
종결제도는 버티기에 의한 소모전이 가지지 못하는 장점을 가지고 있다.
물론 토론종결도 토론종결에 필요한 필요정족수를 얻는 데 실패했을 때에
는 무제한 토론이 계속되므로 이론상 소모전 양상이 그 배면에 전제로 깔
려 있다. 따라서 토론종결제도가 완전히 소모전 양상을 배제하고 전적으
로 다른 제도내용을 가지는 것은 아니다. 그러나 실제로 소모전과 토론종
결제도는 엄청난 차이를 가지고 있다. 그것은 토론종결제도가 가지는 "정
보효과" 때문이다.[87] 이 점을 이익의 합이 100인 단순모델을 가정하여 두
게임의 양상을 비교설명하면 이해하기가 쉬울 것이다.

2014년 현재 미국의 토론종결제도는 그 가결에 필요한 요건으로 상원전

---

[87] 토론종결제도가 가져다 주는 정보효과를 강조한 것은 와우로와 쉬클러의 공동연구
이다. Gregory J. Wawro and Eric Schickler (2006), Filibuster : Obstruction and
Lawmaking in the U.S. Senate, Princeton, N.J.: Princeton University Press,
34-38쪽.

체의석의 3/5의 지지를 요구한다. 이처럼 숫자로 명확한 문턱이 제시되어 있기 때문에 다수파가 그것을 넘는 지지를 확보하지 못할 것이 예상된다면 다수파는 미리 유화적인 태도로 약한 법안을 제출하거나 법안 제출 후 협상에 적극적이 된다. 혹은 법안 상정을 단념하게 된다. 즉 다수파는 처음부터 일정부분 양보해야 할 상황임을 알고 그렇게 행동하게 되는 것이다. 2/5를 넘는 규모의 소수파가 감행하는 소모전이 끝나기를 기다리는 것은 상당히 어리석고 비용이 많이 드는 일이기 때문이다. 또한 소수파로서도 2/5를 넘는 지지를 확보하지 못할 경우에는 아예 의사진행방해를 시도하지 않지만 그것을 넘는 지지를 확보할 수 있을 경우에는 원하는 만큼을 얻기 위해 의사진행방해의 위협을 가할 것이다. 그러나 그 경우에도 소수파는 정책을 주도하는 입장이 아니므로 상대방이 제시한 법안에 대해 부분적인 이익방어만을 시도할 것이다. 이로써 다수파와 소수파의 잠정적인 이익배분치를 70:30으로 상정해 볼 수 있을 것이다. 물론 여기의 이 70:30이라는 수치는 다수파와 소수파의 크기를 고려하고 이해의 편의를 위해 설정한 임의적인 숫자이다. 이 경우 다수파와 소수파 모두 협상에 유화적이며 3/5이라는 토론종결 문턱의 존재로 인해 의사진행방해와 토론종결 각각의 성공·실패 가능성에 대한 명확한 정보를 얻게 되어 불필요한 대결을 감행하지 않고 유화적인 방향으로 조기에 분명한 태도를 정하게 된다. 토론종결제도의 테두리 안에서 의사진행방해 게임의 결과는 의사진행방해의 위협을 통해 유화적인 타협으로 끝났다. 그리고 이는 거의 전적으로 3/5이라는 문턱이 다수파와 소수파에게 각각의 세력의 크기를 가늠해 볼 수 있는 명확한 정보를 제공해주기 때문이다. 이를 통해 토론종결제도하에서 의사진행방해게임은 그 수(數)에 의해 승패가 명확한 게임으로 변화되었다. 예컨대 토론종결 동의를 여러 번 제기하는 경우에 다수파는 토론종결 표결에 나타난 표수를 통해 소수파의 결의나 집단 규모의 정도와 변화를 살피는 것이 가능하고 이러한 정보를 바탕으로 소수파에 대한 행동을 결정할 수 있는 것이다.

　반면 소모전의 경우는 그렇지 못하다. 소모전 방식의 의사진행방해게임에서는 상대방을 이길 수 있을지에 관한 정확한 정보를 알기가 힘들다. 와우로와 쉬클러의 공동연구는 토론종결과 같은 명확한 문턱이 없는 소모전 상태에서 토론을 종결시키려면 방해 혹은 방해의 분쇄에 대한 "결의의 정도(resolve levels)"와 그러한 수행에 드는 비용(costs)을 감당할 수 있는 능력(ability)이 결정적인 관건이 된다고 본다.[88] 따라서 상대방에 대해 이러한 결의의 정도와 비용부담능력에 대한 정보를 얻는 것이 중요한데 소모전 구도에서는 실제 소모전 전투에 들어가 보기 전에는 상대방에 대한 정보를 알아내기 어렵기 때문에 사전에 의사진행방해나 방해의 저지를 결의하는 의사결정을 하기가 어렵다고 주장한다. 이론상 만약 이러한 것들에 대한 완전한 정보(complete information)가 주어진다면 의사진행방해는 처음부터 일어나지 않을 것이다. 왜냐하면 의사진행방해는 양측 모두에게 비용이 드는 행동인데, 상대방과 자기편에 대한 정보가 완벽하다면 무엇을 해야 할지 명확해지기 때문이다. 만약 소수파가 자신들의 의사진행방해가 실패할 것을 안다면 그들은 의사진행방해를 하지 않을 것이다. 반면 다수파가 상대방의 의사진행방해에 대한 능력이나 결의가 압도적이라는 것을 안다면 그들은 법률안 상정을 포기하고 더 이상 귀한 의사절차시간을 낭비하지 않으려 할 것이다.[89]

　토론종결제도는 이러한 완전정보의 상황에 상당정도 근접한 효과를 가져온다. 반면 소모전 양상은 불완전정보의 상황에 해당한다. 상대방의 결의와 능력에 대한 정보불확실성으로 가득차 있기 때문에 상대방에 대한 정보를 충분히 알기 전까지는 굴복하려 하지 않을 것이다.[90] 불확실하기

---

88) Gregory J. Wawro and Eric Schickler (2006), 앞의 책, 35쪽.
89) Gregory J. Wawro and Eric Schickler (2006), 앞의 책, 35쪽.
90) Gregory J. Wawro and Eric Schickler (2006), 앞의 책, 35-36쪽.

때문에 일단은 강하게 나가는 것이 이득이 되기 때문이다. 포기하면 지는 것인데 상황에 대한 정보가 불확실하면 일단 강하게 나가야 하고 그럴 경우 상대방에게 강한 결의를 가지고 있다는 정보를 제공하는 셈이 되어 오히려 이길 확률이 높아진다. 그러나 상대방도 마찬가지의 행동방식을 취할 것이므로 결국 의사진행방해가 시작되면 게임의 구도는 강 대 강(强對强)이 된다. 다수파가 이기면 결국 최종 표결에서도 승리할 것이므로 100을 얻고 소수파는 0을 얻는다. 그러나 다수파가 소모전에서 이기지 못하면 다수파는 0을 얻게 되고 타협을 이룬 것이 아니어서 소수파도 역시 얻는 것이 없어 0을 얻게 된다. 다수파의 행동을 저지했을 뿐 협상이 없었기 때문이다. 따라서 소모전의 경우는 다수파와 소수파간에 협상을 유도하는 기제가 작동하지 않는다. 다수파는 최종표결에서 언제나 승리할 수 있으므로 만약 소수파와의 합의가 가능하려면 언제나 다수파의 양보(의사)가 먼저 전제되어야 한다. 소모전에서 이러한 다수파의 양보가능성이 발생하는 상황은 회기의 막바지와 같이 다수파에게 시간의 가치가 극히 귀해지는 때뿐이다. 따라서 이런 상황을 제외하고 소모전 양상의 의사진행방해는 소수파에게 그다지 유용한 도구가 되지 못한다. 단지 소모전 게임을 진행해나가면서 상대방의 능력과 결의정도를 파악하게 됨으로써 사후적으로 어느 정도 타협의 여지는 발생할 수 있다. 그러나 토론종결제도에서 보는 바와 같이 사전적 예측에 의한 타협의 여지는 거의 존재하지 않는다.

이러한 분석은 실제 미국 상원에서 토론종결제도가 도입된 후 오히려 장기적으로는 의사진행방해의 빈도가 증가한 것을 설명해준다. 게임의 구도가 양자 모두에게 예측가능성을 부여하여 보다 수행이 손쉬워졌을 뿐만 아니라 그것은 특히 일정문턱 이상의 규모를 가지는 소수파에게 더욱 유리하게 되었다. 따라서 소모전에서 토론종결로의 변화는 의사진행방해를 '인내의 게임에서 수의 게임으로(from patience game to number game)'으로 변화시켰고 또한 불확실성 게임을 확실성 게임으로 변화시켰다고 할 수 있다. 이는 의사진행방해의 수행비용을 감소시키고 확실성을 증대시키는 방향으로 제도화한 것으로 이해될 수 있다. 반사적으로 이는 의사진행방해의 사용 가능성을 오히려 증대시켜 토론종결제도의 애초 도입취지인 의사진행방해를 제한하겠다는 목표를 무색하게 만들었다. 토론종결제도의 도입은 애초 의도와는 달리 오히려 의사진행방해를 세련된 형태로 발전시키고 활성화하는 데 일조한 것이다. 그리고 그 함의는 이와 같다: 초기의 의사진행방해행위가 불확실성을 띠고 인내의 게임을 수행하면서 힘들게 다수의 양보를 요구하는 것이었다면, 가중다수에 의한 토론종결제도는 보다 확실하고 손쉽게 다수의 양보를 제도화한 것이라고 할 수 있다.

(ii) 개인 플레이에서 정당 플레이로

토론종결제도를 통해 다수의 양보를 얻어낼 수 있는 권리는 누구에게 보장된 것으로 볼 수 있는가? 이에 대한 답을 위해서는 가중다수요건에 표현된 수치를 해석할 필요가 있다. 가중다수의 규정을 역으로 해석하면 처음에는 상원의원 총투표자의 1/3, 현재는 재적 상원의원의 2/5가 넘는 소수에 대한 보호를 명확히 한 것이라는 해석이 가능하다. 그런데 이러한 규모를 가지는 소수는 단순한 개인들의 집합일 수 없다. 물론 일정 사안별 연합(coalition)을 위해 일부 의원들을 끌어들이는 일은 미국 상원에서 흔히 있는 일이다. 그러나 기본적으로 1/3이나 2/5의 규모는 정당을 전제로 하지 않으면 쉽게 규합하기 어려운 수이다. 따라서 이것은 정당이라는 팀을 주요 행위자로 하고, 그보다 작은 개인들의 군소집합에는 의사진행방해에 대한 보호를 허용하지 않겠다는 일응의 기준제시로 이해될 수 있는 것이다.[91]

---

91) Gregory Koger (2007), "Filibuster Reform in the Senate, 1913-1917", in: Party, Process, and Political Change in Congress, Vol. 2, edit. David Brady; Mathew McCubbins, Stanford University Press, 221쪽.

앞에서 보았듯이 소수파의 보호가 필요한 근거는 그 수이다. 따라서 일정한 수가 확보되지 않으면 소수는 정당하게 보호될 수 없다. 그러한 보호의 근거인 수를 제도 디자인에 반영한 것이 바로 이 가중다수결에 의한 토론종결제도라고 할 수 있다. 그것은 2/5 이상의 규모를 가지는 소수에게 최종적인 의사결정에 대한 영향력을 일정부분 보장하겠다는 선언과 같다.

이와 같이 다수의 양보의 제도화는 가중다수에 의한 토론종결에 의해 제도화되었다. 소모전 양상의 의사진행방해는 소수파에게 회기의 말기와 같은 예외적인 상황이 아니면 큰 도움이 되지 못하였으나, 가중다수 토론종결 제도로 인하여 정보의 지시기능을 통해 상시적으로 다수파의 양보를 유도하는 것이 가능해졌다. 따라서 소모전에서 토론종결로의 제도변화는 의사진행방해의 엄청난 발전으로 평가되어야 한다.

한편 형식적 다수결에 의한 부당한 결과의 시정을 위한 의사진행방해제도의 조정적 기능이란 관점에 섰을 때, 의사진행방해 게임의 정당한 주체는 처음부터 정당일 수밖에 없다. 개인적 플레이어들의 경우에는 다수결에 의한 의사결정의 과정과 결과를 용인하여야 할 의무가 있을 뿐 그 보호를 정당화할 수 있는 근거가 없기 때문이다.(지속적으로 불이익을 입는 소수파가 아니기 때문) 따라서 가중다수에 의한 토론종결의 제도화에 의해 무제한 토론에 의한 의사진행방해는 비록 불충분한 제도적 표현이긴 했지만, 개인플레이에서 정당플레이로 그 성격이 변화되었다고 말할 수 있다.

나. 토론종결제도 하에서 의사진행방해의 수단인 토론이 가지는 의미

가중다수 요건에 의한 토론종결 제도의 도입은 의사진행방해의 역할과 기능을 명확히 해줌과 동시에 그 수단으로서의 토론이 가지는 의미변화를 보여주는 측면에서도 중요한 의미를 가진다. 2014년 현재의 기준으로 재적 상원의원 2/5라는 수(數)를 기준으로 ① 2/5이하의 소그룹에게는 토론종결가결 전까지 필리버스터를 수행할 수 있으므로 토론권을 충실히 보장

한다는 의미를 지니고 ②2/5 이상 1/2 이하의 소수파에게는 토론종결이
이루어질 수 없으므로 무제한토론을 통하여 의사절차를 계속 장악할 수
있게 해준다는 점에서 토론권 보장 이상의 의미를 가진다. 소수파는 무제
한 토론을 계속함으로써 다수파에게 시간적 압력을 가하여 다수파와 소수
파간의 역관계에 변화를 가져올 수 있다. 이를 통해 다수파로 하여금 양보
와 타협에 나서도록 할 수 있어 안건에 대한 최종적인 의사결정에 소수파
의 의견을 반영할 수 있게 되는 것이다. 따라서 이들에게 무제한토론은 토
론권의 충실한 보장이라는 고전적 의회주의의 이념에 더하여 변화된 현대
의회주의의 상황에서 심의과정을 이익의 타협조정의 장으로 활용함으로써
의사결정력을 확보해주는 수단으로서의 의미도 아울러 가진다.

결론적으로 가중다수 토론종결제도의 도입으로 인해 의사진행방해는
토론권의 충분한 보장에 더하여 의사결정력의 보장이라는 측면이 보다 명
확해졌다. 그러나 이는 모두 의회의 심의기능을 충실히 하는 것으로 이해
될 수 있을 것이다.

그러나 의회내의 역관계를 변화시켜 소수파에게 힘을 실어주는 측면이
과도하게 된다면, 의사진행방해의 보장으로 다수 지배가 소수 지배로 바
뀐 것에 불과하게 되는 결과도 초래될 수 있다. 실제로 미국 상원에서 토
론종결이 실패하는 경우에는 소수파에게 유리한 상황이 전개되는데, 이때
소수파가 무제한 토론을 수행하는 비용이 거의 들지 않게 된다면 사실상
무제한 토론은 최종적으로 2/5이상의 소수파에게 언제나 다수파를 이길
수 있는 무기로 전용되게 된다. 1970년대 다중경로 심의제도(multi-track
system)의 채택과 함께 미국에서는 이러한 역기능적 측면이 강화되게 되
었다.

다중경로 심의제도는 의사진행방해제도의 성격을 '소모전에서 토론종결
로' 변화시켰던 것에 못지않게 중요한 변화를 몰고 왔다. 다중경로 심의제
도의 도입으로 다수파가 의사일정의 지체라는 시간적 압박에서 벗어난 것

이다. 그러나 반면 소수파에게는 더 이상 실제 토론이 이루어지지 않아도 방해가 이루어질 수 있게 됨으로써 필리버스터는 토론을 더 하는 제도가 아니라 토론을 안하는 제도로 변화된 것이다. 이제 의사진행방해는 힘든 의사진행방해에서 손쉬운 관념적 의사진행방해로 변화되었다고 말할 수 있는데, 이 때문에 의사진행방해는 오히려 거의 일상화되게 되는 역효과가 초래되었다.

(3) 의사진행방해와 심의 기능의 강화

의사진행방해를 옹호하는 이들은 의사진행방해를 통해 의회의 심의(숙의) 기능을 강화할 수 있다고 본다. 숙의민주주의의 관점에 따르면 다수결에 의한 수의 논리로 결론을 내려버리기보다는 견해의 진정성과 결의에 따라 이해관계를 통합해 나가는 과정을 추구하기 때문에 한 명의 반대자라도 끝까지 발언할 수 있게 해 주는 필리버스터 제도와 잘 부합될 수 있다고 본다.[92] 무제한 토론권을 가지고 있는 미국 상원의 경우를 보면 모든 상원 의원이 이 권리를 무기로 사용할 수 있기 때문에 누구나 중요한 경기자로 나설 수 있고 따라서 의원 모두의 의견을 고려하도록 유도하여 의사진행방해는 양당간의 합의를 이끌어내는데 유용한 기제로 작용한다고 한다.[93] 이를 벨의 연구(2011)에서는 "의사진행방해가 초래하는 지체는 반대자 입장에서 그들의 명분을 위해 정치적 지지를 확인하고 동원할 시간을 사는 것일 수 있지만, 이런 의회 전술을 견디고도 살아남을 만큼 충분히 강한 입법을 하고자 하는 필요 때문에 정치적 적대자들은 더 나은 정책을 창출하기 위해 협력해 일하게 된다"고 표현하고 있다.[94]

---

92) 임성호 (2010), "국회운영과정상 수(數)의 논리와 선호도(選好度)의 논리: 균형적 갈등조정 메커니즘으로서의 필리버스터제도" 의정연구31, 204쪽.
93) Richard A. Arenberg and Robert B. Dove (2012), 앞의 책, 162-164쪽.
94) Lauren C. Bell (2011), 앞의 책, 19쪽.

한편 심의기능의 강화라는 측면에서 본다면 양원제(兩院制)도 그러한 역할을 할 수 있다. 양원제의 논거로는 여러 가지가 제시되지만 의안처리의 신중함과 입법부와 행정부의 대립을 조정하는 역할을 한다는 것이 중요하게 거론되는 것이다.[95)]

양원제는 이처럼 의회의 두 기관의 상호견제를 통해 의안심의 과정의 신중성을 제고하는 것이다. 많은 유럽국가들의 경우 양원제를 채택하고 있기 때문에 이들 나라에서 심의기능의 측면만을 놓고 본다면 양원제에 의해 그 기능이 충족되고 있다고 볼 수 있다. 따라서 양원제 국가들에서 의사진행방해제도의 채택필요성은 낮아진다. 그러나 정당이 적극적인 역할을 하는 정당민주주의에서 양원 모두에 정당이 개입되어 있다면 그러한 평가는 달라질 수 있다. 정부와 양원을 모두 지배하고 있는 정당이 있다면 그러한 경우 정당의 접착력에 의해 권력분립의 기제는 잘 작동하지 않을 것이기 때문이다. 따라서 양원제의 경우에도 의사진행방해제도가 작동할 수 있는 여지가 아주 없지는 않다고 할 수 있다.

양원제와 의사진행방해의 두 가지 기제는 그 작용하는 방식이 같지 않고 기능과 역할이 일치하는 것이 아니라 일부 유사한 기능을 수행하는 것에 불과하기 때문에 일률적인 비교를 하기 어려운 면이 있다. 그러나 의사진행방해는 단원제 의회에서도 다수파와 소수파의 상호견제를 통해 의안심의 과정의 신중성을 제고할 수 있다는 점에서 제도적 비용상의 이점이 있고, 정당의 역할이 강조되는 정당민주주의의 상황에서 소수파의 의사결정에 대한 참여도와 만족도를 높일 수 있다는 점에서 장점이 있다고 생각한다.

---

95) 송석윤 (2008. 12), "양원제의 도입방안에 대한 연구", 憲法學硏究, 제14권 제4호, 韓國憲法學會, 321-322 및 325쪽; 申宇澈 (2013), "'양원제' 개헌론 재고(再考)-헌법연구자문위원회의 최종보고서에 부쳐", 比較憲法史論: 大韓民國 立憲主義의 形成과 展開, 法文社, 286-287쪽.

제5절 미국 의사진행방해제도의 문제점

I. 소수의 지배 우려

단순히 필리버스터의 증가가 문제가 될 수는 없다. 그러나 오늘날 미국에서 의사진행방해 문제에 대한 고민의 출발점은 이것이 너무나 일상화되었다는 것이다. 앞에서 이러한 상황이 초래된 이유는 상원의원들의 개인주의적 성향이나 정당대립 못지않게 제도 그 자체의 변화를 들었다. 바로 1970년대에 맨스필드가 의사일정전체에 미치는 부담을 줄이기 위해 도입한 다중경로 심의제도가 그것이다. 이 제도는 의사진행방해를 힘든 것에서 쉬운 것으로 만들었고, 그 방해와 지체의 효과가 당해 안건에 국한되게 하여 의사진행방해의 개별화를 이룩하였다. 그러나 그로 인해 실행의 부담이 낮아졌기 때문에 의사진행방해의 개별화는 모든 안건에 의사진행방해를 하도록 이끈다.

앞에서 소수보호의 원리가 중요하지만 그것은 어디까지나 다수지배의 원리를 보완하는 한계를 지켜야 하고 그것이 소수지배의 원리로 전도되어서는 안된다는 점을 밝혔다. 미국 의사진행방해제도에서 의사진행방해의 일상화, 개별화, 전면화는 바로 다수지배가 위협받고 소수지배로 변질되었다고 주장될 수 있는 지점이다. 의사진행방해에서 나타나는 소수권리 보호의 이러한 과도함은 다수지배의 회복을 주장하는 거대한 움직임 앞에 놓여 있는데 여기에 의사진행방해의 근거 및 다수지배원리와의 관계를 새롭게 논의해 보아야 할 필요성이 있는 것이다.

Ⅱ. 다수의 지배 주장

미국 상원의 필리버스터 개혁 문제는 결국 상원의 의사결정을 전적으로 단순다수에 맡길 것인가 아니면 그에 다소의 예외를 어느 정도 두어 소수의 의견도 보호할 것인가의 선택의 문제라고 할 수 있다. 그러나 필리버스터의 과도함에 지친 이들은 다수지배의 회복을 부르짖고 있다. 그리고 이러한 움직임은 미국 정치제도 전반에 걸쳐서 민주주의의 부족을 지적하고 다수제 민주주의 요소를 강화하는 쪽으로 개혁을 주장하는 입장96)과 결부되어 더욱 강화되고 있다. 이러한 다수지배의 회복 논리는 상원 규칙의 중요한 개혁 도구인 헌법적 선택안이나 핵선택안의 논리적 바탕이기도 하다. 따라서 미국에서 다수지배의 원리를 주장하는 논리에서는 소수의 보호를 이뤄야 할 필요성이나 여지에 대한 수용이 없다는 것이 큰 문제일 것이다. 전통적으로 미국 상원은 연방제의 기초 위에서 소수의 보호 이념을 이론화 했으나 변화된 상황에서 다수지배의 원리에 대하여 소수 보호를 주장할 이론적 근거가 점점 빈약해지고 있는 것이다. 빈더나 디온이 의사규칙에서 나타나는 소수권리의 근거는 이론적인 것이 아니라 정치적인 것일 뿐이라고 하는 것은 소수보호의 이러한 상황을 잘 보여준다.

따라서 이 논문에서 제시한 바와 같이 정당민주주의 상황에서 소수파를 보호해야 할 필요성이 있다는 이론적 측면이 보완되어야 할 것으로 보인다. 그래야 장래에 충분히 있을 수 있는 핵선택안의 실행으로 인한 파괴적 영향력으로부터 다수지배와 소수보호라는 두 가치의 접점을 찾는 건전한 합의가 가능해질 것이기 때문이다. 현재까지 상원의 규칙개정은 이러한 방향으로 천천히 걸어 왔지만 좀 더 명료한 이론적 기반이 필요할 것이다.

---

96) 대표적으로 미국의 정치학자 로버트 달(Robert Dahl)을 들 수 있다. 로버트 달, 미국헌법과 민주주의, 박상훈·박수형 옮김 (2001), 후마니타스.

Ⅲ. 다수지배와 소수보호의 조화

다수지배와 소수보호를 조화한다는 관점에서 미국 상원의 의사진행방해의 역사적 전개과정을 단순화하여 그림으로 그려 보면 다음과 같다.

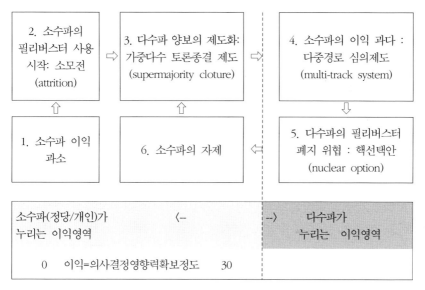

〈그림 4〉 미국 의사진행방해의 역사 조감도

이는 미국 의사진행방해의 역사적 발전과정을 하나의 그림으로 간략히 나타낸 것이다. 먼저 의사진행방해는 소수파가 자신의 이익을 증진시키기 위한 수단으로 이용되었다. 소수파가 얻는 이익은 처음에 매우 적었고, 여기서 이익이란 공익에 대한 의사결정 영향력으로 규정해 둔다. 이익의 총합은 100으로 제로섬 게임상황이다. 따라서 그림의 하단에서 이론상 소수파의 이익 확보정도가 0에 가까운 상황에서 의사진행방해는 출발한다고 할 수 있다. 소수파는 다수파를 상대로 자신의 이익을 늘리기 위해 의사진행방해를 펼칠 것이다.[97] 그리고 자신의 이익을 늘려 나가는데, 여기서는 다수파가 허용하는 소수파 이익확보의 적정선을 잠정적으로 30으로 잡고 있다.

먼저 1에서 소수파 이익의 과소상황은 의사진행방해의 출발점이 된다.

2에서 소수파는 의사진행방해를 하기로 선택하였다. 다수파의 초기 대응형태는 소모전이었고 소모전은 다수파에게도 소수파에게도 모든 힘든 게임이다. 따라서 의사진행방해의 비용은 매우 비싸고 따라서 드물게 사용되었다. 그래서 초기에 소수파의 이익확보선의 전진은 매우 더디다.

3에서 토론을 제한하면서도 다수파 양보의 제도화가 일어난다. 가중다수 토론종결제도가 규정(1917년)된 것인데, 이 제도는 토론을 제한하기 위해 즉 의사진행방해를 제한하기 위해 만들어졌으나 그 제한의 실효성보다는 오히려 역으로 소수파의 의사진행방해수행비용을 낮춤으로써 의사진행방해의 횟수를 증가시키는데 기여하였다.[98] 또한 소수파 보호의 기준선을 명확히 함으로써 종전의 소모전 상황에서 있기 어려운 다수파 양보의 효과를 제도화 하였다.

문제는 3에서 4로 넘어가는 상황인데, 과연 4의 상황을 어떻게 설명할 것인가이다. 소수파보호장치인 필리버스터의 이용이 남용되고 있다고 대부분의 개혁론과 위헌론은 지적하고 있는데 그 근거로 제시하는 것은 대개 필리버스터의 급증하는 빈도이다. 그러나 이러한 급증은 다중경로 심의제도의 도입에 기인한 것이다. 의사진행방해를 개별화시킴으로써 소수파가 그 빈도를 증가시킬 수 있는 환경을 제공해 준 것이다. 아래 <표 2>는 다중경로 심의제도가 도입된 1970년대 초를 기준으로 토론종결 제기건

---

97) Gregory Koger (2010), 앞의 책, 111-112쪽. 1914년에서 2004년까지 법안을 상대로 한 의사진행방해 총903건 중 법안폐기 목적이 523건, 법안수정 목적이 238건으로 가장 많았다고 한다.
98) Gregory Koger, 앞의 책, 35쪽.

수의 급격한 증가를 확인할 수 있다. 여기의 토론종결 제기건수의 증가는 필리버스터의 증가를 의미하는 것이라고 보아도 좋을 것이다. 다만, 다중 경로 심의제도 하에서의 필리버스터는 개별 사안에 대한 것이어서 그 이전의 필리버스터보다는 위력이 약하다는 점을 주의해야 할 필요가 있다.

〈표 2〉 미국 상원의 토론종결 제기 건수 (출처: 미국 상원 홈페이지 [99])

년도	1941-1950	1951-1960	1961-1970	1971-1980	1981-1990	1991-2000	2001-2010	2011-2012
토론종결제기건수	10	2	28	160	195	362	477	115

그런데 여기의 필리버스터 증가분에는 정당뿐만이 아니라 개인적 의사진행방해의 증가분까지 포함되어 있다. 개인들도 보류(holds) 등의 제도를 통해 의사진행방해에 참여하는 비중이 매우 높다.

하지만 의사진행방해제도에서 정당한 보호를 받아야 할 소수파 집단은 정당이라고 할 수 있고, 개인적 의사진행방해는 보호의 필요성이 약하다. 아래 〈표3〉에서 토론종결제도의 가중다수 요건이 토론권을 보호해주고자 하는 정족수 기준 2/5(=40명)를 하회하는 토론종결제기 건수 중 비교적 소규모라고 할 수 있는 25명 이하의 지지표만을 얻은 건수는 전체 건수의 1/3이 넘어 상당한 비중을 차지한다. 이것은 미국 의사진행방해제도의 개혁에서 개인적 의사진행방해를 통제하는 것이 또 다른 과제임을 의미하는 것이다.

---

99) 미국 상원 홈페이지 표결기록 참조: http://www.senate.gov/pagelayout/reference/cloture_motions/clotureCounts.htm

〈표 3〉 최근 10년간 토론종결 표결 건수 및 소규모
(25인 이하)지지를 얻은 필리버스터[100]

	2003-2004	2005-2006	2007-2008	2009-2010	2011-2012	10년간 총계
토론종결 표결회수	49	54	112	91	73	379
의사방해지지 25인 이하	7	26	44	27	34	138 (36.4%)

　　의사진행방해의 지나친 활용에 지친 다수파는 2005년과 2013년 위기에
서 핵선택안의 사용을 공언했었는데, 2013년에만 실제로 그것이 사용되었
다. 앞의 그림 5는 그 부분을 표현한 것이고 그렇게 하여 의사진행방해를
할 수 있는 범위가 줄어들고 소수파는 다소 자제를 하게 되는 6의 상황에
놓이게 되었다.
　　물론 미국의 의사진행방해는 상원의원 개인의 무제한 발언권에서부터
유래하였고 여전히 개인이 의사진행방해에 관여할 수 있는 수단과 기회가
많다는 점에서 정당간 대립을 위주로 해서만 바라보는 관점은 한계를 지
닌다. 그러나 이 글에서는 본래 의사진행방해는 일정한 수의 국민의 의사
를 대변하는 정치적 조직인 정당과 같이 어느 정도 고정되고 일정한 규모
를 가진 집단적 소수에게 인정되어야 그 순기능을 인정할 수 있다고 보고
있다. 미국의 상원에서 보이는 개인주의적 경향은 미국의 연방제 구조에
서 일정한 기능과 역할이 있을지 모르나 의사진행방해의 제도화와 개혁의
방향에서는 긍정적으로 고려될 수 없을 것이다. 따라서 오늘날 미국 의사
진행방해제도는 다수의 지배와 소수의 보호의 적절한 조율이라는 과제와

---

100) 미국 상원 홈페이지 표결기록 참조 : http://www.senate.gov/pagelayout/reference/
　　cloture_motions/clotureCounts.htm

함께 개인적 의사진행방해의 문제까지 아울러 가지고 있는 셈이다. 미국 의사진행방해제도의 이러한 복잡성은 의사진행방해 개혁의 방향에도 상당한 고민거리를 안겨준다.

제6절 이 장의 결론

의사진행방해는 합법적인 의사진행수단을 활용하여 의사결정상의 최종 표결로 나아가는 시간을 지체함으로써 다수파에게 시간적 압박을 가하고 양보를 얻어내려는 소수파의 행동으로 정의될 수 있다.

의사진행방해제도는 국민의 의사가 정당을 매개로 하여 대표되는 변화된 상황하에서 고전적 의회주의의 다수결 원리를 순수하게 관철했을 때 도출되는 부당한 결과를 시정하기 위해 용인된 제도로 가중다수 토론종결제도의 성립에 의해 일정 수 이상의 규모를 가진 소수파에게 제도적인 보호를 규정하였다. 그러한 소수파는 바로 정당일 수밖에 없다.

의사진행방해는 변화된 현대 의회주의의 상황에서 다수결의 문제점을 시정하여 이익의 타협과 조정을 가능하게 하는 심의기능을 강화하는 순기능을 수행하지만 그러한 방해권이 과도하게 보장되거나 남용되게 된다면 이는 다수지배를 소수지배로 바꾸어 의회주의 의사결정절차의 원리를 근본적으로 뒤흔들 수 있다. 가중다수에 의한 토론종결제도에 더하여 이후 다중경로 심의제도의 도입으로 인하여 무제한 토론의 수행비용이 현저히 낮아지는 제도적 변화가 일어나면서, 미국 상원의 경우에는 이러한 역기능적 측면이 강하게 드러나기 시작한 것으로 평가된다. 다수 지배의 원리와 소수 보호의 원리의 적절한 조화를 다시 한 번 모색하는 것이 필요한 시점이다.

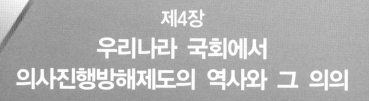

제4장
**우리나라 국회에서
의사진행방해제도의 역사와 그 의의**

제1절 문제제기

2012년 5월의 국회법 개정으로 우리나라 국회법에도 무제한 토론과 가중다수(=재적의원 3/5)에 의한 토론종결 제도가 도입되었다. 이것은 우리나라 국회의 의사절차에도 본격적으로 소수파를 위한 합법적 의사진행방해제도가 도입되었음을 의미하는 획기적인 개정이었다. 물론 그 개정을 통해 도입한 여러 가지 제도들 중 의사진행방해의 경우 그 모델을 미국 상원에서 구했음은 주지의 사실이다. 그러나 그에 대한 평가에 대해서는 찬반이 크게 나뉘고 있고 국회가 공전될 때마다 여전히 논란이 되고 있다.

이 장에서는 먼저 다른 나라의 의회 의사규칙들을 일부 선정하여 조사함으로써 미국과 우리나라 의회에만 한정된 것이 아니라, 전 세계적으로 확장하여 의회 의사규칙의 규율태도를 개괄적으로 이해하려고 시도할 것이다. 여러 나라 의회 규칙들의 조사, 비교는 앞장들에서 수행된 미국 상원과 하원의 의사진행방해제도의 역사와 이론에 대한 비교검증의 의미도 가지고 있다. 다른 나라들과 비교함으로써 미국 상원의 특수성이나 보편적 특질이 보다 일반적인 지평위에서 드러날 것이고, 우리나라에 제도 도입을 논의함에 있어서도 좀 더 확장된 시각을 제공해 줄 것으로 생각한다.

그 다음으로, 우리나라에서 국회법 개정을 통해 의사진행방해제도가 도입되게 된 배경과 그 필요성을 살피고 궁극적으로 이 제도가 우리나라의 의회민주주의 발전에서 가지는 의미를 헌법적으로 조명해 볼 것이다.

그리고 마지막으로는 국회법 개정 조항들의 분석을 통해 새로이 도입된 제도들의 특징이 무엇인지 살피고 다수지배의 원리와 소수권리의 보호를 모두 균형 있게 추구해야 한다는 관점에서 보완해야 될 점을 제안하였다.

제2절 여러 나라 의회법·의회 의사규칙의 비교연구

이 절에서는 미국 상원을 포함하여 여러 나라 의회의 의사규칙을 조사, 검토, 비교함으로써 먼저, 미국 상원 이외에 현재 의사진행방해를 제도적으로 허용하는 나라가 있는지를 확인하고, 둘째로, 미국의 의사진행방해제도 발달의 역사적 경로와 어떻게 다르거나 같은지에 대한 간략한 비교연구를 수행하는 것을 목적으로 하였다. 이러한 비교 연구는 여러 나라 의회들의 의사절차 현황에 대해 개략적인 설명을 제공함과 동시에, 비교를 통하여 미국 상원의 제도적 보편성 혹은 특수성을 좀 더 깊이 이해할 수 있게 될 것이다.

비교의 결과를 미리 간단히 요약하자면, 비교대상 국가들의 의회규칙은 강약의 정도 차이는 있어도 미국 상원과는 대조적으로, 예외 없이 의사진행방해를 억제하고 허용하지 않는 입장을 취하고 있었다. 둘째, 그러나 그러한 여러 의회들도 초기부터 미국 상원의 경우와 다르지는 않았던 것으로 보인다. 그렇다면 무엇이 그 의회들 사이에 현재에 이르는 큰 차이를 만들어 내었는가라는 점에 대한 설명이 제시되어야 할 것이다. 여기에는 앞 장들에서 살펴본 미국 상원의 특수성이 완전히 미국적인 성격의 것이기 때문에 토론종결 제도는 다른 나라에 도입이 될 수 없는 것인가라는 문제의식이 결부되어 있다. 이것은 우리나라가 2012년 미국 상원의 토론종결 제도를 도입하였을 때 가지고 있었던 문제의식이 과연 합당한 것인가라는 문제와 관련될 뿐만 아니라 또한 과연 그것이 우리나라의 구체적인 상황에 적합하게 맞물리는 제도일 수 있는가의 문제와도 관련된다.

I. 비교대상 의회의 선정기준과 조사범위

1. 비교대상 의회의 선정기준

비교대상 의회의 선정기준은 다음과 같이 정하였다

첫째, 의회민주주의 발전의 수준이 상호 유사하면서 민주화된 국가의 의회로 그 대상을 한정하였다. 우리나라 의회의 발전에 도움이 되어야 하기 때문에 우리나라를 기준으로 하지 않을 수 없고, 또한 의사진행방해제도를 갖추고 있는 미국 의회를 역시 기준으로 삼지 않을 수 없다. 따라서 미국과 우리나라를 사이에 두고 유럽, 북미, 동아시아에서 폭넓게 그 대상을 확보할 수 있다.

둘째, 첫째 조건에 부합하는 여러 나라들 가운데 비교의 편의상 지리적 인접성을 고려하여 대상을 제한하였다. 비교적 동일 지역권에 속해 있어야 비교가 더 의미를 가질 수 있기 때문이다. 이러한 고려하에 미국과 발전수준이 비슷하면서 인접국가인 캐나다 의회를, 우리나라와 발전수준이 비슷하면서 인접국가인 일본과 대만의 의회를 조사대상 의회로 선정하였다. 그리고 미국의 의회제도 발전에 직간접적으로 영향을 주고받은 역사를 가진 유럽의 영국, 프랑스, 독일 의회를 조상대상 의회로 선정하였다.

셋째, 이상의 나라들의 의회들 가운데서 비교의 편의를 위해 직접선거에 의해 선출되는 의회만을 대상으로 하였다. 따라서 영국 상원, 프랑스 상원, 독일 연방상원, 캐나다 연방상원은 조사대상에서 제외되었다.

이렇게 하여 결과적으로 우리나라 국회, 미국 상원과 하원, 일본의 중의원과 참의원, 대만 입법원, 영국 하원, 프랑스 하원, 독일 연방하원, 캐나다 연방하원의 10개 의회를 대상으로 선정하고 비교, 검토하고자 한다.

2. 조사범위

우리나라와 일본의 경우는 「국회법」을 가지고 있으나 다른 나라들은 「의사규칙(standing orders)」을 통해 의사절차를 규율하고 있다. 따라서 대부분의 나라에서는 의회에서 독자적으로 정한 의사규칙이 의회의 절차를 규율하는 규범이기 때문에 의사규칙을 조사대상으로 삼았다. 그러나 동아시아 나라들은 대개 국회법과 같이 법률의 형식으로 의사절차가 규율되고 있는 특징이 있다. 그 양자의 차이가 무엇인지 단언하기는 어렵지만, 의회 형성의 역사적 연원과 무관하지 않을 것이다. 우리나라의 경우에도 심의, 표결 등 구체적인 의사절차를 국회법에 규정한 이래(1948년 국회법, 법률 제5호)[1] 계속적으로 그러한 방식을 따르고 있다.

그러나 일본의 경우에는 국회법이 양원을 모두 규율하기 때문에, 중의원과 참의원이 각각 규칙을 채택하여 독자적인 의사절차를 형성하고 있는 특성이 있다. 그리고 대만은 우리의 국회법에 해당하는 「입법원구성법」과 「입법원직권행사법」을 가지고 있지만, 의사절차에 대한 규율은 별로 상세하지 않다. 오히려 좀 더 구체적인 절차는 「입법원의사규칙」에 규정되어 있다. 따라서 일본이나 대만의 경우는 법률만이 아니라 의사규칙까지도 조사대상으로 포함하였다.

---

1) 1948년 국회법은 10월 2일에 제정되었지만, 이미 헌법 제정 이전에 가 효력 상태로 국회법이 제정되어 시행되고 있었다. 다만 헌법제정 이전이라는 이유로 국회 안에서만 통용되는 것으로 하였다. 이영록 (2006), 우리 헌법의 탄생, 서해문집, 97쪽.

Ⅱ. 주요국 의회 의사규칙의 비교: 의사진행방해에 대한 대응 유형

1. 미국 연방상원 의사규칙2)

앞에서 이미 살펴본 바와 같이 그리고 아래에서 보는 바와 같이, 연방상원에서는 의원의 무제한 발언권이 인정되며, 무제한 토론을 종결하기 위해서는 상원의원 전체의 3/5의 동의가 필요하다. 따라서 의장의 권한이 약하고 의원 개인의 권한이 강한 모습이며 토론종결에 가중다수를 요하는 제도를 채택하고 있다.

제XIX조 토론

1. (a) 상원의원이 발언을 하고자 할 때에는, 일어나 사회자를 불러야 하고, 승인이 될 때까지는 발언을 할 수 없다. 의장은 먼저 자기를 부른 상원의원에게 발언을 승인한다. 상원의원은 발언하는 상원의원의 동의 없이는 그의 토론을 방해할 수 없고, 그러한 동의를 얻고자 할 때에는 먼저 의장을 불러야 한다. 그리고 상원의원은 상원의 허가 없이는 토론중인 문제에 관하여 동일 입법일에 두 번 이상 발언할 수 없고, 그 허가여부는 토론 없이 결정된다.

제XXII조 동의들(motions)의 우선순위

2. 규칙 제II조나 제IV조 또는 상원의 다른 규칙에도 불구하고, 상원의원 16인의 서명으로 어떤 조치, 동의(動議), 기타 상원에 계류중인 안건, 미료 사안에 대한 토론을 종결하고자 하는 동의(動議)가 상원에 제출된 경우에, 사회자나 사회자의 지휘에 따라 서기는, 즉시 이를 상원에 알리고, 의장은 하루를 건너뛰고 그 다음날에 회의가 시작된 후 1시간이 될 때 그 동의(動議)를 상정하고, 서기로 하여금 호명하도록 지휘하여 정족수가 확인되면, 토론 없이, 가부의 표결에 부친다: "토론을 종결하는 것이 상원의 의사입니까?"

---

2) 미국 연방상원 홈페이지 참조(http://www.rules.senate.gov/public/index.cfm?p=RulesOfSenateHome : 2014. 7. 20. 검색)

그리고 재적 상원의원 5분의 3의 찬성이 있는 경우 -- 다만, 상원규칙을 개정하는 동의(動議)에 관하여는 출석 상원의원 3분의 2의 찬성으로 결정한다 -- 그 대상이 된 조치, 동의(動議), 기타 상원에 계류중인 안건, 미료 사안은 다 처리될 때까지 다른 모든 사안을 배제하는 미료 사안이 된다.

그 후로부터는 상원의원은 그 조치, 동의(動議), 기타 상원에 계류중인 문제, 미료 사안, 그리고 거기에 대한 수정안 및 수정안에 대한 동의(動議)에 관하여 도합 1시간 이상 발언하지 못하고, 발언하는 상원의원이 시간을 지키도록 하는 것은 사회자의 의무가 된다.

*(밑줄은 필자가 부기)

2. 미국 연방하원 의사규칙3)

제XVII조　예법 및 토론

2.(발언허가) 2인 이상의 의원이 동시에 기립하는 경우 의장은 먼저 발언할 의원을 지명하여야 한다. 본 규칙에서 달리 정하는 경우를 제외하고 어떤 의원도 본회의 또는 공공문제전원위원회에서 의제에 관한 토론시 1시간을 초과하여 발언할수 없다.

제XIX조　수정안 단계에서의 동의(動議)

1.(선결문제동의) (a) 선결문제에 관한 동의(動議)가 있고 그것이 가결된다면, 그 것은 모든 토론을 종결하고 바로 그 문제 혹은 그에 관해 가결된 문제에 관하여 하원이 곧바로 표결하도록 하는 효과를 가진다. 선결문제 동의가 가결된 경우, 그 렇지 않다면 토론할 수 있는 문제에 해당하나 실제 토론은 아직 없었던 경우에는, 40분간 이에 대하여 토론할 수 있고, 그 시간은 당해 안건의 찬성자와 반대자 각 각에게 균등하게 분배·사용되어야 한다. 선결문제에 관한 동의는 하나의 의제, 의 사규칙이 허용하는 여러 개의 의제 또는 단일 수정안이나 복수의 수정안에 관하 여, 또는 모든 승인된 동의나 수정안 그리고 법률안이나 결의안의 가결·채택·부 결을 포함하여 발의·가결될 수 있다.

---

3) 미국 연방하원 홈페이지 참조 (http://rules.house.gov/resources : 2014. 7. 20. 검색). 그리고 번역은 국회사무처 의사국 (2007), 미국의회 의사규칙.을 참조함.

미국 연방하원 의사규칙에서는 상원과는 대조적으로 의원의 발언시간
이 1시간으로 제한되어 있다. 따라서 이 규정 자체로 무제한 토론의 여지
는 봉쇄된다. 또한 그러한 1시간의 제한된 토론도 선결문제 동의를 통하여
단순다수결로 가결되면 종결되게 된다. 하원은 이처럼 토론시간을 제한함
으로써 의사진행의 효율성을 높이려는 태도를 보이고 있다.

3. 영국 하원 의사규칙[4)]

제35조(의사규칙을 남용한 의사지연동의) (1) 의장 또는 위원장은 의사지연동의(議
事遲延動議)가 의사규칙의 남용이라고 인정하는 경우 의장석 또는 위원장석에서 즉
시 그 동의를 표결에 부치거나, 본회의 또는 위원회의 의제로 할 것을 거부할 수
있다.

제36조(토론종결) (1) 의제가 제안된 후, 의원은(a Member) 의석에서 기립하여 '의
제를 지금 표결에 부친다'는 동의(動議)를 제기할 수 있다. 의장은 그 동의가 의사
규칙의 남용 또는 소수자의 권리침해에 해당하는 것으로 보지 아니하면, '의제를 지
금 표결에 부친다'는 의제를 즉시 표결에 부친다.
(2) '의제를 지금 표결에 부친다'는 의제가 가결되고, 그에 연관되는 후속 의제도 가
결된 경우, 의원은 이미 제안한 의제로서 의결을 요하는 부수적 의제에 대하여 의결
을 요청할 수 있다. 그 경우 의장의 승인이 있으면 의결이 요청된 의제는 즉시 표결
에 부친다.

제37조(토론종결이나 의제상정을 위한 다수결)
의사규칙 제36조(토론종결)의 규정에 따른 토론종결에 대한 문제나 제29조(의장의
의제상정권)의 규정에 따른 의제의 상정에 관하여 분열표결에 부치는 경우, 다수결
로 결정하되, 그 동의(動議)에 찬성하는 이가 다수이기는 하지만 의장이 그 수가
100명보다 적다고 선언하는 경우에는, 그것을 가결된 것으로 하지 않는다.

제42조(토론시 회의질서) (1) 의원이 하원에서 의장 또는 위원장의 권위를 훼손하거

---

4) 영국 하원 홈페이지 참조(http://www.publications.parliament.uk/pa/cm/cmstords.htm
: 2014. 7. 20. 검색). 번역을 국회사무처 (2006), 영국의회 의사규칙을 참조함.

> 나 하원 규칙의 남용 또는 기타의 방법으로 고의적으로 집요하게 의사를 방해하는 행위를 하여 의장 또는 위원장에 의하여 호명된 경우, 의장은 '해당 의원을 직무정지처분에 처한다'라는 동의에 따른 의제를 즉시 표결에 부쳐야 한다.

영국 하원 의사규칙은 의원의 발언시간을 제한하고 있지 않은 반면, 의장에게 의사지연을 저지할 수 있는 강한 권한을 부여하여 제재를 가하고 있다. 그리고 토론종결의 절차도 매우 간편하다. 미국 상원이 16인의 서명을 얻어 토론종결동의를 제출해야 하는 데 비해, 영국 하원은 단 한명의 의원도(a Member) 이를 할 수 있게 되어 있다. 의장이 직권에 의해 그것을 지지하여 표결에 부칠 수 있고, 또 그것은 단순다수결에 의해 가결되므로, 의장의 권한과 다수결이 의사방해를 방지하기 위해 협력적인 장치로 배치되고 있다.

4. 프랑스 하원 의사규칙[5]

> **제49조** ① 하원에 제출된 법안에 대한 토론의 운영은 의장단 회의(la Conférence des présidents)에 의해 결정된다.
> ② 의장단 회의는 안건 심의를 위한 회의에서 일반 토론의 시간적 길이를 정할 수 있다. 이 시간은 의장에 의해 토론의 길이에 따라 각 그룹에게 동등한 최소한의 시간이 배정된다. 어느 그룹에도 속하지 않는 의원에게는 그들의 수에 비례하여 전체 발언시간이 배정된다. 사용가능한 나머지 시간은 의장에 의해 의원수의 비례에 따라 각 그룹들에게 배정된다.
>
> **제54조** ⑤ 의장이 의회가 충분히 정보를 숙지했다고 인정할 때에는 의원의 발언을 중단시킬 수 있다. 또한 의장은 토론의 이익을 위해 의원에게 배정된 시간보다 더 발언하도록 허락할 수 있다.

---

5) 프랑스 하원 홈페이지 참조(http://www.assemblee-nationale.fr/connaissance/reglement.
   asp : 2014. 7. 20. 검색)

제55조 ① 발언시간이 제한된 모든 토론에서 각 의원은 어떠한 경우에도 자신의 그룹에 배정된 시간보다 더 길게 발언해선 안된다.

제57조 ① 제49조에 규정된 방식으로 운영되는 토론과 적어도 두 발언자의 반대견해가 제출된 일반토론을 제외하고, 특정 조항에 대한 토론이나 투표의 설명에서는 토론의 종결이 의장에 의해 결정되거나 의원에 의해 동의(動議)가 제기될 수 있다. 그러나, 그 종결은 전체로 법안에 대한 투표에 대해 설명하는 경우에는 적용되지 않는다.

프랑스 하원에서는 의원의 발언시간을 일정시간으로 일률적으로 제한하는 규정은 없지만 그 전체적인 길이나 배분이 의장(의장단)에 의해 정해지기 때문에, 의장의 강력한 권한에 의해 토론이 길어지는 일이 규제된다. 또한 토론의 종결도 단순다수결에 의해 결정되므로 프랑스 하원에서도 무제한토론은 억제되고 있다고 할 수 있다.

5. 독일 연방하원 의사규칙[6]

제25조(심의의 연기와 토론종결)
(2) 연방하원은 교섭단체 또는 출석한 의원의 5/100의 동의(動議)에 의하여 심의를 연기하거나 토론을 종결할 수 있다. 표결에 부쳐지는 경우, 토론종결에 대한 동의가 심의 연기에 대한 동의보다 우선한다. 토론종결에 대한 동의는 각 교섭단체가 적어도 한 번씩 발언할 기회를 얻은 후에, 비로소 표결하도록 한다.

제35조(발언시간) (1) 안건에 대한 토론의 형태와 길이는 연방하원의 원로위원회의 제안에 따라 정해진다. 원로위원회가 제1문처럼 합의를 이루지 못하거나 연방하원이 달리 정하지 않은 경우에는, 토론에서 발언자는 15분을 초과하여 발언할 수 없다. 교섭단체의 요청에 의하여, 그 소속 발언자는 45분까지 발언할 수 있다. 의장은

---

6) 독일 연방하원 홈페이지 참조(http://www.bundestag.de/bundestag/aufgaben/ rechtsgrundlagen/go_btg : 2014. 7. 20. 검색)

토론의 주제나 토론의 경과에 비추어 필요한 경우에는 발언시간을 연장할 수 있다.

제48조(표결의 규칙) (2) 기본법, 연방법 또는 이 규칙의 절차에서 달리 정하는 경우를 제외하고는, 단순 다수결로 결정한다. 가부동수인 경우는 부결된 것으로 한다.

독일 연방하원에서는 의원의 발언시간이 15분으로 제한되고 있어 이미 그 자체로 무제한 토론은 허용되지 않는다. 그러나 많은 의원들이 있으므로 토론이 길어질 수 있으나 교섭단체나 출석의원 5/100의 동의(動議)로 토론종결을 요청할 수 있다. 그리고 그 토론종결은 단순다수결로 결정되므로 독일 연방하원에서도 의사진행방해는 엄격하게 제한되고 있다고 볼 수 있다.

6. 일본 국회법, 중의원 규칙 및 참의원 규칙[7][8]

国会法
제61조 ① 각 의원(議院)의 의장은, 질의, 토론 기타 발언에 관해, 미리 의원(議院)의 의결이 있는 경우를 제외하고, 시간을 제한할 수 있다.
② 의장이 정한 시간제한에 대하여 출석의원의 5분의 1 이상이 이의를 신청한 경우에, 의장은 토론 없이, 각 의원(議院)에 그 뜻을 물어야 한다.

중의원 규칙
제134조 모든 발언은 의제 외로 건너가거나 범위를 넘어서는 안된다.

참의원 규칙
제100조 모든 발언은 의제 외로 건너가거나 범위를 넘어서는 안된다.

---

7) 일본 중의원 홈페이지 참조(http://www.shugiin.go.jp/internet/itdb_annai.nsf/html/statics/shiryo/dl-dietlaw.htm : 2014. 7. 20. 검색)
8) 일본 참의원 홈페이지 참조(http://www.sangiin.go.jp/japanese/aramashi/houki/kisoku.html : 2014. 7. 20. 검색)

> **제117조** 의원(議員)은 동일 의제에 대하여 두 번 토론할 수 없다.

  일본의 의회에서는 규정만을 놓고 볼 때 의원의 발언시간에 대한 제한
이 그렇게 강해보이지는 않는다. 그러나 역시 의장이 강력한 권한을 가지
고 발언, 질의, 토론 시간을 제한할 수 있으므로 의원의 발언시간은 무제
한일 수 없다. 그리고 별도의 규정이 없지만 해석상 단순다수결에 의한 토
론종결이 당연히 가능하기 때문에, 프랑스의 경우와 큰 차이가 없다고 생
각된다. 따라서 일본에서도 참의원과 중의원을 막론하고 무제한 토론 형
태의 의사진행방해는 인정되지 않는다. 그리고 의제와의 관련성이 없는
발언을 금지하는 규정을 참의원과 중의원 모두 가지고 있고, 참의원에서
는 동일 의제에 대해 두 번 토론할 수 없도록 제한하고 있다.

7. 대만 입법원(立法院) 의사규칙[9]

> **제30조** 입법위원의 발언시간은 주석(의장)이 발언 전에 선고한다.
> 전항의 시간을 초과한 자는 의장이 발언을 중지시킬 수 있다.
>
> **제33조** 의장이 의안의 토론이 이미 표결에 부칠 수 있을 정도가 되었다고 인정할
> 때에는 출석위원의 동의를 거쳐 토론종결을 선고할 수 있다.
> 출석위원 또한 토론종결의 동의(動議)를 제출할 수 있고, 15인 이상의 연서로 이
> 를 부의하며, 토론 없이 의장에 의해 표결에 부쳐진다.

  대만 입법원에서도 의원(대만에서는 '입법위원'이라 함)의 발언 시간을
제한하는 권한은 의장(원어는 '주석(主席)'이지만 의장으로 해석함)이 가
지고 있다. 의장은 주어진 시간을 초과하여 하는 발언을 중지시킬 수 있고

---

 9) 대만 입법원 홈페이지 참조(http://www.ly.gov.tw/04_affair/0401_law/lyLaw.action?
    type= 05 : 2014. 7. 20. 검색)

또한 직권으로 토론종결을 선고할 수 있어 토론제한에 매우 강력한 권한을 가지고 있다. 그리고 의원 15인도 토론종결동의를 제출할 수 있고, 그 경우 해석상 단순다수결에 의해 결정된다고 할 수 있어, 대만 입법원에서도 무제한토론은 인정되지 않고 강하게 제한되고 있다.

8. 캐나다 연방하원 의사규칙10)

제43조 (1) (a) 의장이 의장석에 있는 경우, 이 규칙에 달리 정한 때를 제외하고는, 어느 의원도 토론에서 20분을 넘어 발언할 수 없다. 다만, 그 의원이 총리와 야당 대표인 경우나 정부명령을 발의하는 장관과 그 장관에 바로 이어 응답하는 의원인 경우를 제외한다.

제44조 (1) 어느 의원도, 이 규칙이나 특별규칙이 달리 정하는 때를 제외하고는, 의제에 관하여 두 번 발언할 수 없다. 다만 새로운 문제를 제기하고자 하는 것이 아니고, 그의 발언 가운데 잘못 인용되거나 잘못 이해된 소재 부분에 관해 설명하는 것은 그러하지 아니하다. 그때 그러한 설명에 대해 토론은 허용되지 않는다.

제57조 연기된 토론을 재개하기 위한 의사일정이 상정되기 직전에, … 그 자리에 서서 미리 자신의 의사를 밝힌 장관은, 더 이상 토론이 지연되기 않도록 동의를 발의할 수 있다. … 그때 그 문제는 토론이나 수정안 없이 결정되며; 찬성으로 가결되면, 어느 의원도 그 후로는 그 지연된 토론에 대하여 1회 이상 그리고 20분 이상 발언할 수 없다. … (생략)

캐나다 연방하원에서는 일반적으로 의원의 발언시간이 20분으로 제한되고 있고, 의제에 대해 두 번 발언할 수 없다. 그리고 그러한 시간제한이 있지 않은 경우에는 특이하게도 장관의 동의(動議)에 의해 토론종결이 요청되고 단순다수결에 의해 가결되면 마찬가지로 누구도 1회 이상, 20분 이상 발언할 수 없는 제한을 받는다. 따라서 캐나다 연방하원에서는 토론종

---

10) 캐나다 연방하원 홈페이지 참조 (http://www.parl.gc.ca/About/House/StandingOrders/toc-e.htm : 2014. 7. 20. 검색)

결이 이루어진 후에도 제한적으로 발언이 허용되기 때문에 토론종결의 효과를 엄격하게 하고 있지 않다. 그러나 전체적으로 1회 발언, 20분 제한이라는 규칙으로 토론을 규제하여 의사진행방해를 억제하고 있는 모습이다.

9. 우리나라 국회법[11)

제104조(발언원칙) ① 정부에 대한 질문외의 의원의 발언시간은 15분을 초과하지 아니하는 범위안에서 의장이 정한다. 다만, 의사진행발언·신상발언 및 보충발언은 5분을, 다른 의원의 발언에 대한 반론발언은 3분을 초과할 수 없다.

제106조의2(무제한 토론의 실시 등) ① 의원이 본회의에 부의된 안건에 대하여 이 법의 다른 규정에도 불구하고 시간의 제한을 받지 아니하는 토론(이하 이 조에서 "무제한 토론"이라 한다)을 하려는 경우 재적의원 3분의 1 이상이 서명한 요구서를 의장에게 제출하여야 한다. 이 경우 의장은 해당 안건에 대하여 무제한 토론을 실시하여야 한다.
⑤ 의원은 무제한 토론을 실시하는 안건에 대하여 재적의원 3분의 1 이상의 서명으로 무제한 토론의 종결동의를 의장에게 제출할 수 있다.
⑥ 제5항에 따른 무제한 토론의 종결동의는 동의가 제출된 때부터 24시간이 경과한 후에 무기명투표로 표결하되 재적의원 5분의 3 이상의 찬성으로 의결한다. 이 경우 무제한 토론의 종결동의에 대하여는 토론을 하지 아니하고 표결한다.

우리 국회법은 발언 시간을 15분 이내로 하는 것을 원칙으로 하여 본래 무제한 토론을 인정하지 않았으나, 2012년 5월의 국회법 개정으로 무제한 토론이 가능하게 되었다.

재적의원 3분의 1 이상의 요구에 의해 무제한 토론이 실시되고 또한 재적의원 3분의 1 이상의 요구에 의해 토론종결동의가 제출되고 재적의원 3/5의 찬성으로 가결될 수 있도록 하여 미국 연방상원에 비해 무제한 토론이 개시되기는 한결 어렵지만, 토론종결 요건은 같도록 규정하고 있다. 지

---

11) 국가법령정보센터 참조(http://www.law.go.kr : 2014. 7. 20. 검색)

금까지 살펴본 바를 바탕으로 다른 나라들과 비교할 때, 미국 상원의 경우를 제외하고는 매우 이례적인 규율태도라고 할 수 있다.

10. 여러 나라 의회규칙·의회법의 종합적 비교

각 나라마다 강약의 차이와 사용수단의 차이는 있으나 공통적으로는 의장의 직권, 의원의 발언시간제한, 단순다수결에 의한 토론종결의 제도화를 통해 의사진행방해를 억제하고 있다. 그 결과를 표로 정리하면 다음과 같다.

〈표 4〉 의사진행방해에 관련된 주요국 의회 의사규칙·의회법 조항의 비교

	① 의장의 직권	② 의원발언 시간 제한	③ 단순다수 결에 의한 토론종결	④ 가중다수 결에 의한 토론종결	종합: 의사진행방해에 대한 태도
미국 연방상원	약함	제한 없음	X	O	허용
미국 연방하원	강함	1시간	O	X	억제
영국 하원	강함		O	X	억제
프랑스 하원	강함		O	X	억제
독일 연방하원	강함	15분	O	X	억제
일본 중의원	강함(발언 시간 제한 가능)	의장이 발언시간 제한 가능	O	X	억제
일본 참의원	강함 (발언시간 제한가능)	의장이 발언시간 제한 가능	O	X	억제
대만	강함(발언	의장이	O	X	억제

입법원	시간제한과 토론종결도 가능)	발언시간을 정함			
캐나다 연방하원		20분	O	X	억제
우리나라 국회	강함	15분	X	O	허용

미국 하원의 경우에서 볼 수 있듯이, 단순다수결에 의한 토론종결과 의장의 강한 직권은 의사진행방해를 억제하는 가장 직접적인 수단이다.

먼저 ①의장의 강한 직권이나 ②의원의 발언시간 제한이 의사규칙에 존재한다면, 그러한 의회에서 의사진행방해의 여지는 거의 없을 것이다. 그러나 ①이나 ②의 수단이 없는 경우라도 ③단순다수결에 의한 토론종결을 규정하는 조항이 있다면 의사진행방해의 개시는 가능하지만 다수결에 의해 제압할 수 있게 되어 역시 의사진행방해제도를 용인하지 않는 태도라고 할 수 있다. 의사진행방해제도는 본래 다수결에 대한 불만으로부터 생겨난 것이다. 그러므로 단순다수결에 의해 토론종결이 된다는 것은 결국 의사진행방해를 인정하지 않는다는 표현이라 할 수 있기 때문이다. 물론 이들 국가에서도 수정안을 대량으로 제출한다든가 우보행위(牛步行爲: 투표절차를 느릿느릿 진행하는 소극적인 방해행위. 1992년 PKO법안에 대해 일본 참의원에서 있었음)와 같은 의사진행방해는 가능한 경우가 있을 것이다. 그러나 토론종결제도와 결합함으로써 가장 제도화된 무제한 토론형태의 의사진행방해가 있는지가 가장 중요할 것이다. 왜냐하면 그 제도의 형태상 소수의 권리를 보호하기에 그 효과가 가장 강력하기 때문이다.

결론적으로 미국 상원과 우리나라 국회를 제외하고는 조사대상 의회들 중 어느 의회도 의사진행방해를 허용하고 있지 않다.

III. 조사결과에 대한 설명의 제시

이러한 결과에 대해서는 당연히 '그렇다면 미국을 제외한 다른 나라에
서는 왜 의사진행방해제도가 발전하지 못한 것인가(혹은 발전하지 않은
것인가)?'라는 의문이 제기된다. 이하에서는 '의원내각제'와 '연방제'라는
개념을 중심으로 그 의문에 대한 답을 제시해 보도록 하겠다.

1. 의원내각제

위의 의문에 대한 가설적 답변의 출발점으로 먼저 이들 국가들의 제도
적 공통점을 살펴보고자 한다. 무제한 토론제도를 도입하고 있는 미국과
우리나라를 제외하고 본다면, 이들 비교대상 6개 국가는 '의원내각제'를
채택하고 있는 국가들이라는 대체적인 공통점을 가진다. 다만 대만 의회
만이 그러한 범주에 해당되지 않는다. 그러나 대만 입법원은 그 활동의 역
사가 오래지 않기 때문에 크게 고려해야 할 필요는 없을 것이다. 보다 오
래된 의회들인 영국, 프랑스, 독일, 캐나다, 일본 의회가 의원내각제를 채
택하고 있다는 것, 바로 그 공통점에서부터 오히려 논의를 전개하는 것이
자연스러울 것이다.

의원내각제는 의회내 다수를 차지한 정당이 정부를 구성하는 정부형태
이다. 이것은 영국에서 형성, 발전되어 19세기에 제도적으로 확립되었
다.12) 의회를 하나의 정당이 과반수를 점하지 못하는 경우에 연립정권을
구성하는 일도 많다. 그러나 정부의 구성이 어디까지나 의회의 지지에 의
존한다는 구조적 속성 때문에 의회 과반수의 지지는 정부의 존립에 매우
중요하다. 따라서 의원내각제에서 '과반수'라는 숫자의 의미는 의회내 의
사절차를 결정하는 원리로서의 '다수결' 위에 또 다른 중요성을 한층 더

---

12) 鄭宗燮 (2014), 憲法學原論, 博英社, 959-960쪽.

부여했다고 할 수 있다. 따라서 의원내각제의 정부형태를 가지는 의회들에서 '다수결'이 가지는 의미는 그것이 정부구성과 연동되기 때문에 한층 강화되었다고 해석할 수 있는 것이다.

이러한 해석은 역사적으로도 지지된다. 이미 옐리네크는 20세기 초에 각국 의회에 만연한 의사진행방해 현상을 목도하고 이 현상의 잠재적 영향의 방향을 특유의 예리한 분석력과 통찰력으로 제시한 바 있다. 그에 의하면 의사진행방해는 서구 의회에 창궐하여 그 기능을 현저히 마비시키고 있고, 만약 이러한 마비상태가 개선되지 않는다면 의회를 제치고 행정부가 나서거나 아니면 국민들이 직접 국가의사 결정권을 행사할 수도 있다고 경고했다. 그러면서 그는 서구 의회들이 의회규칙의 개정을 통해 이러한 방해행위를 엄단하는 방향으로 나서고 있다고 보고하였다.13) 의원내각제의 정부는 의회의 다수에 의해 지지되지 못하면 무능력해지고 불안정해진다. 대통령제 정부도 의회다수에 의해 지지되지 못하면 무능력해지는 것은 마찬가지이지만, 정부구성 자체가 불안정하지는 않기 때문에 상대적으로 의회와 정부의 상호독립성이라는 점으로부터 이점을 누린다.

대통령제 정부의 의회라고 하여 의원내각제의 의회보다 의회의 의사결정과정에서 다수결이 가지는 의미가 약한 것은 결코 아니다. 그러나 의원내각제에서는 의회다수당이 정권을 잡고 다수당의 당수가 총리가 되는 정부의 구성원리를 통해 의회내에서 '다수결'이 가지는 의미가 한층 강화되었다고 생각되는 것이다. 그리고 그 정부형태 자체가 불안정성을 극복하기 위해 '다수결의 지배'를 보다 강력하게 요청하고 있다고 볼 수 있는 것이다. 그렇기 때문에 사회갈등과 이익대립이 다양한 갈래로 분기되는 다원주의 사회에서도 의원내각제 정부형태하의 의회에서는 시대가 갈수록 다수결 원리의 구속력이 강해져서 의회에서 의사진행방해는 결코 다수지

---

13) Georg Jellinek (1903), "Parliamentary Obstruction", Political Science Quarterly, Vol. 19, No. 4, The Academy of Political Science, 579-588쪽.

배 원리를 뛰어넘을 수 없게 되었다. 그리하여 의사진행방해의 출현은 의회규칙의 제정에 의해 억제되고 오늘날과 같은 형태로 정리되었다고 할 수 있다.

2. 미국의 연방제

이처럼 의원내각제에서는 의사진행방해가 설 자리를 가지지 못했다. 그러나 그러한 사실이 대통령제가 의사진행방해에 우호적이라는 것을 바로 의미하는 것은 아니다. 대통령제에서도 의회의 의사절차를 지배하는 원칙은 다수결이기 때문이다. 다만 상대적으로 다수결 원리의 구속력이 의원내각제의 경우보다 약하다는 점에서 의사진행방해의 제도화에 다소 유리한 입지를 가지고 있다고는 말 할 수 있을 것이다. 그러나 미국 연방하원이 의사진행방해를 억압하는 규칙을 만들어 온 역사에서 보듯이 역사의 대체적인 경향은 의사진행방해를 인정하지 않는 것이고, 오히려 미국 연방상원의 경우가 특수했다고 할 수 있다. 즉, 대통령제 의회에서도 소수를 보호하는 의사진행방해제도가 확립되기 위해서는 다수결 원리를 넘어설 수 있는 필연적 이유가 있어야 하는 것이다.

그리고 그러한 필연적 이유는 바로 미국이 연방제 국가라는 점, 그 연방들이 인구와 크기에서 불균등하여 소수의 우려를 자아냈다는 점에서 찾을 수 있다. 미국 상원은 연방제로 중앙정부를 구성하면서 작은 주들을 보호하기 위해 주간 균등대표의 원칙을 수용하였다. 이것은 실질적으로는 큰 주에게 불리한 불평등한 원리 위에 수립된 것이고 하원이 인구비례로 구성되는 것과 상호견제와 균형을 이루고 있다. 그 결과 상원은 하원과 달리 소수의 보호에 민감하게 작용하는 기관이 된 것이다. 따라서 소수의 보호작용을 하는 의사진행방해의 논리는 미국 상원의 경우에 동질적인 논리의 바탕 위에서 매우 쉽게 수용될 수 있었다. 반면 미국 하원이나 다른 서구

국가들은 그러한 불평등한 논리나 소수의 보호를 옹호해야 할 특별한 이
유를 발견하지 못했던 것이다. 그렇기 때문에 이들 의회에서 의사진행방
해는 설 자리를 가지지 못하고 점차 사라지게 된 것이다.

3. 다수제 의회에서 소수의 보호

그렇다면 이제 이러한 비교로부터 얻을 수 있는 약간 일반화된 명제는
다음과 같은 것이다: 의사진행방해제도는 다수결의 원리를 극복할 수 있
는 내적 논리를 갖추지 못한 의회에서는 용인될 수 없었다. 왜냐하면 소수
의 보호는 다수결 원리와 대립되는데, 전자를 옹호하고 후자를 제한해야
할 강한 이유를 발견할 수 없던 곳에서 그것은 허용될 수 없었기 때문이다.
서구 국가들은 대체로 의원내각제를 채택하였고 그것은 의회를 중심으
로 하는 의사결정체제이며 의회의 다수의석을 가지는 정당이 정권을 잡는
체제이다(parlamentarisches Regierungssystem). 그리고 의원내각제에서 다
수결 원리가 가지는 의미는 대통령제에서보다 훨씬 더 강력하고 구속성이
있었다. 대통령제에서 그것이 단순한 의회 의사결정 원리일 뿐이라면, 의
원내각제에서는 의회의사결정원리일 뿐만 아니라 다수가 행정부를 장악하
는 논리적 기반이 되는 정치게임의 규칙이기도 하기 때문이다. 그러한 구
조적 특성 덕분에 의원내각제에서는 의회다수당이 집행부를 구성할 수 있
어서 대통령제에서와 같은 정국 교착이 잘 일어나지 않는다.
그런데 의사진행방해란 다수의 횡포에 대한 소수의 저항 내지 반발을
본질로 한다. 따라서 의사진행방해를 용인하지 않는다고 하여 소수의 불
만이 모두 사라지지는 않을 것이다.
실제로 의회내의 의사결정절차에서 가지는 소수의 불만은 여전하다. 독
일의 추상적 규범통제와 프랑스의 사전적 규범통제는 의회내 의사결정의
불만을 외부로 다툴 수 있는 기회를 소수파에게 제공한다. 독일의 경우 추

상적 규범통제는 연방정부, 주정부 또는 연방하원 의원의 1/4이 제기할 수 있다.[14] 비록 정당이 정당자체로 그것을 제기할 자격은 없지만, 의원 1/4 이나 자기 정당이 장악한 주정부의 도움을 얻어 얼마든지 야당은 집권당에 대한 정치적 불만을 펼칠 수 있는 것이다.[15] 의회에서 다수당과 소수당의 정치적 대립은 이렇게 의회내에서 끝나는 것이 아니라 규범통제제도를 통하여 규범적 대립으로도 확대되고 있는 것이다. 따라서 이러한 제도들은 의회내의 소수를 보호하는 기능을 하고 있다.

또한 양원제를 취하고 있는 나라들은 하원 다수의 성급함을 방지하는 숙의기능을 상원을 통해 구현하고 있다. 따라서 이들 나라에서 다수의 견제와 소수의 보호를 반드시 의사진행방해를 통해 확보할 필요성은 확실히 줄어든다고 할 수 있다. 대개 서유럽의 나라들은 양원제 의회를 취하고 있고 여기의 조사대상 국가들도 우리나라와 대만을 제외하고는 모두 양원제 국가이다. 따라서 이들 양원제 국가들은 양원제라는 방식을 통해서도 소수의 의견을 보호하는 기능을 일부 수행하고 있다고 할 수 있다.

따라서 다수제 의회 아래에서도 여전히 소수의 보호 필요성은 존재하며, 대체로 의원내각제를 취하는 나라들은 의회내에서 의사진행방해를 억압하지만, 오히려 의회 밖에서 소수를 보호하는 제도들을 갖추고 있다. 따라서 미국 상원이 의회 안에서 의회의 의사진행절차를 통하여 소수를 보호하는 장치를 갖추고 있는 반면, 의사진행방해를 억제하는 의회들은 의회 밖에서 소수를 보호하는 장치를 갖추고 있는 차이라고 할 수 있다. 그

---

14) 독일기본법 제93조 ① 연방헌법재판소는 다음 사항을 결정한다.
　　1. ……
　　2. 연방정부, 주정부 또는 연방하원 재적의원의 4분의 1의 신청으로 연방법 또는 주법이 기본법에 형식적 및 실질적으로 합치하는지의 여부, 또는 주법이 그 밖의 연방법에 합치하는지의 여부에 관한 의견의 차이 또는 의문
15) Schlaich/Korioth (2012), Das Bundesverfassungsgericht, 9. Aufl., C. H. Beck, 93-94쪽.

러므로 문제는 소수의 보호를 의회 안에서 할 것이냐, 의회 밖에서 할 것이냐의 문제로 압축되고, 궁극적으로 어느 방식에 의하느냐가 결정적은 아니라고 해야 할 것이다. 다만, 의회 내에서 소수의 보호를 강력하게 구현하고자 할 때에는 의회절차를 그렇게 구성해야할 필요성이 보다 강조되는 경우에 그렇게 될 수 있다고 말할 수 있을 것이다. 그렇다면 우리나라의 경우에는 의회내에서 소수보호의 필요성이 그렇게 강하게 요구되는 것인지를 살펴보아야 할 것이다.

제3절 우리나라의 의사진행방해제도의 도입배경

Ⅰ. 우리나라 의사진행방해의 역사

우리나라에서도 국회법의 규정을 살펴보면 초기부터 무제한 토론이 가능하였고 이를 이용한 의사진행방해는 가능하였다는 것이 일반적인 견해이다.16) 그러나 필자의 견해로는 그것은 무제한 토론을 이용한 의사진행방해가 가능하다는 의미일 뿐 그 제도화를 의미하는 것은 아니다. 의사진행방해의 제도화라고 지칭할 수 있으려면 제3장의 미국 상원의 예에서 지적한 바와 같이 가중다수(재적의원의 3/5)에 의한 토론종결제도가 결부되어 다수파에 대한 압박 혹은 다수결 원리에 대한 제약이 제도화되어 있어야 한다. 그러나 우리나라의 국회법에서는 2012년의 5월의 개정 국회법 이전까지 그러한 형태의 국회법 규정이 존재한 적이 없다. 따라서 그것은 사실상의 의사진행방해의 용인 내지는 큰 의미를 가지지 않는 무제한 토론권의 보장 정도에 지나지 않는다고 보아야 한다. 발언시간의 제한이 도

---

16) 전진영 (2012. 5. 1), "필리버스터 제도의 국회 도입: 논의 및 쟁점", 이슈와 논점, 제443호, 국회입법조사처, 1-2쪽.

입된 1973년의 개정국회법을 기준으로 시기가 구분될 수 있으므로 이를
나누어 구체적으로 살펴보면 다음과 같다.

1. 무제한 토론이 가능하였던 시기(1948년-1973년)

1948년 제정 국회법(법률 제5호) 제46조는 "議員의 質疑, 討論, 其他 發
言에 對하여는 特히 國會의 決議가 있는 때 外에는 時間을 制限할 수 없
다"고 규정하고 있었다.17) 이것이 의사진행방해제도인 무제한 토론을 명
확한 형태로 규정하고 있는 것은 아니지만 이에 의하여 무제한 토론에 의
한 의사진행방해는 가능할 수 있다. 진정한 의사진행으로서의 무제한 토
론과 의사진행방해로서의 무제한 토론을 구분하기는 매우 어려울 수 있지
만 무제한 토론이 가능하다는 것만으로도 다수파에 대한 일정한 시간적
압박은 가능할 수 있는 것이다. 다만 국회의 결의 즉, 과반수의 결의에 의
하여 처음부터 발언시간이 제한될 수 있다는 가능성이 존재하는 제한된
형태의 것이었다.

또한 제49조는 "議長은 討論의 終結을 宣布한다. 發言할 수 있는 者가
全部 끝나기 前이라도 討論이 充分히 되었다고 認定하는 때에는 議長의
提議 또는 議員의 動議로 討論을 하지 아니하고 討論終結의 可否를 表決
한다. 討論한 議員은 討論終結의 動議를 할 수 없다."라고 규정하여 과반
수에 의한 토론종결제도를 아울러 규정하고 있었다. 따라서 당시 우리나
라 국회법은 무제한 토론에 의한 의사진행방해를 용인하는 형태였으나 그
것이 무제한적인 것은 아니었고 과반수의 표결에 의한 토론종결제도를 아

---

17) 이하의 역대 국회법 조문은 국가법령정보센터(http://www.law.go.kr/)의 '국회법'의
   '연혁' 부분에 수록된 법문 참조;
     또한 전자관보(http://theme.archives.go.kr/next/gazette/viewMain.do)에서는 원문
   형태로 열람 가능.

울러 갖추고 있어서 다수결 원리에는 아무런 제약을 가하지 않고 있다. 따라서 애초부터 그것은 다수파에 대항하는 소수파의 무기로서는 한계를 지니고 있는 것이었다. 다만 소수파에게 충분한 토론기회를 보장한다는 점과 다수파에 대한 시간적 압박의 수단으로서 효과는 일정부분 인정될 수 있으므로 그러한 한도에서 의미는 있는 것이었다.

따라서 필자의 견해로는 이러한 형태의 무제한 토론은 궁극적으로 다수결에 의한 토론종결 앞에 무력하므로 결국 앞의 제4장에서 비교 가능했던 다른 나라들의 의사규칙의 규정들과 비교할 때 별다른 차별성을 지니지 못한다. 미국 상원의 필리버스터가 가중다수(제적의원의 3/5)에 의한 토론종결제도를 가지고 있는 형태임을 고려하면 이 시기 우리 국회법의 규율상태는 의사진행방해의 의식적인 제도화와는 거리가 먼 것이라고 할 수 있다.

이러한 국회법의 무제한 발언 규정은 1973년 전면개정 국회법이 발언시간을 제한할 때까지 근본적인 변화를 겪지 않았다. 이러한 상황하에서 장시간 발언을 이용한 의사진행방해가 이루어진 사례가 일부 있었다. 예컨대 1964년 4월 20일(제6대국회 제41회 제19차 회의) 김대중(金大中) 의원은 동료의원인 김준연 의원에 대한 구속동의안 통과를 저지하기 위해 5시간 19분을 발언하여 동의안 처리를 무산시킨 바 있고, 이것이 의사진행방해로서 성공적인 케이스로 꼽힌다. 반면 1969년 8월 29일(제7대 국회) 법제사법위원회 제71회 회의에서 신민당의 박한상(朴漢相) 의원은 소위 '3선 개헌'을 저지하기 위해 10시간 15분이라는 우리나라 최장의 기록적인 반대토론을 통해 의사진행방해를 펼쳤으나 끝내 개헌안 저지에는 실패하였다.

2. 발언시간의 제한이 가해진 시기(1973년 이후)

1972년 10월 유신의 단행으로 의회권한의 약화를 위한 국회법 개정이 추진되었고 그중에 하나가 의원의 발언시간 제한의 형태로 나타났다.

1973년 전면개정 국회법(법률 제2496호) 제97조는 '發言時間의 制限'이라는 표제하에 제1항에서 "議員의 發言時間은 30分을 초과할 수 없다. 다만, 議長은 15分을 초과하지 아니하는 범위 안에서 1回에 限하여 延長을 許可할 수 있다."고 규정하여 처음으로 의원의 발언시간을 제한하는 규정을 도입하였다. 의원의 발언시간이 제한된다면 장시간 토론은 애초부터 불가능하다. 따라서 장시간 토론을 이용한 의사진행방해의 가능성도 처음부터 차단된다. 이러한 규정형태는 가장 강력한 형태의 의사진행방해 억압수단인 동시에 의사진행의 효율화를 기하고자 하는 제도적 표현이라고 할 수 있다.

이후 발언시간의 제한시간에 다소간의 변동은 있지만(현재는 15분 제한 원칙: 국회법 제104조 제1항) 큰 변화 없이 발언시간의 제한은 우리 국회법의 의사진행을 규율하는 기본규정으로 내려왔다. 이러한 상황에서 무제한 토론 조항과 가중다수에 의한 토론종결을 규정한 필리버스터 규정(국회법 제106조의 2)이 2012년 5월 25일의 개정으로 국회법에 도입된 것은 국회의 의사진행관련 규정의 역사에 매우 중대한 전환점이 된다고 할 수 있다.

II. 2012년 개정 국회법상 의사진행방해제도의 도입배경

1. 의사진행방해제도의 도입배경

몸싸움과 날치기에 의한 의사결정은 우리 국회의 고질적 문제점으로 지적되어 왔으나 18대 국회는 몸싸움과 파행적 의사결정의 수위에 있어 그 정점에 달한 시기로 평가될 수 있다. 2012년 5월 25일의 국회법 개정은 18대 국회의 마지막 활동 성과로서 그 주요한 배경은 이와 같은 18대 국회 4년간의 의사절차상의 문제점에서 찾아야 할 것이다. 그 개정 과정은 크게 두 시기로 나누어 볼 수 있다.[18]

(1) 국회선진화법 정책의제 형성기(2008.5.- 2011.11.)

비록 18대 국회의 마지막에 이르러 국회법 개정이 수행되었지만 18대 국회가 처음부터 소위 '국회선진화법 개혁'을 정책의제로서 추구했던 것은 아니다.[19] 오히려 18대 국회는 초기부터 다수당인 한나라당의 주도하에 의장석 점거 금지, 의안 자동 상정제, 위원회 및 본회의 처리시한 지정 등 다수파 지배의 효율성을 강화하는 국회법 개정안을 제출하여 다수파 지배를 강화하고 몸싸움 현상을 억압하려 하였다.(2008년 11월 12일 국회법전부개정법률안-한나라당 원내부대표 이범래 의원 대표발의) 이는 이명

---

18) 허만형·정주원 (2012), "다중흐름이론 관점에서 본 "국회선진화법" 개정과정 분석", 한국행정연구, 제21권 제3호, 37-70쪽은 이를 네 시기로 나누어 유용한 설명을 제시하고 있으나 두 시기로 단순화될 수 있다고 본다.

19) 이하의 설명은 박찬표 (2012), "제18대 국회의 국회법 개정과정에 대한 분석: "다수결 원리"와 "소수권리"간의 타협은 어떻게 가능했나?", 의정연구, 제18권 제3호 (통권 제37호), 한국의회발전연구회, 47-61쪽.

박 정부가 지난 정권과 차별화를 기하면서 추구하는 핵심법안들을 신속히
처리하여 입법화하고자 했기 때문이다. 그러나 여야 격돌이 이어졌고 여
당은 국회의장의 직권상정에 의존하여 의안의 본회의 처리를 강행하였다.
여당에게 의장의 직권상정권은 쟁점법안의 입법교착시에 이를 신속하게
타개할 수 있는 거의 유일한 수단이었기 때문이다. 따라서 쟁점법안을 둘
러싼 여야의 격돌은 많은 경우 거의 반복적으로 직권상정 및 표결강행과
그것의 저지를 위한 몸싸움의 물리적 충돌로 이어졌다. 2008년 12월 18일
FTA 비준안 상정을 두고 발생한 국회폭력사태, 2009년 1월부터 7월까지
미디어법 처리를 둘러싼 여야의 격돌은 그 물리적 충돌의 수위 자체가 높
았을 뿐만 아니라 그로 인해 국민의 의회 불신이 가속화되고 여론의 비난
이 쇄도하였다. 이러한 문제상황에 대한 대응으로 국회법 개정안이 발의
되기 시작하였다. 이 국회법 개정안들은 주로 여당의원들의 주도로 물리
적 의사방해에 대한 제재를 강화하려는 것이었다. 그러나 다수파인 여당
은 당내에 친박계와 소장 개혁파의 존재와 활동으로 인하여 충분히 만족
스러운 응집력을 발휘하지 못했기 때문에 강경책은 관철될 수 없었다. 친
박계와 소장 개혁파의 대안은 야당이 주장하는 필리버스터의 도입과 직권
상정 제한을 수용하는 훨씬 온건한 것이었다.

(2) 국회선진화법 정책 실현기(2011.11.-2012. 5.)

2011년 가을 10.26 서울시장 보궐선거의 패배와 중앙선거관리위원회 디
도스 공격 등의 정치적 악재가 겹치면서 여당인 한나라당은 2012년 총선
에서 불확실성에 직면하게 되었다. 이러한 정치적 불확실성이 야당이 주
장하는 개정안을 수용하고 국회선진화법 개혁에 적극 나서도록 여당을 이
끈 가장 중요한 원인이라고 할 수 있다. 다음 총선에서 패배할 경우 소수
파로 전락할 수 있는 위험이 있기 때문에 그러한 가능성에도 충분히 대비

해야 한다는 것이다. 따라서 타협안은 다수결의 원칙에 소수권리 보호를 일정정도 가미한 형태의 것이 될 가능성이 높아졌다. 그리고 2011년 11월 24일 황우여 한나라당 원내대표와 노영민 민주당 원내대표 사이에 국회법 개정의 필요성에 대해 합의가 이루어졌다. 이는 2012년 4월 총선에서 누가 다수파가 될 것인지 알 수 없는 불확실한 상황에서 여야 모두가 위험회피 전략을 구사한 결과로 이해될 수 있다.[20] 4.11 총선결과 예상 밖으로 새누리당(한나라당이 명칭을 변경함)이 선전하여 다수파로 남게 되어 약간의 당내 반발이 있었으나 2012년 5월 2일 18대 국회 마지막 본회의에서 개정 국회법이 통과되었다.

2. 국회법 개정과 의사진행방해

이러한 국회법 개정의 의미를 좀 더 충실히 이해하기 위해서는 그 이전에 행해졌던 국회법 개정과정들에 대한 역사적 분석을 통하여 보다 넓은 시야에서 이것을 조망할 필요가 있다. 김민전(2008)의 연구는 제13대 국회부터 제17대 국회까지의 국회법 개정사례에 대한 분석을 통해, 국회법 개정은 여야라는 정치행위자들의 역관계의 반영이고, 일반적으로 여당이 강할 경우에는 의회운영의 효율성을 극대화하는 방향으로 제도변화가 이루어진 반면, 야당이 강할 때는 분권화와 대정부 견제력 및 정보수집력 강화 방향으로 제도변화가 이루어졌음을 규명했다.[21] 따라서 우리 국회의 모습을 어떻게 가져갈 것이냐는 문제와 관련하여서는, 여당과 야당의 역관계에 따라 유동적이기는 하였지만, 의회 운영 지연의 배제와 효율성을 중시하는 흐름과 정부와 여당을 견제하는 방향의 흐름이 분명히 존재하였다.

---

20) 박찬표 (2012), 앞의 글, 59-60쪽.
21) 김민전 (2008), "원내 의석분포, 대통령의 권력, 그리고 국회법개정의 방향: 민주화 이후 국회를 중심으로", 한국과 국제정치, 제24권 제4호(통권63호), 66-88쪽.

따라서 2012년의 국회법 개정도 이러한 측면에 비추어 보면 두 흐름을 모두 종합적으로 수용하되 특별히 국회폭력 등의 문제점과 관련하여 야당에게 유리한 지위를 부여하여 정부와 여당에 대한 견제력을 강화하는 내용으로 입법된 것으로 볼 수 있다. 그리고 이것이 2011년 말에 합의되었다는 것이 의미하는 것은 2012년 4월의 총선과 12월의 대선을 앞두고 누가 다수당이 될지, 여당이 될지가 불투명한 상황에서 위험회피전략을 사용한 것이란 것이다.22) 따라서 그 내용은 보다 중립적이고, 앞으로 여당과 야당의 지위가 바뀔 경우를 상정하여 야당이 될 경우 보다 유리한 입지에 서고자 하는 생각이 작용하였겠지만 동시에 여당이면서 다수당이 되었을 때에도 그런 유리한 소수당의 지위는 인정하겠다는 일종의 감수(甘受)로 볼 수 있기에 그 규범력이 보다 강하고 지속적이라고 할 수 있을 것이다. 이러한 측면은 개정 국회법이 일부 논자들의 부정적 인식과는 달리 어느 일방의 무기로만 사용되지는 않을 것이며 다수당의 양보를 전제로 보다 화합적으로 잘 운영될 가능성이 있음을 시사한다.

한편 미국의 경우와 비교해보면, 미국의 경우에도 의회 다수파와 소수파간의 역관계에 의하여 의사규칙이 성립한다는 점에서 공통적이지만, 상원과 하원이 지향하는 의회의 모습이 다르다는 점이 중요하다. 예산문제를 다루고 보다 규모가 큰 하원은 효율적인 의회를 지향하는 경향이 뚜렷하고 상원은 숙의와 소수견해의 보호라는 방향을 지향하는 모습을 보인다. 이러한 상원의 모습을 보여주는 대표적인 제도가 의사진행방해제도이고 개정 국회법은 소수 의견의 보호를 위하여 이 제도의 도입을 결정하였다. 물론 미국 상원 자체에도 다수지배 원리를 관철하려는 개혁론이 있으며 미국 상원의 기관으로서의 지향과 다수당의 지향이 반드시 일치하는 것도 아니어서 일률적으로 말할 수는 없으나 적어도 개정 국회법은 미국 상원과 유사한 지향점을 가지고 있다고 판단할 수 있겠다. 국회 내 몸싸움을

22) 박찬표 (2012), 앞의 글, 60쪽.

통한 파행적 의사결정과 의사규칙의 상관관계를 분석한 연구에 따르면, 그동안 우리 국회법 규정은 그러한 몸싸움을 야기하는 구조적 모순점을 지니고 있었다고 한다.23) 우리 국회법은 먼저 의사일정 결정과 관련하여 위원회와 본회의 단계 모두에서 원내 교섭단체 대표들간의 '합의주의'를 기본원칙으로 채택하고 있다.24) 그런데 이는 비갈등적 사안에서는 문제가 없지만 갈등적 사안에서는 합의유도보다는 교착으로 이어질 가능성이 더 크다. 따라서 여야 합의에 대한 강조는 야당으로 하여금 의사일정에 대한 '합의'를 거부하여 심의 자체를 봉쇄하는 전략을 선택하게 한다는 것이다. 반면, 안건이 위원회나 본회의에 상정되어 심의과정에 들어가면 소수당이 안건처리를 지연시키거나 저지시킬 수 있는 수단이 없고 다수파의 신속한 의사진행만을 주로 고려하고 있다는 것이다.25)

결과적으로 국회 내 의사일정 결정과 관련하여 '합의주의'를 취하면서도 위원회나 본회의 심의과정에서는 일방적인 '다수결주의'를 제도화하고 있는 국회법의 이중성이 야당으로 하여금 안건의 상정 자체를 봉쇄하는 전략을 유리한 것으로 선택하게 만들었다는 분석이다. 이것은 합의주의라는 형식 자체가 문제가 아니라 합의를 충실하게 할 수 있는 미국 상원에서와 같은 의사절차적 구조가 충분히 구비되지 않았기 때문으로 보고 상원의 필리버스터 제도에 주목하게 된 것으로 보인다.

그러나 미국 상원의 의사결정 구조도 효율성과 관련하여 문제가 없다고 할 수 없는 것이고 보면, 큰 구도에서 다수결주의와 소수보호의 원리를 어떻게 충실히 조화시킬 수 있는가는 앞으로도 지속적으로 고민해야 할 문제일 것이다.

---

23) 박찬표 (2012), 앞의 글, 53쪽.
24) 위원회 의사일정과 개회일시(2012. 5. 개정전 구 국회법 제49조), 본회의 의사일정 작성 및 변경(구 국회법 제76조, 77조) 등.
25) 발언시간 제한(구 국회법 제104조), 토론종결(구 국회법 제108조) 등.

제4절 의사진행방해제도 도입의 필요성과 정당성

I. 의사진행방해제도 도입의 필요성

우리나라에 의사진행방해제도를 도입하게 된 계기는 국회내 폭력사태였고 또한 날치기였다. 우리나라는 정당의 기율이 강하고 강한 지역갈등, 이념갈등을 기반으로 하는 정당간의 대립이 심한 정치환경을 가지고 있다. 따라서 정당대표들간에 합의주의적으로 운영되는 국회 의사절차관행에도 불구하고 합의가 충실히 이루어지는 일이 적고 또 원만한 토론과 표결도 제대로 이루어지지 못하였다. 이러한 상황에서 다수는 소수의 말을 듣지 않고 표결을 수적 우세로 밀어붙이려 하고, 소수는 말과 표로 안되니 무기를 들고 의장석을 점거하는 일로 나서는 것이다. 그리고 이러한 사태가 귀찮으면 다수는 자기들끼리만 모여 날치기를 감행하고 이에 반발하는 소수는 더더욱 장외투쟁에 나서게 되는 악순환이 거듭되어 국회는 공전하게 되고 말았던 것이다.

이러한 상황에서 날치기에 대한 제재로 기대를 모았던 헌법재판소의 권한쟁의 심판도 절차상의 위법은 인정하더라도 법률은 유효하다는 정도의 결정에 그치고 있어[26] 국회 다수파에 대한 압력수단으로는 전혀 기능하지 못하고 있다. 그리고 문제는 헌법재판소의 결정이 전향적으로 바뀌어 국회내 의사절차의 위법을 이유로 입법을 무효로 하고, 표결권이 침해된 국회의원들에게 표결의 기회가 다시 부여되는 바람직한 상황이 도래하더라

---

[26] `국회의장과 국회의원간의 권한쟁의(헌재 2011. 8. 30. 2009헌라7): "국회의장이 적법한 반대토론 신청이 있었음에도 반대토론을 허가하지 않고 토론절차를 생략하기 위한 의결을 거치지도 않은 채 법률안들에 대한 표결절차를 진행한 것이 국회의원의 법률안 심의·표결권을 침해한 것에 해당한다. …… [이와 같이] 입법절차가 위법하여 국회의원의 법률안 심의·표결권을 침해하였으나, 그것이 법률안 가결선포행위를 취소 또는 무효로 할 정도의 하자에 해당하지는 않는다." 등 다수.

도 다수와 소수간의 힘의 비대칭 상황은 개선되지 않기 때문에 원내로 돌아간 소수는 또다시 무시되고 다수는 표결을 강행하려 하여 다시 몸싸움 국회가 되고 말 것이라는 점이다. 표결권을 다시 부여받은 소수파 의원들은 평온하게 표결에 임해도 정당기속이 강한 우리나라 상황에서는 절대로 다수파를 이기지 못한다. 그리고 그것은 1회, 2회의 순간적 사태가 아니라 4년 임기 내내 그럴 것이다. 따라서 권한쟁의심판은 문제를 근원적으로 해결하는 수단이 될 수 없다. 침해된 표결권, 토론권이 회복되어도 소수파에게 그것은 아무런 기능을 하지 못한다. 정치과정 자체에서 그 표결권과 투표권이 유의미하게 사용될 수 있는 환경이 조성되지 않는 한 형식적인 표결권과 토론권의 보장은 다수의 숫자 앞에 무력한 것이다.

바로 이러한 문제점 때문에 문제의 근원으로 돌아가 소수파의 표결권과 토론권이 형식적인 것에 그치지 않고 실질적인 것으로 되도록 하는 수단을 모색해야 하는 것이다. 정당기속과 정당대립이 강하여 강력한 정당투표 상황이 벌어지는 우리나라에서 다수의 지배와 소수의 보호를 조화시키기에 적절한 방향은 다수의 힘을 조금 덜고 소수의 지위를 높여주는 것이다. 소수에게 어느 정도 힘을 실어주어 소수보호에 이바지한다는 점에서 의사진행방해는 그에 적합한 매우 좋은 수단이라고 할 수 있다.

그리고 성급한 다수의 견제는 우리나라에서 상원제도의 도입, 추상적 규범통제의 도입 등을 통하여 가능하다는 견해들이 있다. 그러나 상원제도는 그 자체가 소수의 보호수단은 아니며 또 비용이 많이 드는 단점이 있고, 추상적 규범통제는 문제가 헌법적 차원의 것에 한정되는 한계가 있어 의회 자신의 정치력 제고에는 크게 도움이 되지 않는다. 따라서 이러한 제도들의 도입도 바람직한 것이지만 의사진행방해제도는 그 구조가 다수와 소수가 강하게 부딪치는 우리나라의 의회 현실에서 오히려 대화와 타협을 촉진하는 장치로서 기능할 수 있다고 할 수 있다.27) 그리고 실제로

27) 김정도·이상우 (2012), "미국 필리버스터제도의 경험과 한국에의 함의", 세계지역

244 필리버스터의 역사와 이론

개정국회법 시행 이후 그러한 측면의 성과도 나타나고 있다고 판단된다. 집권초기 1년동안의 법안처리 건수에서 이번 정부는 676건으로 앞선 노무현 정부의 306건과 이명박 정부의 314건과 비교하여 높은 효율을 보이고 있다. 또한 중요 법안 처리에서 빅딜이 이루어지는 경향이 있어 타협이 정착화되고 있음을 보여준다. 여당이 요구한 '외국인투자촉진법'은 야당이 요구한 '상설특검법안'과 함께 빅딜되면서 입법이 되었고 2013년 말 예산안 처리와 국가정보원개혁법안도 주고받기의 산물이다.[28] 이러한 측면은 부정적인 측면보다는 여야 합의에 의한 의안처리와 타협의 촉진이라는 면에서 긍정적으로 평가할 수 있고 이것은 개정국회법이 의사진행방해제도를 도입하면서 소기했던 성과가 나타나는 것이라고 할 수 있다.

이상의 내용을 아래 그림과 같이 정리해 유기적으로 배열해 볼 수 있다.

1. 다수파의 태도는?	양보와 타협	불양보와 비타협		
2. 다수파의 행동은?	양보와 타협의 제도화	직권상정 다수결 강행	날치기	소수파 억압

↓

3. 소수파의 대응은?	의사진행 방해	의사당내 몸싸움	장외투쟁		무장 저항
			규범통제 / 권한쟁의	가두 시위	
4. 이유는?	많음 ← 소수파의 의사결정 영향력 → 적음				

〈그림 5〉 의사진행방해와 몸싸움, 날치기, 정치의 사법화에 대한 통합적 설명

연구논총 30(1), 238쪽과 임성호 (2010), "국회운영과정상 수(數)의 논리와 선호도(選好度)의 논리: 균형적 갈등조정 메커니즘으로서의 필리버스터제도", 의정연구 31, 221-222쪽은 반대로 그 도입효과에 대해 다소 부정적으로 평가한다.
28) 머니투데이 (2014. 4. 2), "국회선진화법, '폭력' 사라졌지만 '발목' 잡았다?".

의사진행방해와 몸싸움의 경계는 그리 멀지 않다. 그리고 의사진행방해와 몸싸움은 모두 동일한 원인으로 발생한 현상이라고 할 수 있다. 의사진행방해나 몸싸움이나 그 본질은 모두 소수파가 다수파에 대해 벌이는 이익 투쟁이다. 여기서 이익은 공익실현의 기회를, 더 구체적으로는 의사결정 영향력을 의미한다.

1과 2는 다수파가 공익실현 즉 국가의사 결정 기회를 독점하느냐 그렇지 않으냐 하는 다수파의 태도가 소수파의 대응방향을 결정하는 데 결정적인 것임을 나타낸다. 다수파가 이익을 양보할 생각이 없는 경우 다수파의 행동은 약하면 직권상정에 의한 다수결 강행에서 좀 더 나아가면 날치기로 나타날 것이다. 직권상정이 국회법에 따른 행동이었던 반면(구 국회법상) 날치기는 위법적인 행동이라는 점에서 다수파의 이익독점의지는 더욱 강한 것이다. 한편 다수파가 이익을 양보할 태도를 가지면 양보와 타협을 제도화하고자 하는 행동으로 나타날 것이다.

3은 이에 대한 소수파의 대응방향을 나타낸 것이다. 의회의 의사절차가 다수파와 소수파의 이익대립이 벌어지는 장이라는 관점을 가지고 보면 의사진행방해 - 의사당내 몸싸움 - 장외 투쟁(규범통제/거리 시위) - 무장저항은 결국 의회 다수파의 의사결정 영향력의 독점에 대한 항의의 표출임을 나타낸다. 홍정(2011)의 연구는 국회폭력이 국회다수파의 일방적인 의사진행에 대한 항의로서 긍정적인 측면도 가지고 있음을 밝혔고[29] 이는 결국 국회폭력이 의사진행방해와 본질적으로 다른 것이 아니라는 점에 우리의 이해를 심화시킨다. 몸싸움은 다수결 방식에 의해 표결이 이루어지면 소수는 어떤 경우에도 이길 수 없기 때문에 그러한 표결강행을 막으려는 행동의 표출이다. 의장의 직권상정을 저지하기 위해 의장석을 물리적

---

29) 홍정 (2011), "한국 국회의 쟁점법안 처리에 나타난 폭력적 충돌에 대한 연구: 민주화 이후 13-18대 국회시기를 대상으로", 서울대학교 대학원 정치학과 박사학위 논문.

으로 점거하거나 의사봉을 두드리지 못하게 하는 등의 강압적 폭력이 이에 해당한다. 이 모든 것이 의회내 의사결정을 획일적으로 표결방식으로 처리하려 했을 때 그 부당한 결과를 막으려는 의도에서 비롯되는 것이다. 표결을 저지하려는 의사진행방해의 의도와 완전히 동일하다. 여기서 물론 형식적으로는 다수결에 의한 의사결정 방식에 따른 결과가 존중되어야 하므로 부당함이란 있을 수 없다고 생각할 수도 있다. 그러나 앞에서 설명했듯이 일회적 결정이 아니라 정당으로 다수파와 소수파가 고정된 상황에서 지속적으로 의사결정이 반복되었을 때에는 거시적으로 봤을 때 그 누적적 효과가 완전히 정당한 것일 수 없다. 소수파는 그 수에도 불구하고 전혀 국민대표로서의 역할을 수행하지 못하기 때문이다.

이렇게 하여 의사진행방해와 몸싸움의 긴밀한 관계가 설명되었다. 그림에서 3은 그러한 것을 표현한 것이다. 다수파에 의한 의사실현결과의 독점(그것을 다수의 횡포라고도 부를 수 있을 것이다)으로 발생하는 부당한 결과를 저지하기 위해 소수파가 택할 수 있는 수단은 표결에 저항하는 것일 뿐이므로 동일한 목적의식하에 의사진행방해나 의회내 몸싸움/폭력은 발생했다.30) 그러나 몸싸움보다는 의사진행방해가 폭력성의 정도가 덜하고 의회내의 협력적 분위기를 더 반영하기 때문에 바람직하다. 따라서 의회내 몸싸움/폭력을 방지하기 위해서는 의사진행방해의 제도화가 도움이 된다. 왜냐하면 의사진행방해제도는 다수파의 양보를 제도화한 것으로 의회내 몸싸움/폭력 현상의 원인이었던 의사결정 결과의 부당함을 줄이고 협력적 합의의 방향으로 의사절차를 유인하는 기능을 하기 때문이다. 이로써 알 수 있는 사실은 의사진행방해제도는 다수파의 양보에 기반한 것이라는 점이다. 그리고 그것은 다수파가 단순히 은혜로운 마음으로 부여하는 양보가 아니라 사실은 의사방해-몸싸움-장외투쟁 등 소수파의 집요한 저항의 역사를 생각할 때 소수파의 항의에는 대표성과 그 수에 합당한 기

---

30) 홍정 (2011), 앞의 글, 135-147쪽.

회를 가져야 한다는 정당한 근거가 있으며 다수파의 양보는 그러한 정당한 근거위에서 이루어지는 것이라고 할 수 있다.

4는 이러한 측면이 가져오는 결과를 나타냄으로써 각 경우들에 대한 최종적인 가치평가를 위한 기준을 제시한다. 제도의 향배에 따라 다수파와 소수파의 이익은 평화롭게 조정되어 합의에 이를 수도 있고 일부에 의해 독점되어 끊임없는 항의와 정쟁을 부를 수도 있다. 따라서 다수파와 소수파의 이익 투쟁이 제로섬 게임 상황인 경우에 타협과 양보의 제도화는 비폭력적이고 구성원 모두의 의견을 반영한다는 점에서 규범적으로 가장 나은 의사결정 방식이 될 것이다.

이를 요약하면 다음과 같이 말할 수 있다. 의사진행방해나 국회내 몸싸움, 규범통제/권한쟁의 절차를 이용한 의회내 싸움을 해결하려는 행동은 모두 본질적으로 다수의 횡포(=다수결 방식의 한계)로부터 발생하는 불만을 표출하며 다수파에게 압력을 가하려는 다양한 대응방식이다. 그것들은 그 표출의 양태가 다를 뿐 그 본질과 기원이 같다. 따라서 가능한 여러 수단들 가운데에는 의사진행방해의 제도화에 의해 문제를 근본적으로 해결하는 것이 필요하고 또 가장 바람직하다고 할 수 있다.

II. 의사진행방해제도의 정당성

1. 의사진행방해제도를 둘러싼 논란

2012년 5월 국회법 개정이 이루어질 당시부터 합법적 의사진행방해제도를 포함하여 여러 곳에 규정된 가중다수결 제도에 대해 강력한 비판이 존재하였다. 대표적으로 정몽준 의원은 다음과 같은 내용의 성명을 발표한 바 있다.

"필리버스터 제도는 일종의 '가중 다수결(Super Majority)' 제도이다. 이 제도가 정당성을 얻으려면 먼저 자유민주주의의 핵심 원칙인 다수결의 원칙이 존중되어야만 한다. 선거라는 제도 자체만 보아도 다수결의 원칙에 입각하고 있는데, 만일 선거에서 패배한 소수가 결과에 승복하지 않고 다수와 소수의 '합의'에 의해서만 모든 결정을 내릴 수 있다고 우기기 시작한다면 민주주의는 무너질 수밖에 없다. … 국회폭력을 막기 위해서는 필리버스터 제도 도입과 같은 대중적 처방에 의존해서는 안 된다. 국회폭력은 근원적으로 국회의 각 의원들이 독립성을 잃고 여와 야, 정파 대 정파, 계파 대 계파 식의 대결구도에 휩싸여 있기 때문이다. 따라서 지금 필요한 것은 의원들이 독립적으로 책임감을 갖고 안건을 처리할 수 있는 제도적 장치와 같은 근원적 대책을 수립하는 것이다."[31]

이 성명 속에는 (ⅰ) 필리버스터는 가중다수결로서 다수결의 원칙에 위배된다. (ⅱ) 따라서 국회폭력을 방지하기 위해서는 필리버스터와 같은 소수지배 제도에 의할 것이 아니라 의원들의 독립성과 자율성을 향상시키는 것이 필요하다는 입장이 담겨 있다. 그러나 이는 정당이 개입된 현실을 인정하지 않고 고전적 의회주의의 이상에만 매달려 있는 사고의 소산으로 현대 의회주의의 문제점에 대한 본질적인 처방이 되지 못한다. 의원들의 자율성 신장 문제는 바람직하기는 하지만 정당민주주의의 현실에서 과연 타당한가는 의문이다. 우리나라 정당의 문제점으로 지적되는 강한 정당기속 문제는 쉽사리 해결할 수 없는 구조적 문제이다. 그리고 반드시 의원의 독립성과 자율성이 강화된 개인주의적 의회구조가 바람직하다고 단언할 수도 없다. 따라서 이러한 방향으로의 개혁을 주문하는 것은 우리 국회문제에 대한 가장 적절한 문제해결의 방향이 아니다. 가중다수결을 규정한 의사진행방해제도가 오히려 그것이 의사절차상의 다수결의 횡포를 시정하는 긍정적 기능을 발휘할 수 있다면 일방적 다수결제의 문제점을 보완하

---

31) 2012년 4월 20일과 5월 1일에 발표한 보도자료.

는 제도로서 기능할 수 있다. 따라서 가중다수 규정이라는 이유만으로 다수결에 어긋난다는 논리는 옳지 못하다. 오히려 다수결의 보완이 필요한 의회구조적 상황에 우리가 처해 있기 때문이다. 따라서 이러한 입장에서 제기되는 위헌론은 타당하다고 할 수 없다.

그렇지만 이러한 입장은 여전히 강력하고 이 법을 둘러싼 논쟁도 계속되고 있는 것으로 보인다. 2013년에는 여당 지도부 내에서 개정 국회법에 대한 평가를 놓고 갈등이 벌어졌다. 이를 옹호하는 입장에서는 "선진화법은 국회에서 몸싸움이 사라지는 혁명적인 변화를 가져온 새 정치의 상징(황우여 새누리당 대표)"이라거나 "여야가 대타협을 통해 만들어낸 선진화법이 흔들려서는 안된다(남경필 의원)"고 하고,[32] 이를 반대하는 입장에서는 "국회과반의석을 확보한 정당일지라도 독자 입법이 불가능하므로 사실상 국회의 입법 불임증이 우려되는 상황이 만들어진 것(최경환 의원)"이라고 주장하였다.[33]

그러나 이 법개정으로 인한 결과를 놓고 보면 우려하는 입장들과는 달리 원래 의도했던 개혁의 목표가 달성되고 있다는 긍정적인 평가가 가능하다. 19대 국회 들어서서 거의 2년동안 몸싸움은 완전히 사라졌고, 여야 협상이 법안처리의 필수요소가 된만큼 국회내에서 토론과 협상의 문화가 자리잡는 계기가 되었다는 평가이다.[34] 입법 효율도 오히려 높아져 법안 처리건수가 노무현정부 집권 1년 동안 306건, 이명박 정부 314건이었던데 반해, 박근혜 정부 1년동안은 676건에 달했다. 다만 쟁점법안에 대해서는 발목이 잡히는 사례가 있어 비효율이 커졌다는 지적이 있는 만큼, 그때마다 여전히 이 법의 위헌성 여부가 도마에 오를 가능성이 있기 때문에 이제 그 부분에 대해 살펴보기로 한다.

---

32) 조선일보 (2013. 9. 26), "선진화법 충돌, 고치자는 최경환, 안된다는 황우여".
33) 서울신문 (2013. 9. 26), "새누리, 국회 선진화법 수정 속앓이".
34) 머니투데이 (2014. 4. 2), "국회선진화법, '폭력' 사라졌지만 '발목' 잡았다?".

2. 무제한 토론 조항의 위헌여부

무제한 토론 조항(국회법 제106조의2 제6항)에 위헌문제가 결부된다면 그것은 무제한 토론을 종결하는 요건이 가중다수인 '재적의원의 3/5'의 찬성을 얻어야 한다는 점이 다수결 원리에 위배되는 것이 아닌지에 관한 문제일 것이다.

미국에서의 논의를 참고해 보면, 미국에서 필리버스터에 대한 위헌논의는 반드시 사법심사를 위한 헌법적 검토의 측면만을 가지고 있는 것이 아니라는 점이 중요하다. 오히려 사법심사보다는 필리버스터 관련 규칙개정을 압박하거나 달성하기 위한 수단으로 헌법적 차원의 검토와 논의를 전개했던 측면이 강했다. 헌법적 선택안이나 핵선택안이 그러하다.

먼저 헌법적 선택안은 미 연방헌법상의 정족수 규정이 가중다수를 규정한 6개 이외에는 예외를 허용하지 않는 조문형식으로 되어 있기 때문에 의회의 의사절차상 결정방식은 다수결에 의한 것이어야 한다는 논리를 펴고 있다. 따라서 가중다수를 규정하고 있는 규칙은 무효이고 다수는 단순다수결에 의해 새로운 규칙을 채택할 수 있다는 것이다.

그에 비해 우리나라 헌법 제49조는 "국회는 헌법 또는 법률에 특별한 규정이 없는 한 재적의원 과반수의 출석과 출석의원 과반수의 찬성으로 의결한다"고 하여 명백히 예외를 허용하는 규정형식으로 되어 있다. 이는 헌법적 결단으로 국회의 의결은 기본적으로는 과반수로 결정하지만 "법률"에 다른 규정이 있는 경우에는 가중다수도 가능한 것으로 한 것이다. 따라서 개정국회법의 일부 조항이 요구하는 가중다수 요건이 헌법에 위배된다고 할 수는 없다. 우리나라는 미국과 달리 국회가 법률을 통해 달리 정할 수 있는 여지를 헌법적으로 명확히 허용하고 있는 것이다. 따라서 이러한 우리나라의 헌법 구조에 미국의 헌법적 선택안의 논리를 그대로 들여와 적용할 여지는 없다.

　다음으로 미국의 핵선택안은 상원 의사규칙 상의 규칙위반의 이의(point of order)절차를 이용한 것이다. 규칙에 관한 판단은 상원의 다수결에 의하므로 이 절차를 이용하여 새로운 내용의 규칙을 부과하는 것이 가능한 것이다. 따라서 다수파는 이 절차를 이용하여 가중다수를 규정한 토론종결 조항을 그것이 위헌인지 아닌지에 상관없이 다수결에 의하여 현실적으로 제거할 수 있다. 미국 상원은 2013년 및 2017년에 실제로 고위공직자 임명동의안 처리절차에 대하여 이러한 방식의 규칙개정을 실행하였다. 따라서 이것도 미국 상원 의사규칙 내에 고유한 절차로 인해 가능한 것이어서 우리나라의 논의에는 별로 도움을 주는 바가 없다.

　오히려 미국 필리버스터에 관한 여러 가지 개혁안에 담겨 있는 기본적인 생각에 유의할 필요가 있다고 생각한다. 그것은 다수지배의 원리를 바탕으로 소수 보호의 제도를 보존하겠다는 것이다. 이러한 입장은 소수보호의 원리와 다수지배의 원리를 조화시킨 것으로 규범적 판단에서 어느 하나만을 우위에 놓을 수 없다는 중요한 입장을 표현하고 있다. 우리 제도를 판단함에 있어서도 바로 이러한 기준에 의하여야 할 것으로 생각된다.

　헌법은 국회가 법률로 필요에 따라 다수결 이외의 방법으로 의사결정을 할 수 있게 하고 있지만, 다수결을 기본적 의사결정의 원칙으로 삼고 있는 이상, 예외 규정에는 그 예외를 정당화하는 이유가 반드시 있어야 할 것이다. 따라서 우리 개정국회법에서도 가중다수를 규정한 조항들에는 그에 합당한 이유가 있어야 하는 것이다. 이 책에서는 정당대립이 심할수록 의회내에서 소수파 보호의 필요성은 높아진다고 주장하고 있다. 그것은 그러한 보호의 수단으로 가중다수요건을 이용할 수 있으므로, 가중다수를 지지하는 이론적 근거가 될 수 있다. 그리고 역사적으로도 소수에 대한 보호장치가 매우 부족하여 국회 폭력 등을 유발하고 날치기 등 다수의 횡포를 경험했던 우리나라 국회 상황에서 가중다수 요건을 통해 소수 보호를 의도하는 것은 그 필요성과 정당성이 너무나도 명확히 인정되는 것이다.

그러므로 개정국회법 조항들은 다수결의 예외를 정함에 이론적, 역사적으로 특별한 이유가 있는 경우에 해당된다고 하여야 한다.

다만 너무 과도한 가중다수의 경우에는 문제가 될 수 있을 것이다. 이것은 소수보호의 한계를 나타내는 것으로 과도한 가중다수 요건을 통해 소수의 보호가 다수지배를 소수지배로 만들어 버리는 정도에 이르지 않아야 한다는 것이다. 그러한 점에 비추어 보면 3/5이나 경우에 따라서 2/3의 가중다수 요건은 헌법에서도 스스로 대통령 탄핵(헌법 제65조 제2항), 법률의 재의결(제53조 제4항), 국회의원의 제명절차(제64조 제3항) 등에서 특별한 보호를 위해 설정하는 요건의 수적 범위 안에 있는 것으로서 소수보호에 필요한 범위를 넘는 것은 아니라고 할 것이다.

그동안 아래와 같이 몇가지 쟁점을 중심으로 헌법재판소에서 무제한토론제도의 위헌성 여부가 수차례 다투어 진 바 있으나 현재까지는 모두 합헌으로 결정되었다.

① 무제한 토론 조항(국회법 제106조의2) 등에 대한 헌법소원 사건(헌재 2012. 7. 31. 2012헌마619; 헌재 2019. 12. 23. 2019헌마1356) : [각하] : 국민의 지위에서 무제한 토론 조항이 국민주권의 원칙과 민주적 책임의 원칙 또는 의회주의와 다수결 원칙을 위반하여 국민의 정치적 기본권을 침해한다고 주장하였으나 헌법재판소는 기본권 침해 가능성이 없다고 판단하였다.

② 국회 회기결정 건에 대한 국회의장의 무제한토론 거부행위 관련 권한쟁의 사건(헌재 2020. 5. 27. 2019헌라6 등) : [기각] : 공직선거법 개정안 처리와 관련하여 임시국회 회기를 15일간으로 정하고자 하는 회기결정 안건에 대하여 자유한국당이 무제한토론을 신청하였으나 국회의장이 이를 거부하였고 이에 대하여 다툰 사건이다. 헌법재판소는 회기결정에 대하여 무제한토론이 허용될 경우 다음 회기에서 표결해야 하는데 그러한 해석은 불합리하므로 회기결정의 건은

무제한토론의 대상이 된다고 해석할 수 없다고 판시하였다.

제5절 의사진행방해 제도의 분석:
2012년 5월 개정 국회법 조항을 중심으로

Ⅰ. 개정 국회법 조항의 내용에 대한 개관

2012년 5월의 개정 국회법 개혁은 여당의 요구와 야당의 요구가 큰 틀에서 서로 주고받는 방식으로 서로에게 받아들여짐으로써 가능했다.[35] 여당이 요구한 것은 ①야당의 물리력 행사에 대한 금지 및 제재의 강화와 ②신속한 안건처리를 제도적으로 보장하는 것이었다. 반면 야당이 요구한 것은 ③의장의 직권상정 요건 강화와 ④합법적 의사진행방해수단의 인정이었다. ①과 ③이 제도면에서 대응을 이루고 ②와 ④가 역시 주고받는 측면에서 대응을 이룬다. 이러한 내용이 모두 타협적으로 받아들여져 개정 국회법에 반영되었다. 여당은 몸싸움을 방지할 수 있는 수단을 얻고 야당은 몸싸움을 안 해도 되는 상황을 조성할 기회를 얻었다. 또한 야당이 의사진행방해 수단을 얻은 반면 여당은 의사진행촉진 수단을 얻었다. 이하에서는 이러한 개정법상 제도의 내용과 특징을 의사진행방해의 제도화가 어떠한 수준에서 이루어졌는가라는 측면에서 살펴보고자 한다. 따라서 개정 국회법의 내용을 전체적으로 살피기보다는 새로이 도입된 규정들 중에 의사진행방해제도로 이해되거나 혹은 활용될 수 있는 것들만을 한정하여 살펴볼 것이다.[36] 그러한 것들로는 ①무제한 토론과 토론종결 제도 외

---

35) 박찬표 (2012), 앞의 글, 61-65쪽.

36) 개정 국회법의 전체적인 내용 설명에 대하여는 임종훈·길정아 (2012), "개정국회법에 따른 국회운영제도의 정착방안 연구", 2012년도 국회연구용역과제 보고서,

254 필리버스터의 역사와 이론

에도 ②국회의장의 직권 상정권 제한 ③안건 조정위원회 ④가중다수요
건을 들 수 있다. 무제한 토론과 토론종결 제도는 전형적인 의사진행방해
제도라고 할 수 있다. 그러나 그 외의 것들도 비록 본래 취지는 우리 국회
법이 합의제 방식에 의하여 운영되는 의회를 지향하면서 새로이 규정한
제도들이지만 이것들이 무제한 토론과 마찬가지로 의사진행방해의 목적을
위하여 충분히 유용하게 사용될 수 있다는 점에서 우리국회법이 규정하고
있는 광의의 의사진행방해제도들이라고 할 수 있다.

II. 무제한 토론의 허용과 토론종결 제도(제106조의2)

제106조의2(무제한 토론의 실시 등) ① 의원이 본회의에 부의된 안건에 대하여 이
법의 다른 규정에도 불구하고 시간의 제한을 받지 아니하는 토론(이하 이 조에서
"무제한 토론"이라 한다)을 하려는 경우 재적의원 3분의 1 이상이 서명한 요구서를
의장에게 제출하여야 한다. 이 경우 의장은 해당 안건에 대하여 무제한 토론을 실
시하여야 한다.

② 제1항에 따른 요구서는 요구 대상 안건별로 제출하되 그 안건이 의사일정에
기재된 본회의 개의 전까지 제출하여야 한다. 다만, 본회의 개의 중 당일 의사일정
에 안건이 추가된 경우에는 해당 안건의 토론종결 선포 전까지 요구서를 제출할
수 있다.

③ 의원은 제1항에 따른 요구서가 제출된 때에는 해당 안건에 대하여 무제한 토
론을 할 수 있다. 이 경우 의원 1인당 1회에 한정하여 토론할 수 있다.

④ 무제한 토론을 실시하는 본회의는 제7항에 따른 무제한 토론종결 선포 전까
지 산회하지 아니하고 회의를 계속한다. 이 경우 회의 중 재적의원 5분의 1 이상이
출석하지 아니한 때에도 제73조제3항 본문에도 불구하고 회의를 계속한다.

⑤ 의원은 무제한 토론을 실시하는 안건에 대하여 재적의원 3분의 1 이상의 서
명으로 무제한 토론의 종결동의를 의장에게 제출할 수 있다.

⑥ 제5항에 따른 무제한 토론의 종결동의는 동의가 제출된 때부터 24시간이 경

4-41쪽 참조.

과한 후에 무기명투표로 표결하되 재적의원 5분의 3 이상의 찬성으로 의결한다. 이 경우 무제한 토론의 종결동의에 대하여는 토론을 하지 아니하고 표결한다.

⑦ 무제한 토론을 실시하는 안건에 대하여 무제한 토론을 할 의원이 더 이상 없거나 제6항에 따라 무제한 토론의 종결동의가 가결되는 경우 의장은 무제한 토론의 종결 선포 후 해당 안건을 지체 없이 표결하여야 한다.

⑧ 무제한 토론을 실시하는 중에 해당 회기가 종료되는 때에는 무제한 토론은 종결 선포된 것으로 본다. 이 경우 해당 안건은 바로 다음 회기에서 지체 없이 표결하여야 한다.

⑨ 제7항 또는 제8항에 따라 무제한 토론의 종결이 선포되었거나 선포된 것으로 보는 안건에 대하여는 무제한 토론을 요구할 수 없다.

⑩ 예산안등 및 제85조의3제4항에 따라 지정된 세입예산안 부수 법률안에 대하여는 제1항부터 제9항까지의 규정을 매년 12월 1일까지 적용하고, 같은 항에 따라 실시 중인 무제한 토론, 계속 중인 본회의, 제출된 무제한 토론의 종결동의에 대한 심의절차 등은 12월 1일 자정에 종료한다.

1. 제도의 내용

앞에서 설명한 바와 같이 1973년 국회법 개정 이후 의원의 발언시간을 제한함으로써 우리나라에서는 무제한 토론을 이용한 의사진행방해가 일어날 수 없었다. 그러나 이제 재적의원 1/3 이상이 서명한 요구서를 의장에게 제출함으로써 무제한 토론의 실시가 가능한 것으로 규정되어(국회법 제106조의2 제1항) 우리나라에서도 전형적인 합법적 의사진행방해가 가능하게 되었다.

이 조항의 의의에 대하여 국회법 해설은 "본회의에서 안건을 최종적으로 의결하기 전에 소수의견을 개진할 수 있는 기회를 부여하고 다수당과 소수당이 타협하도록 하여 안건이 합의를 통하여 처리되도록 유도하려는 것이다"[37]라고 하여 의사진행방해를 통한 긍정적인 효과를 기대하고 있다.

무제한 토론을 위한 요구서는 대상 안건별로 제출하여야 하고 해당 안

---

37) 국회사무처 (2012), 국회법해설, 492쪽.

건이 의사일정에 기재된 본회의 개의 전까지 제출되어야 한다(제2항). 1인당 1회에 한정하여 토론할 수 있다는 제한이 있지만 릴레이 토론이 가능하기 때문에 무제한 토론의 제한에 큰 역할을 하지 못한다고 볼 수도 있지만(국회법 제106조의2 제3항) 1인당 2회의 발언 기회가 허용되는 미국 상원의 경우와 비교하면(미 상원 규칙 제19조) 제한에 일정한 도움이 된다는 점을 인정할 수 있을 것이다.

무제한 토론을 실시하는 본회의는 무제한 토론종결이 있기까지 산회하지 아니하고 회의를 계속한다고 규정하여 소모전(attrition) 양상으로 토론을 수행할 것을 규정하고 있다. 다수파가 3/5 이상의 의석을 차지하지 못하여 토론종결의 가능성이 희박한 경우 무제한 토론은 다수파에게 상당한 압력이 될 수 있지만, 소수파에게도 계속적인 토론을 산회하지 않고 수행하여야 한다는 점에서 상당한 부담을 안기는 것이라고 할 수 있다. 따라서 무제한 토론은 상당한 준비와 부담을 각오하고 사용되어야 하는 값비싼 소수파의 권리이지 우려하듯 무제한하게 무한정 사용될 수 있는 저렴한 수단은 아닌 것으로 보인다. 다만 회의 중 재적의원 1/5 이상이 출석하지 않은 경우에도 제73조(의사정족수인 재적의원 1/5 미달인 때에는 회의의 중지 또는 산회를 규정)의 적용을 받지 않고 예외적으로 회의를 계속하는 것으로 정하였다(제4항). 이는 다수파와 소수파 모두의 피로와 부담을 고려한 배려로 생각된다.

한편 무제한 토론을 종결하기 위해서는 재적의원 1/3 이상이 서명한 토론종결의 동의서를 의장에게 제출함으로써 토론종결 절차를 밟을 수 있다. 토론종결의 표결은 동의가 제출된 후 24시간 경과 후에 표결하고 재적의원 3/5 이상의 찬성을 얻어야 가결될 수 있다. 따라서 규정의 해석상 토론종결의 동의가 제출된 이후에도 추가적으로 24시간의 토론이 소수파의 토론권으로서 보장되어 있는 셈이다.[38] 이 경우 무제한 토론의 종결동의에

---

38) 임종훈·길정아 (2012), 앞의 글, 33쪽.

대하여는 토론이 허용되지 않는다(국회법 제106조의2 제6항). 무제한 토론은 토론종결제도에 의해서 종결될 수 있지만, 그 외에도 무제한 토론을 할 의원이 더 이상 없게 된 경우(제106조의2 제7항)와 무제한 토론을 실시하는 중에 해당 회기가 종료되는 경우(제106조의2 제8항)에도 무제한 토론의 종결이 선포되거나 선포된 것으로 보는 효과가 생긴다. 회기 종료에 의한 토론종결의 경우 해당 안건은 바로 다음 회기에서 지체 없이 표결하여야 한다.

토론종결이 선포된 경우에 그 안건에 대하여는 더 이상 무제한 토론을 요구할 수 없고(제9항) 해당 안건을 지체 없이 표결하여야 한다(제7항). 따라서 토론종결의 효과는 더 이상의 추가적 토론을 허용하지 않는 종국적인 것이며 바로 표결을 실시하게 만든다. 이는 토론종결이, 표결을 저지하려는 의사진행방해에 대한 능동적이고 효과적인 대응 수단임을 의미하지만, 어디까지나 재적의원 3/5의 동의를 얻을 수 있는 경우에 한하고, 그러한 가능성이 희박한 경우에는 수동적으로 회기종료를 기다리거나 무제한 토론이 자체적으로 끝나기를 기다리는 수밖에 없다.

한편 예산안 등의 경우에는 무제한 토론을 매년 12월 1일까지만 적용하고, 12월 1일 자정에 무제한 토론이나 토론종결 절차가 모두 종료하는 것으로 규정하여 회계연도 개시 30일 전까지 예산안을 의결하도록 규정한 헌법 제54조 제2항에 부합하도록 규정하였다(제10항). 따라서 예산안 등은 12월 2일에 표결절차를 거쳐 의결하여야 한다. 다만 이 규정은 원래 2013년 5월 30일 시행이 예정되었으나 다시 1년 늦추어져 2014년 5월 30일부터 시행될 예정이다.

2. 미국 상원의 무제한 토론 및 토론종결 제도와의 비교

(1) 무제한 토론의 개시요건

우리 국회법상 의원 개인의 발언 시간은 원칙적으로 15분으로 제한되어 있고(제104조 제1항) 다만 재적의원 3분의 1 이상의 요구로 무제한 토론이 개시되는 구조를 가지고 있다(제106조의2). 따라서 우리 국회법은 의원 1/3 이상의 규모를 가진 집단에게 무제한 토론권을 보장하고 있는 것이다. 정당 기속이 강한 우리나라의 현실에서 그것은 대개 제1야당이 될 것이다. 이것은 상원 의원 개인의 무제한 발언권을 보장하고 있는 미국 상원의 경우와 현저히 대비된다.

미국 상원에서는 의사절차의 기본원칙이 만장일치합의(unanimous consent agreement)일 뿐만 아니라 의원 개인에게도 무제한 발언권이 인정되어 상원 의원 개인의 권한과 영향력이 매우 강하다. 이는 기본적으로 상원 의원 개인의 이해관계를 의사절차에서 관철시킬 수 있는 수단이 매우 많다는 의미가 되고 그런 점에서 보류(holds)는 의원 개인에게 자신의 의사를 반영시킬 수 있는 매우 유용한 수단이 되고 있다. 미국 상원에서 개인에 의한 의사진행방해와 정당에 의한 의사진행 방해가 모두 가능하고 착종되어 있다는 점에서 철저하게 정당에 의한 의사진행 방해만이 가능한 우리 국회법의 제도는 매우 대조적이다.

(2) 토론종결 요건

우리 국회법상 무제한 토론의 종결 요건과 미국 상원 필리버스터의 토론종결 요건은 모두 재적의원 3/5으로 동일하다. 다만 토론종결이 요청된 이후의 효과만이 조금 다를 뿐이다. 우리 국회법에서는 토론종결 요청이

있은 뒤 24시간 후 즉시 표결에 들어가지만, 미국 상원의 경우는 토론종결
이 제기된 다음다음날 개의 후 1시간이 경과한 시점에 표결을 실시하므로
토론종결 절차는 우리 국회법이 조금 더 신속히 진행되는 셈이다.

토론종결의 효과는 더더욱 큰 차이가 있다. 미국 상원의 토론종결
(cloture)의 경우는 토론종결이 가결된 이후에도 30시간의 추가적 토론이
허용된다. 그러나 이는 의사진행 시간을 하루 8-9시간으로 잡을 때 실질적
으로 3일 가량의 추가적 토론이 인정되는 것을 의미한다. 이를 통해 소수
파의 심의·토론권을 두텁게 보장하는 동시에 소수파로 하여금 추가적인
시간지체를 허용하는 것이어서 의사진행방해의 효과를 더욱 높여주고 있
다. 따라서 미국 상원의 경우는 토론종결이 가결되는 경우라도 필리버스
터가 실행되는 것만으로도 다수파에게 상당한 시간부담을 안기는 것이어
서 우리 국회법의 토론종결제도보다 그 시간적 압박효과를 더 크게 남긴
다고 할 수 있다. 따라서 미국의 토론종결제도는 토론종결제도 자체로서
는 그리 효과적인 것이라 할 수 없다.

그러나 최근 가중다수에 의한 미국 상원의 토론종결 요건에 변화가 생
겼다. 그러한 변화가 초래된 이유는 역설적으로 가중다수 요건을 규정한
상원 규칙을 개정하기가 힘들었기 때문이다. 규칙개정안에 대한 필리버스
터에 대해서도 가중다수에 의한 토론종결이 요구되기 때문에 정상적인 방
법으로 개혁을 추진하기는 상당히 어려운 일이 되었던 것이다. 이러한 상
황에서 오히려 변칙적인 방법에 의해 변화가 앞당겨졌다. 대통령의 공직
자 임명에 상원의 인준을 요구하는 절차가 필리버스터에 의해 점차 남용
되어 인준을 얻지 못해 공석인 공직자 지위가 늘어가는 현상이 본격적으
로 문제가 되기 시작한 것은 2000년대 이후 들어서서이다. 2005년 부시
대통령의 연방법관 임명동의안에 대한 민주당의 필리버스터는 상당히 격
렬한 반응을 불러 일으켜 실제로 단순다수의 의지로 필리버스터를 종결하
는 소위 핵선택안이 실행 직전까지 갔다. 그러나 공화당과 민주당의 14인

의원들(gang of 14)의 독자적인 선언과 저지행동에 힘입어 그 실행 위기를 모면하였다. 하지만 그러한 위기는 잠시 잠재적인 상태로 들어갔던 것일 뿐이었다. 오바마 행정부 들어 공화당의 필리버스터로 임명동의안에 대한 위기는 더욱 심화되어 필리버스터 개혁의 일환으로 소위 핵선택안(nuclear option)이 실행되기에 이른 것이다. 그 결과 종래 모든 안건에 대한 필리버스터를 종료하는 데 재적 의원 3/5이 요구되었으나, 2013년 11월 21일 밀레트(Patricia Ann Millett)를 연방법관에 임명하는 임명동의안에 대한 상원 인준 절차에서 앞으로는 연방 대법관을 제외한 모든 임명동의안에 대한 필리버스터를 단순다수(=재적의원 1/2)에 의해 토론종결할 수 있는 것으로 새로이 선례(precedent)가 확립되었다. 따라서 연방대법관에 대한 임명동의안과 법률안에 대한 필리버스터는 여전히 가중다수에 의해 종결되는 것으로 남게 되었지만, 핵선택안의 실행에 의해 상원 규칙의 가중 다수 요건이 무력화되는 사태가 언제든 다시 일어날 수 있으므로 종래 소수파가 행사해 온 무제한토론에 의한 의사진행방해의 향후 전망은 매우 어둡게 되었다. 그러나 이어 2017년에는 연방대법관에 대한 임명동의안도 단순 다수결로 토론종결할 수 있게 되었다.

따라서 미국 상원의 토론종결 요건은 이제 법률안에 대하여는 3/5, 공직자 임명동의안에 대해서는 1/2의 두 가지가 가능하게 되었다. 그러나 단순다수에 의한 토론종결은 사실상 무제한 토론의 의사진행방해수단으로서의 가치를 없애버리므로 무제한 토론이 허용된다는 사실에 변함이 없더라도 더 이상 의미 있는 필리버스터는 수행될 수 없게 되었다고 할 수 있다.

한편 우리 국회법은 미국 상원의 경우와 달리 회기 종료에 의한 무제한 토론 종료를 인정하고 있다. 이는 미국 의회가 회기불계속의 원칙을 취하는 반면 우리 국회는 회기계속의 원칙39)을 취하고 있기 때문에 나타나는

---

39) 헌법 제51조: 국회에 제출된 법률안 기타의 의안은 회기중에 의결되지 못한 이유로 폐기되지 아니한다. 다만, 국회의원의 임기가 만료된 때에는 그러하지 아니하다.

차이이다.40) 미국 상원의 경우는 무제한 토론 중 회기가 끝나면 모든 의안
이 폐기되지만, 우리나라 국회는 회기 종료로 토론만이 종료될 뿐 의안은
폐기되지 않고 의사일정이 계속되므로 다음 회기가 시작할 때 지체 없이
표결하도록 규정하고 있는 것이다(국회법 제106조의2 제7항). 따라서 우리
나라의 무제한 토론 의사진행방해는 미국 상원의 필리버스터만큼 강력한
효과를 가지지 못한다. 미국 상원의 경우 필리버스터는 상당수의 법안을
폐기시키는 데 이르지만 우리의 경우는 그러한 법안폐기의 효과는 임기만
료시에나 기대할 수 있고 그 때에 한하여 전형적으로 미국 상원의 경우와
같은 정도의 의사진행방해 효과가 강력하게 나타날 것이다.

(3) 무제한 토론의 대상

무제한 토론의 대상이 될 수 있는 것은 모든 안건으로 우리 국회법이나
미국 상원의 경우 유사하다. 다만 현저하게 차이가 나는 부분은 우리 국회
법은 본회의에 상정된 안건에 대해 1회 무제한 토론이 가능한 반면, 미국
상원의 경우에는 안건에 대한 본회의 상정 동의(motion to proceed)를 비롯
하여 6단계에 걸쳐 무제한 토론을 할 수가 있어 그 범위가 매우 넓다는

---

40) 회기계속의 원칙과 회기불계속의 원칙에 대한 설명은 박수철 (2012), 입법총론, 개
정 증보판, 파주: 한울 아카데미, 494-495쪽 참조. 회기불계속 원칙은 의안처리 결
과가 회기중에 신속하게 나타나고, 회기내에 미처리되는 경우 폐기의 부담으로 인
해 법률안 등 의안제출에 신중을 기하게 되며, 회기별로 입법 환경에 부합하거나
환경의 변화를 반영한 적절한 법률안 등 의안을 제출할 수 있는 장점이 있다. 반면
회기계속의 원칙은 회기에 구애받지 않고 법률안 등 의안심의를 신중하게 할 수
있고, 매 회기마다 미처리된 많은 의안들이 폐기되고 다시 제출되어야 하는 비경제
성을 방지할 수 있고, 회기를 달리하지 않고 일관된 기준으로 의안을 심사할 수 있
는 장점이 있다. 따라서 어느 원칙이 특별히 우위에 있는 것은 아니고 어느 쪽의
장점을 택하여 운영할 것인지의 제도선택의 문제라고 한다. 우리 국회는 제헌국회
부터 제5대국회까지는 회기불계속의 원칙을 채택하였으나 제6대 국회 이후 줄곧
회기계속의 원칙을 채택하고 있다.

점이다. 미국 상원의 필리버스터는 이러한 광범위한 가능성 때문에 이 부분에 대한 개혁론도 아울러 제기되고 있다.

(4) 다중경로 심의제도

우리 국회법은 다중경로 심의제도(multi-track system)를 채택하지 않았다. 다중경로 심의제도는 본회의 심의장을 이중, 삼중, 다중으로 만드는 것을 허용하는 제도이다. 하나의 심의절차에서 안건에 대한 의사진행방해가 제기된 경우, 다른 심의절차로 전환하여 다른 안건에 대한 심사가 가능하므로 의사진행방해가 가져오는 방해효과는 당해 안건에 제한되는 효과가 있다. 미국 상원은 1970년대 무렵부터 이러한 제도를 채택하여 의사진행방해에 대응하고 동시에 의사진행의 효율성을 제고시켜 왔다.

반면 다중경로 심의제도를 채택하지 않고 있는 우리 국회법은 심의의 장이 하나인 결과, 하나의 안건에 대한 무제한 토론이 제기된다면 다른 안건에 대한 심의는 그 무제한 토론이 종료된 이후에나 가능하다. 따라서 하나의 안건에 대한 의사진행방해의 효과는 의사절차 전체에 미친다.

다중경로 심의제도는 다수파에게 의사진행방해의 효과를 제한하고 의사절차의 효율성을 높여 주는 기능을 하지만, 역으로 소수파에게도 의사진행방해에 대한 부담을 없애 의사진행방해를 보다 수월하게 수행할 수 있게 자극하는 기능을 한다.[41] 따라서 다중경로 심의제도로 말미암아 의

---

41) Sarah A. Binder and Steven S. Smith (1997), *Politics or Principle?: Filibustering in the United States Senate*, Washington D.C.: Brookings Institution, 15쪽은 저비용의 의사진행방해가 가능하게 된 것을 다중경로 심의제도 발명의 영향으로 본다; 반면 Gregory Koger (2010), *Filibustering: History of Obstruction in the House and Senate*, Chicago; London: The University of Chicago Press, 137쪽과 Gregory J. Wawro and Eric Schickler (2006), *Filibuster : Obstruction and Lawmaking in the U.S. Senate*, Princeton, N.J.: Princeton University Press, 261-262쪽은 다중경로 심의제도는 의사진행방해의 증가에 부수적인 영향밖에 끼

사진행방해는 저비용의 행위가 될 수 있었고 따라서 의사진행방해의 증가가 촉진되었다고 할 수 있다.

따라서 다중경로 심의제도를 도입하지 않은 우리나라 국회법상의 무제한 토론은 효과가 강력하지만 실행에 따르는 물리적, 심리적 부담이 결코 적은 것이 아니어서 자주 사용되기에는 무리가 있어 보인다.

Ⅲ. 국회의장의 직권 상정권 제한(제85조, 제86조)

개정전	개정후

제85조(심사기간) ① 의장은 위원회에 회부하는 안건 또는 회부된 안건에 대하여 심사기간을 지정할 수 있다. 이 경우 의장은 각 교섭단체대표의원과 협의하여야 한다.	제85조(심사기간) ① 의장은 다음 각 호의 어느 하나에 해당하는 경우에는 위원회에 회부하는 안건 또는 회부된 안건에 대하여 심사기간을 지정할 수 있다. 이 경우 제1호 또는 제2호에 해당하는 때에는 의장이 각 교섭단체대표의원과 협의하여 해당 호와 관련된 안건에 대하여만 심사기간을 지정할 수 있다.
	  1. 천재지변의 경우
	  2. 전시·사변 또는 이에 준하는 국가비상사태의 경우
	  3. 의장이 각 교섭단체대표의원과 합의하는 경우

② 제1항의 경우 위원회가 이유없이 그 기간내에 심사를 마치지 아니한 때에는 의장은 중간보고를 들은 후 다른 위원회에 회부하거나 바로 본회의에 부의할 수 있다.	② 제1항의 경우 위원회가 이유없이 그 기간내에 심사를 마치지 아니한 때에는 의장은 중간보고를 들은 후 다른 위원회에 회부하거나 바로 본회의에 부의할 수 있다.

치지 못했다고 보지만 의문이 있다.

264 필리버스터의 역사와 이론

국회의장은 위원회에 안건을 회부할 때나 이미 회부되어 있는 경우라도 안건에 대해 신속한 처리가 필요하다고 판단하는 경우 그 안건에 대해 심사기간을 지정할 수 있으며, 위원회가 정해진 기간 안에 심사를 마치지 않은 경우 바로 본회의에 부의하여 본회의 심의 절차를 진행할 수 있다. 이러한 권한을 의장의 '직권 상정 권한'이라고 부른다. 그리고 이러한 권한은 개정전에는 그 행사사유에 아무런 제한이 없어 사실상 위원회 심사를 배제하고 신속히 의안을 처리하기 위한 가장 강력한 다수파 여당의 수단으로 사용되었다. 그러나 의장의 이러한 직권상정이 국회내 물리력 충돌을 야기하는 주요 원인으로 지목되고 그에 대한 비판의 목소리가 높아짐에 따라 이러한 직권상정권의 제한에 대한 공감대가 이루어졌다. 그에 따르면 의장의 독자적인 직권상정권은 평상적인 것이 되어서는 안되고, 예외적인 상황에서 보충적으로 활용되는 것이어야 한다는 것이다.42)

그러한 요구에 부합하게 개정 국회법에서는 이러한 권한의 사용이 천재지변이나 전시·사변 등의 극히 예외적인 상황을 제외하고는 의장이 각 교섭단체대표의원과 합의한 경우로 제한되고 있다. 따라서 이제 의장의 직권상정권은 의장의 독자적인 판단에 의한 것으로서는 국가비상사태에 준하는 위기상황에서만 위기극복을 위하여 사용할 수 있는 것이 되었고, 평상시에는 오히려 여야 합의가 의사진행을 위한 기본 규칙이 되었다.

개정 국회법에 따를 때, 위원회 심사기간을 지정하지 않은 경우에는 통상적인 위원회의 심사절차에 따라 심사를 마치고 본회의에 보고서를 제출한 뒤 1일의 경과기간을 거친 뒤 본회의에 상정되는 절차를 밟는다(제66조, 제93조의 2). 이러한 통상절차를 따르면 시간이 굉장히 오래 걸릴 뿐만 아니라 과연 안건이 본회의에 올라오게 될 것인지 여부도 불확실하여 다수파가 원하는 신속한 의안처리의 요구에는 부합하지 않는다. 따라서 다수파가 반드시 처리하고 싶어 하는 쟁점법안의 경우 심사기간 지정의

---

42) 홍완식 (2012) "국회선진화법에 관한 고찰", 헌법학연구. 제8권 4호, 322-324쪽.

필요성이 있게 된다. 그러나 개정 국회법에 따르면 이는 여야의 합의가 있어야만 가능한 일이다. 따라서 개정 국회법 이전에 가장 첨예한 의사당내 몸싸움을 불러오는 역할을 했던 의장의 직권상정 권한은 이제 국회 의사진행 절차의 기본 축을 합의제로 전환하는 역할을 담당하게 되었다. 이는 다수파의 효율성 요구보다는 소수파의 보호 요구에 더 기울어진 것이다.

뿐만 아니라 이러한 제도적 상황은 소수파로 하여금 이것을 의사진행방해의 수단으로 활용하는 길마저 열어준다. 다수파의 쟁점법안 심사기간지정 요구를 소수파가 거부함으로써 쟁점법안 자체에 대해서만이 아니라 다른 안건들에 대해서도 다수파의 의사일정에 압박을 가할 수 있게 되어 의사절차에서 소수파의 영향력을 확보할 수 있는 것이다. 따라서 의장의 직권상정권 제한과 여야합의의 제도화는 그것이 전형적인 필리버스터에는 해당되지 않지만 최종표결저지를 통한 의사결정 영향력의 확보라는 의사진행방해의 개념정의에 부합하므로 우리 국회법이 규정한 매우 강력한 광의의 의사진행방해수단으로 볼 수 있다. 또한 직권상정의 요건도 의장과 교섭단체 대표의원의 합의를 요구하고 5/2나 1/3과 같은 대규모의 정당일 것을 요구하지 않으므로 거대 여당·야당에 의해 소외될 수 있는 소규모 제3당도 이 제도를 활용하여 충분히 의사진행방해를 펼칠 수 있으므로 활용하기에 따라서는 무제한토론보다 훨씬 더 강력한 의사진행방해수단이 될 수 있다.

국회법 제86조가 규정하고 있는 법제사법위원회 단계에서의 심사기간지정에 대하여도 기본구조는 같으므로 동일한 설명이 그대로 타당할 것이다.

IV. 위원회 안건조정제도(국회법 제57조의2)

위원회는 이견을 조정할 필요가 있는 안건을 심사하기 위하여 재적위원

1/3 이상의 요구로 안건조정위원회를 구성하고 활동하게 함으로써 소수파의 의견이 위원회 심사단계에서부터 반영되도록 하는 위원회 안건조정제도를 마련하였다(국회법 제57조의2). 국회 내의 관행에 따르면, 안건에 대해 위원회 심사단계에서 여야간에 의견 충돌이 있는 경우 타협과 절충을 위한 노력이 우선 이루어지지만 그 후에는 소수당 위원들의 반대에도 불구하고 다수당의 의사에 따라서 처리되는 것이 일반적이었기 때문에, 소수당 소속 위원들의 안건 심사권을 최대한 보장하기 위한 제도로서 도입되었다고 한다.[43]

이 제도의 소수파 보호 취지에도 불구하고 이 제도 자체가 소수파의 의사진행방해 수단인 것은 아니고 다만 이 제도의 일부 측면이 소수파에게 의사진행방해의 유용한 수단으로 활용될 수 있는 것이다.

그 한 측면은 위원회 재적위원 1/3 이상의 요구가 있으면 이견 있는 안건에 대하여 이견 조정을 위해 안건조정위원회를 구성하고 90일의 활동기한을 보장받는다는 점이다(제2항). 따라서 다수파에 의해 일방적으로 처리되려는 심사를 90일의 시한을 한도로 저지하여 시간적 압박을 가할 수 있게 되는 것이다. 다수파가 안건을 신속히 처리해야 할 필요성이 있는 경우에는 안건조정위원회의 구성이 더욱 효과적인 압박수단이 될 수 있다. 따라서 그에 상응하여 다수파의 양보와 타협이 유도될 수 있을 것이다.

의사진행방해의 수단이 될 수 있는 또 다른 측면은 조정위원회에서 안건에 대한 조정안을 재적 조정위원 2/3 이상의 찬성으로 의결하는 가중다수 의결조항이다(제6항). 조정위원회는 구성시에 이미 다수파 위원과 그외 소수파 위원의 수를 같게 하기 때문에(제4항) 다수파는 절대로 단독으로 조정안을 의결할 수 없고 위원 2/3의 찬성이 없는 한 활동기한 90일은 충실히 보장될 수 있다. 2/3의 의결요건을 규정함으로써 소수파에게는 일정한 의사진행방해권이 보장되고 있는 셈이다.

---

43) 임종훈·길정아 (2012), 앞의 글, 9-12쪽.

V. 가중다수 요건

위에서 지적한 안건조정위원회의 의결(제57조의2 제6항)을 재적위원 2/3 이상의 찬성으로 하는 것 이외에도 위원회 단계나 본회의 단계에서 가중다수 요건이 규정되어 있는 경우에는, 이것이 일정한 정도 이상의 규모를 가지는 소수파에게 의사의 진행을 저지할 수 있는 의결권을 부여하므로 의사진행방해의 수단으로 이용될 수 있다. 이러한 가중다수 요건은 국회법에 모두 4개가 규정되어 있다.

① 안건조정위원회의 의결(제57조의2 제6항) - 재적위원 2/3
② 무제한 토론의 토론종결(106조의2 제6항) - 재적의원 3/5
③ 신속처리대상안건의 지정(제85조의2 제1항) - 재적 의원 또는 소관 위원회 재적위원 3/5
④ 법제사법위원회의 체계자구심사 지연 안건에 대한 소관위원회의 본회의 부의 요구(제86조 제3항) - 재적 위원 3/5

신속처리대상안건의 지정이나 법제사법위원회의 체계자구심사 지연 안건에 대한 본회의 부의 요구의 경우에도 재적 의원 혹은 재적 위원 3/5의 찬성을 요구함으로써 구조적으로 소수파 의원 혹은 위원들에게 신속한 의안의 처리를 저지할 수 있는 권한을 부여하고 있다. 따라서 이러한 가중다수에 의한 의결 요건은 그 자체로 소수파에게 힘을 실어주고 의사진행을 방해할 수 있는 기회를 제공한다. 다만, 이것들에는 절차상 일정한 시한이 있어 그 의사진행 방해의 효과가 그러한 시한과 함께 끝나게 되므로 의사진행방해에 대해서도 일정한 제한이 설정되어 있는 효과를 가진다.

VI. 국회법상 의사진행방해 수단들에 대한 평가

1. 미국 상원의 의사진행방해제도와의 비교

미국 상원의 의사진행방해제도는 무제한 토론과 그 밖의 수단들로 구분할 수 있고, 실제로 그 밖의 수단들 중에는 보류(holds)를 제외하고는 그다지 중요하지 않아서, 그 중심이 어디까지나 무제한 토론에 있다. 그러나 미국은 1970년대에 다중경로 심의제도를 도입함으로써 실제로 힘들게 의사진행방해가 수행되는 일은 별로 없게 되었다. 따라서 손쉽게 관념에 가까운 의사진행방해를 할 수 있게 되었고, 그것은 주로 개별적 의안에 대한 저지를 목적으로 하게 되었다.

그에 비해 우리 국회법에서 도입한 제도는 실제로 무제한 토론을 수행하는 힘든 의사진행방해제도를 도입한 것이다. 그러나 여기서는 위원회 단계에서 규정된 가중 다수 요건들도 의사진행방해수단으로 활용될 수 있다고 보아 넓은 의미의 의사진행방해수단으로 분류하였다. 이 제도들은 일정한 비율을 점하는 소수에게 손쉽게 의안처리단계를 지체시킬 수 있는 권한을 부여한다. 따라서 우리 국회법이 다중경로 심의제도를 도입한 것이 아니고 또 위원회 단계이므로 비교가 반드시 적절한 것은 아니지만, 이 제도들로 인하여 미국 상원의 의사진행방해제도에서 다중경로 심의제도가 가지는 성격과 유사한 성격을 보일 수 있는 가능성이 있다고 할 수 있다.

2. 국회법상 의사진행방해제도에 대한 평가

의회 의사절차는 다수지배의 원리와 소수보호의 원리가 모두 보장되어야 모두에게 만족스러운 의사결과를 산출할 수 있다. 개정 국회법 조항은 의장석 점거를 금지하고 의회 폭력에 대한 제재를 강화하는 한편 국회 의장의 직권 상정을 제한하여 소수파에게 힘을 실어 주고, 또한 다수파와 소수파가 서로 안건의 신속처리 수단과 의사진행방해수단을 주고받아 상당히 균형 잡힌 개혁의 모습을 하고 있다. 그러나 실제 내용을 좀 더 면밀히 검토해 보면 신속처리대상안건지정 요건을 가중다수로 함으로써 실제로는 소수파의 개입에 의해 신속처리대상으로 지정될 수 없게 하고 있고, 위원회 단계와 본회의 단계에서 의사진행방해 수단이 여러 겹으로 포진해 있는 것은 의사진행의 효율화 차원에서 문제가 될 소지가 있다. 따라서 전체적인 2012년 5월의 개정 국회법의 모습은 다수파의 의사진행 효율성보다는 소수파의 의사진행방해 쪽에 무게가 기울어진 구조로 볼 수 있다. 다만 무제한 토론이나 안건조정위원회의 경우 모두 그 활동기한이 한정되어 있다는 점에서 남용가능성은 차단되고 일정한 범위내로 제도적 제한이 가해지고 있는 것으로 볼 수 있다. 따라서 이러한 제도적 장치들이 다수지배를 부정하고 소수지배를 용인하는 정도의 수준에 이르렀다고는 평가될 수 없다. 다만 다수파와 소수파의 합의에 의해 소수의 보호가 이루어지는 의회 절차상의 의사규칙의 특성상 앞으로의 합의에 의해 제도적 변화나 개선은 가능하고 또 바람직할 것이다. 실제 이 제도를 사용하면서 다음과 같은 논란 또는 약간의 제도적 변화가 이루어졌다.

① 감사원장 후보자 임명동의안에 대한 무제한토론 불발 (2013. 11. 28)
: 당시 황찬현 후보자에 대한 인사청문회를 거치면서 민주당이 무제한 토론 신청서를 제출했으나 국회의장이 「인사청문회법」에 무제한 토론의 근거규정이 없고, 인사 안건에 대해서는 토론을 불허해 온 관행이 있다는 이유를 들며 거절하고 직권상정하여 바로 표결처리한 바 있다.[44] 그러나 이러한 이유는 근거가 없고 「국회법」 제106조의2

---

44) 한겨레신문 (2013. 11. 28), "강창희 국회의장, 필리버스터 신청 뭉개고 상정·표결 '총대'".

가 무제한 토론을 법안 등 안건에 한정하지 않고 있으므로 타당하지 않은 해석이다.[45] 그렇지만, 앞서 미국의 사례에서도 임명동의안에 대한 필리버스터는 그 효용성 자체가 논란이 되었다. 그런 점을 감안하여 인사문제에 대한 무제한 토론을 아예 배제하고자 하는 입장도 수긍할 수는 있을 것이다. 다만 그러기 위해서는 법에 명문화된 근거가 마련되어야 할 것이다.

② 정회를 이용한 필리버스터 정지 가능성 논의 (2016. 2. 29) : 테러방지법안의 위험성을 지적하며 2016년 2월 23일부터 3월 2일까지 무려 9일에 걸쳐 2012년 개정 국회법에 따른 무제한 토론이 최초로 이루어졌다. 최초의 실행이었기 때문에 국민적 관심도도 높았으나 선거구 획정 등 내용을 담은 「선거법」 개정안 처리가 시급했기에 민주당-새누리당 양당이 합의 하면 정회 후 선거법 처리를 할 수 있다는 제안이 잠시 있었다. 비록 실행되지는 않았지만 그러한 제안이 실제로 행해졌다면 우리의 의사절차에도 미국의 다중 트랙 제도와 같은 것이 창안되는 효과를 가져 올 수 있었을 것이다. 정회의 개념 및 「국회법」 제106조의2의 해석 여하에 따라 앞으로도 충분히 전개 가능한 방향으로 생각한다. 다만, 이렇게 되면 「국회법」 제106조의2가 본래 상정한 실제 소모전 형식으로 행하는 필리버스터의 범위를 벗어나 관념화 양상으로 급속히 변해 갈 우려가 있게 된다.[46]

한편 흥미롭게도 필리버스터에 대한 정회가 코로나 19로 인해 실제 일어났다. 2020년 12월 12일 국민의 힘당 윤희숙 의원이 필리버스터를 진행하고 있는 중 일부 국회의원이 확진자와 접촉한 사실 등이

---

45) 양태건, "한국국회와 의사진행방해", 입법학연구, 제13집 제1호, 77쪽.
46) 보다 자세히는 양태건, 앞의 글, 77-80쪽.

알려지면서 여야 합의 하에 본회의가 정회되었다.47) 2016년과 같이
"정회를 이용"하여 다중 트랙을 창출하려는 상황은 아니지만, 또한
코로나 19라는 특수한 상황에서 불가피한 측면이 있다는 측면도 인
정되지만, 어쨌든 「국회법」 제106조의2 제4항이 "무제한토론을 실
시하는 본회의는 제7항에 따른 무제한토론 종결 선포 전까지 산회
하지 아니하고 회의를 계속한다"고 규정하고 있음에도 불구하고 '정
회'는 실제상 가능하다는 선례를 남긴 사례이다.

③ 소위 '쪼개기 임시국회'를 이용한 필리버스터 기간 단축 (2019. 12. 23
   – 12. 26 등) : 2012년 「국회법」 개정 이래 2번째로 본격적인 필리
   버스터가 시행되는 것이었는데, 선거법안과 검찰개혁법안 등에 대한
   필리버스터 장기화를 막기 위해 민주당 등 정당들은 4+1 공조를 통
   해 개의 3일 전에 공고해야 한다는 국회법 규정(「국회법」 제5조)을
   활용하여 4일짜리 임시국회를 만들어 필리버스터 기간을 최대로 단
   축하는 것으로 대응하였다. 이에 대해 헌법이 정한 30일 임시국회
   기간이 보장되어야 한다는 비판이 있지만 헌법 제47조 제2항은 단지
   "정기회의 회기는 100일을, 임시회의 회기는 30일을 초과할 수 없
   다"고 정하고 있음에 불과하므로 그 취지는 임시국회 기간의 최대치
   를 제한하는 데 있고, 그것이 반드시 30일이어야 한다는 의미는 아님
   이 명백하다.48) 또한 이를 막기 위해 자유한국당은 회기결정의 건에
   대해 무제한 토론을 신청했으나 국회의장에 의해 이것이 거부되었
   다.49) 이러한 방식의 운영은 법률의 해석 범위 내에서 충분히 가능

---

47) 동아일보 (2020. 12. 12), "코로나가 멈춰 세운 필리버스터 … 윤희숙 '12시간48
    분' 新기록".
48) 한국경제신문 (2019. 12. 15), "심재철 "與 '쪼개기 국회'탓에 필리버스터 … 정당
    한 권리행사".
49) 헌법재판소에 권한쟁의 사건으로 다투었으나 헌법재판소는 이를 국회법 제106조

한 것이지만 문제는 이러한 방식을 지속하는 경우 필리버스터의 의미는 앞으로 크게 반감될 것이라는 것이다. 더욱이 민주당측은 무제한토론 신청서를 제출하지도 않은 상태에서 '맞불 토론'을 진행하였다. 이러한 사례는 우선 소수파의 권리를 다수파가 사용하는 것이 가능한가라는 원리적 문제와 함께, 다음으로 다수파가 실제로 토론 신청을 한다면 그것을 허용할 것인가 아니면 먼저 신청한 소수파의 것만 허용할 것인가라는 법해석의 문제도 제기한다. 이 부분도 향후 제도변화가 엿보이는 지점이다.

제6절 의사진행방해제도의 개선 방향

I. 개선의 목표

이 절에서 수행되어야 할 과제는 지금까지 살펴본 의사진행방해에 대한 이론과 현실에 대한 이해를 바탕으로 보다 바람직한 의사진행방해제도의 모습을 제시하는 것이다. 따라서 마땅히 그 출발점은 파행적 의사결정이라는 우리 국회 의사절차가 보여 온 그동안의 문제점이 될 것이다. 그러한 문제점의 시정과 해결을 위해 의사진행방해의 제도화는 적절한 해결책이 될 수 있었다고 이 연구는 주장한다.

그러나 의사진행방해제도가 그 자체로 의미를 가지는 것은 아니다. 그

의2 해석상 정당한 것으로 판시한 바 있다. 회기결정의 건에 대해 무제한토론을 허용하면 다음 회기에 가서 표결해야 하는데 다음 회기에 가서 전 회기 일정을 결정하는 것이 무의미하고, 또한 계속적인 무제한토론으로 국회의 비정상적 운영이 불가피하고 의정활동이 마비될 가능성이 있으므로 회기결정의 건은 그 본질상 무제한토론의 대상이 되지 않는다고 보는 것이 타당하다고 하였다. (헌재 2020. 5. 27. 2019헌라6 등)

것은 의회 의사절차 안에서 기능하는 것이고 따라서 반드시 다수파의 의
안주도 및 의사진행과의 관련하에서만 의미를 가지는 것이다. 따라서 의
사진행방해 수단들은 다수파의 의사촉진 수단 및 다수지배 원리와 조화와
균형을 이루도록 설계되어야 한다. 그럼으로써 다수파와 소수파 간에 의
사결정 절차는 각자의 것을 얻으면서 원활히 진행되어 갈 수 있을 것이다.
이와 관련하여 김용철의 연구(2009)는 우리나라 의회 의사절차의 문제점
과 목표를 보다 집약적으로 보여주고 있어 이 연구의 개선방안 제시를 위
해 매우 유용하다.[50)]

		의안의 정치적 현저성	
		낮음	높음
규칙의 제도화 수준	높음	A 원만한 타협적 의사진행	C 갈등 속에 타협적 의사진행
	낮음	B 돌발적인 변칙적 의사진행	D 갈등 끝에 변칙적 의사진행

〈그림 6〉 한국 국회의 의사진행양상[150)]

그에 따르면 ① 의사규칙의 제도화 수준과 ② 의안의 정치적 현저성을
바탕으로 의회의 의사진행 양상을 유형화하면 위와 같이 4개의 유형으로
분류할 수 있으나 한국 의회가 보여온 모습은 주로 A와 D에 해당한다고

---

50) 김용철 (2009), "의사규칙의 제도화와 정치적 현저성, 그리고 한국 국회의 의사진
   행: 헌법재판소 청구사건들에 대한 분석", 의정연구, 제15권 제2호, 한국의회발전
   연구회, 13-14쪽 및 25-29쪽.
51) 김용철 (2009), 앞의 글, 26쪽에서 인용.

한다.

먼저 의안을 둘러싼 여야간의 입장 차이가 매우 큰 쟁점 의안의 경우 의사결정에 따른 정치적 손익의 수준이 매우 높아 의사진행의 양상은 기본적으로 제로섬 게임이 되기 쉽다. 이러한 상황에서 규칙의 제도화 수준이 낮아 의사규칙의 무시 혹은 위반이 일상화되어 있는 경우라면 의사진행의 양상은 결국 갈등 속에서 변칙적 의사진행(D)으로 흐를 가능성이 높다. 대개 쟁점의안들의 진행에서 우리 국회의 모습은 이러한 행태를 노정하였다. 그러나 비쟁점 의안들의 경우에는 의사결정에 따른 게임 참가자들의 혜택과 손해의 수준이 낮으므로 타협이 어렵지 않고 규칙을 준수하는 성향이 매우 높게 나타난다(A). 그러나 이제 과제는 어떻게 D에서 C의 상태로 의사진행양상을 바꾸어 나가느냐 하는 것일 것이다. 갈등 속에서도 규칙을 준수하며 타협적 의사진행이 가능하려면(C) 다수파와 소수파의 어느 일방에게 유리한 규칙의 형태이어서는 곤란하고 다수파와 소수파가 모두 준수하는 것이 유리한 형태의 규칙이어야 할 것이다. 이러한 윈윈 게임이 가능하려면 다수파의 이해와 소수파의 이해가 골고루 반영된 규칙의 형태이어야 할 것이다.

따라서 이 절에서 모색해 보고자 하는 바는 바로 이러한 C의 상태를 목표로 하고 다수파와 소수파가 각자의 것을 가지면서 의사진행에 타협적으로 나설 수 있는 제도의 큰 방향이다.

II. 개선의 방향

1. 임시 국회 일정의 조정

앞서 살펴본 바와 같이 임시 국회 일정이 4일 이하로 줄어들게 되면서

(미리 공고만 하면 1일도 가능하다) 의사일정에 부담을 가하는 방식으로 협상력을 높이는 필리버스터의 무게가 너무 없어지고 말았다. 물론 이런 식으로 운용하게 되면 제도의 취지에서 완전히 벗어나게 된다는 평가도 가능하지만 미국 상원의 필리버스터의 탄생과 최근 변화 사례에서도 살펴볼 수 있듯이 제도란 고정적인 것이 아니라 법적 규율이 허용하는 범위 안에서 변할 수 있고 또 변해 가는 것이다.

현재의 국회법 규정과 그 해석의 범위 안에서 가능한 진행방식이라는 것을 일단은 인정하고 그 바탕 위에서 임시국회 일정에 대한 규정을 조정함으로써 다시 필리버스터의 무게를 어느 정도 높이는 것이 가능할 것이다. 현재 국회법상으로는 임시회 일정상 집회기일 3인 전에 공고해야 한다는 것(법 제5조 제1항) 이외에는 특별한 제한이 없다. 따라서 이런 방식이 반드시 바람직한가의 논의는 차치하더라도 예컨대 임시회 기간을 적어도 5일 (또는 7일) 이상으로 해야 한다는 규정을 국회법에 도입함으로써 필리버스터의 잠재적 무게를 강화할 수는 있다.

2. 정회의 활용

앞서 살펴본 바와 같이 임시 국회 일정이 길어지면 길어질수록 다시 필리버스터의 부담을 완화하려는 움직임이 강화될 수 있다. 실제로 소모전적 필리버스터는 체력적으로도 힘들고 매우 피곤하다. 이러한 문제점이 점점 심각해질 경우에는 앞서 2016년에 실제 있을 뻔 했던 제안처럼 정회를 이용하여 국회 본회의 절차를 다중트랙으로 만드는 것도 가능한 개선 방향일 것이다. 다만 그러한 방향을 무제한적으로 밀고 나가는 것은 좀 곤란하고 오직 하나의 안건에 대해서만 정회를 통해 처리할 수 있도록 제한을 부가할 필요가 있다. 즉, 예외를 허용하되 예외를 무제한으로 허용하지는 않는다는 태도이다. 미국의 다중트랙은 시간별로 쪼갤 수 있기 때문에 말 그대로 다중트랙이기 때문에 필리버스터가 현실적으로 의사절차를 방해하지는 않는다. 다만 관념적으로는 여전히 의사절차를 방해하기 때문에 그 힘은 강력하다는 것을 이미 살폈다. 우리나라 「국회법」상 무제한 토론제도는 그러한 관념적 힘은 전혀 없고 현실적 의사절차 방해력만 가진다. 그리고 그럼으로써, 즉 이렇게 불편하게 만듦으로써 남용도 줄이고 힘도 늘리는 균형을 취하려 했다. 그러나 제도가 원래 취지대로만 가라는 법은 없다. 분명히 어떠한 제도적 공백이나 여지를 이용하여 변화해 갈 것이다. 그럼에도 일정한 한계를 꾸준히 씌우면서 방향성을 조율해야 한다는 것이다. 그래서 우선은 정회를 이용하여 다중트랙을 허용하더라도 하나의 안건에 대해서만, 그리고 오직 이중트랙의 형태로서만 허용할 필요가 있다.

　또는 이러한 다중 트랙이 아니라 '정회'를 이용한 시간을 실제 협상의 장으로 이용할 수 있게 하는 것이다. 필리버스터가 토론의 장을 얻게 되는 효과는 있지만 그 실질은 국민에 대한 호소일 뿐이며 반대 다수파가 귀기울여 듣는 일은 그다지 없는 것으로 보인다. 따라서 실제 진지한 상호 토론이 오가는 일도 없으며 시간만 흘러가게 될 뿐이다. 따라서 이러한 시간의 낭비를 '정회'를 통해 당대표 또는 원내대표간의 '실질적 협상의 장'으로 전환할 수 있도록 제도를 설계한다면 매우 유익할 것이다. 이로써 오히려 소수파는 실질적 협상의 장을 얻을 수 있기 때문이다. 따라서 이러한 방식의 제도 설계에서는 '정회'는 말 그대로 단순히 쉬는 것이 아니라 요란한 필리버스터의 '정회'일 뿐이고, 필리버스터가 '다수파와 소수파의 대표가 협상 테이블에 앉아 협의하는 장'으로 변화함을 의미한다. 다만 이런 식의 정회를 유도하기 위해서는 필리버스터 하는 측이나 받는 측이나 모두 매우 힘들어야 할 것이다.

3. 제3의 소수정당 배려

필리버스터는 그 제도 본질상 개인이 행사하는 것이어서는 곤란하고 일정 규모의 정당에 의한 이용을 허용하는 것이어야 한다. 미국의 경우에 개인 상원 의원에게 무제한 발언권을 허용하여 필리버스터를 가능하게 하는 것은 상원이 소규모의 기관으로 출발하였고, 상원 의원이 각 주의 대표라는 기반이 있기 때문에 정당화 될 수 있는 특수성이 있음을 이해해야 할 것이다. 따라서 우리 국회법의 경우, 재적 의원 1/3의 요구로 무제한 토론의 개시가 가능하도록 요건을 둔 것은 제도적으로 매우 적절한 것이다.

개인보다는 정당이 의사진행방해의 주체가 될 때 투명성이 담보되고 공적 기능이 확보되어 남발이 억제될 뿐만 아니라 타협을 이뤄야 할 주체의 수도 줄어들어 바람직한 양보와 타협의 가능성도 높아진다.[52] 개인의 광범위한 의사진행방해를 허용하게 된다면 책임은 그다지 지지 않으면서 법안 저지와 사적 이익추구에 기울어질 가능성이 높아진다.

우리의 경우에 정당을 기본적인 행위주체로 상정할 때 특별히 신경 써야 할 문제는 거대 야당이 아닌 소수정당에게 의사진행방해를 허용해야 하는지, 그리고 허용해야 한다면 어느 정도로 허용해주어야 하는지에 관한 것이다. 미국의 경우에는 개인 수준에서 이미 의사진행방해가 가능하고 또한 양당제이기 때문에 이런 문제가 제기될 필요가 없지만 우리나라의 경우에는 교섭단체 이상의 규모를 가지는 제3당이 출현할 가능성이 언제나 있기 때문에 문제가 된다. 과연 어느 정도의 규모를 지닌 정당에게 의사진행방해를 허용해야 하는가? 과연 1/3 이상의 규모를 가진 정당에게

---

52) 샤츠슈나이더 지음, 앞의 책, 현재호·박수형 옮김 (2008), 65-111쪽은 특수이익을 추구하는 이익단체와 공적 이익을 추구하는 정당의 전혀 다른 성격을 대비시킨다. 소수의 사람이나 소수의 단체로 내려갈수록 특수이익을 추구하게 될 가능성과 관련성은 더욱 높아진다.

만 의사진행방해를 허용하는 현행 국회법의 태도가 타당하다고 볼 수 있는가?

일정한 규모 이상의 정당에게 다수결이 가져 오는 의사진행상의 부당한 결과를 시정할 수 있는 수단을 인정하는 것이 타당하다고 보고 그 기준선을 1/3로 잡은 입법적 판단이 현저히 잘못된 것이라고 볼 이유는 없다. 다만 이념적으로 협애한 보수주의의 틀과 지역정당체제의 기반위에서 거대 여당과 야당에게 매우 유리한 우리나라의 정치구조에서 소수인 제3당이 대표하는 우리 사회의 이해관계는 다양한 이념적 대안들의 경쟁을 통해 건전한 정치질서를 형성하는 데에 도움이 된다는 측면에서53) 특별한 보호를 받아야 할 필요가 있다. 따라서 1/3 이상의 규모를 가지는 정당뿐만 아니라 제3의 정당인 소수파 정당에 대한 보호에도 주의를 기울일 필요가 있다. 이를 제3당 프리미엄(=제3당에게 주는 특혜)이라고 불러 볼 수 있을 것이다.

그러한 보호를 받아야 할 소수파 정당의 기준은 국회법상의 교섭단체(의원 20인)를 기준으로 하는 것이 타당하다고 생각한다. 교섭단체를 구성할 정도의 규모라면 의회내에서 의사결정이 실질적으로 반영되도록 해야 할 만한 규모상의 실체성을 이미 가지고 있다고 볼 수 있기 때문이다. 따라서 20인은 곧 재적의원 1/15의 비중에 해당하므로 제1야당 다음 가는 소수파 정당의 경우에 한하여 또한 그들 독자 세력으로서 20인 이상의 동의를 얻은 신청서를 제출함으로써 역시 무제한 토론을 요구할 수 있으며, 그러한 경우에 토론종결 요건은 재적 의원의 3분의2 이상의 동의를 얻도록 하는 규정을 둘 것을 제안한다. 어차피 여당과 제1야당의 합의가 있으면 목소리를 크게 내기 어려운 현실에서 조금이라도 독자적인 목소리를 낼 여지를 주기 위함이다. 다른 한편으로 20인 정도의 인원이라면 현실적으로 오래 무제한 토론을 이끌어가기 어려운 한계도 존재하므로 남용의

---

53) 최장집 (2012), 민주화 이후의 민주주의, 개정 2판, 후마니타스, 19-151쪽.

우려도 상대적으로 적다.

그 효과는 다음과 같다. 일반적인 다수결로 진행되는 의사절차에서 소외될 수 있는 제3의 소수정당에게 제한된 범위에서 문제 제기자의 역할을 담당하도록 기회를 제공할 수 있게 되고 또한 그 경우에 다수파 여당과의 정책 연합 형성을 촉진해 의회내 의사결정에서 보다 다양한 이해관계가 반영될 수 있도록 촉진하는 역할을 할 수 있다는 것이다.

이러한 경우 국회내 의사결정의 조정자 역할을 3당구도인 경우에 제3의 정당이 일부 맡게 될 가능성이 있다. 셋 정도의 의사결정 상대방이라면 타협을 위한 의견조정에서 그다지 복잡한 양상을 노출하지 않으면서 모두의 역할과 기능을 인정하는 구도를 만들 수 있을 것이다. 그러므로 일반적으로 거대 양당 위주의 합의로 이루어지는 의사결정과정에 제3의 소수파 정당에게도 제한된 범위에서 의사조정자로서 참가할 기회를 제공함으로써 20인 이상의 의원이라는 수(數)가 차지하는 의회내 비중에 합당한 존재성을 보호할 수 있고, 의회내 의사결정을 담당하는 대표의 역할을 회복할 수 있다는 점에서 이러한 제3의 소수파 정당 보호의 의의를 찾을 수 있을 것이다. 이러한 기능을 통해 제한적이나마 제3의 소수파 정당도 다수파 여당이나 제1 야당으로부터 소외받지 않고 대화의 상대로서 인정을 받을 수 있을 것이다.

4. 2년 주기의 절반선거

(1) 정국 교착의 타개

의사진행방해가 가져오는 가장 큰 문제점은 쟁점 안건에서 다수파와 소수파의 의견이 합의를 찾기 어려울 경우에 찾아오는 정국 교착(gridlock)이다. 정당간의 이해관계가 첨예하게 대립하는 상황이 지속된다면 의사진행방해가 가져오는 본래의 좋은 취지를 감안하더라도 강화된 소수파의 지위가 가져온 이러한 교착의 장기화를 다수파는 감내하기가 어렵게 될 것이다. 따라서 다수파의 지위를 이용하여 의사규칙을 개정함으로써 소수파의 권리인 합법적 의사진행방해를 제거하여 의회의 의사기능을 순조롭게 회복하려는 전략을 선택할 유혹에 빠지기 쉽게 된다. 소수파 정당의 비중이 재적 의원 2/5를 넘고 다수파 정당의 비중이 재적 의원 3/5을 넘지 않는 경우에 의사진행방해의 인정을 통해 강화된 소수파의 지위는 여소야대의 상황과 다를 바 없다. 따라서 이념적 대립이 격렬할 경우에는 정국 교착이 일상화될 수 있는 가능성이 있다.

이러한 상황에서 2년 주기의 절반선거를 통하여 의회내 정당간의 의석배분을 변화시키는 것은 정국 교착의 타개를 위한 현실적인 방안이 될 것이다. 이러한 2년 주기의 선거는 미국 상원에서 시행하고 있는데,[54] 2년마다 의석배분에 변화를 줌으로써 정국 교착이 장기화되지 않도록 배려하고 따라서 다수파와 소수파의 지위가 상대적으로 짧은 시간을 주기로 뒤바뀔 수 있기 때문에 오히려 소수파의 지위 보호에 매우 민감하게 된다. 따라서 2년 주기의 절반선거는 장기적인 관점에서 다수파와 소수파의 협력을 촉진하는 역할을 하게 된다.

우리의 경우 의원 임기가 4년으로 고정되어 있기 때문에 4년 동안 안정성이 확보된다는 측면이 있으나 정국 교착이 심한 경우에는 오히려 4년 동안 정국 변화의 기회를 가질 수 없다는 점에서 단점이 있다. 따라서 2년 주기의 절반선거를 통해 안정성과 변동성을 동시에 누릴 수 있는 것이다.

2년 주기의 절반선거를 시행하는 방법으로는 ① 전체 선거구를 절반으

---

54) 미연방 헌법 제1조 제3항 제2호: 상원 의원들의 제1회 선거의 결과로 당선되어 소집되면 즉시 의원총수를 가능한 한 동수의 3부(部)로 나눈다. 제1부의 의원은 2년 만기로, 제2부의 의원은 4년 만기로 그리고 제3부의 의원은 6년을 만기로 하고, 2년마다 그 3분의 1을 개선(改選)한다.

로 나누어 2년마다 절반씩의 선거를 치르는 방법과 ② 전체 선거구를 현행 제도보다 확대 개편하여 2년 마다 선거구 선출 의원의 절반씩을 선출하게 하는 방법의 2가지 방식이 있을 수 있다. 어느 방법이든 의사진행방해가 심화될 경우에 찾아 올 정국 교착의 해소에 도움이 되겠지만, 연방제가 아닌 우리나라에서는 전체 국민의 민의를 반영하는 것이 바람직하다는 측면에서 두 번째 방식이 좀 더 나은 것으로 판단된다는 견해가 있다.55) 타당한 지적이지만 절반의 의원을 선출하는 것에 불과한데도 선거비용은 종전의 2배로 들게 된다는 점에서 고비용의 문제가 존재한다. 따라서 전체 선거구를 절반으로 나누어 2년마다 절반씩 선출하는 것도 '총선거'라는 기존의 선거문화와는 거리가 있는 단점은 있지만 비용은 절반만 들면서도 동일한 효과를 가져 올 수 있다는 점에서 상당한 장점이 있으므로 장차 남북통일과 같이 국가의 규모가 커지고 지역적으로 분절할 수 있는 규모의 일정 지역이 확보된 경우에는 고려해 볼만한 방법이라고 생각한다.

(2) 입법기의 해석

2년 주기 절반선거를 시행하는 경우에 제기되는 한 가지 문제는 회기계속의 원칙과 관련된 헌법 제51조의 해석문제이다. 헌법 제51조는 "국회에 제출된 법률안 기타의 의안은 회기중에 의결되지 못한 이유로 폐기되지 아니한다. 다만, 국회의원의 임기가 만료된 때에는 그러하지 아니하다."라고 규정하고 있다. 이것은 국회의 절차가 회기계속의 원칙을 따른다는 것을 표현한 것이다. 문제는 단서 규정의 해석인데, 2년 주기의 절반선거를 채택했을 경우 "국회의원의 임기가 만료된 때"를 언제로 보아야 하는가이다. 헌법 문언은 의원 전원을 선출하는 전국에 걸친 총선거가 일정 주기별

---

55) 김정현 (2011), "分占政府에 관한 憲法的 研究", 서울대학교 대학원 법학과 법학 박사학위논문, 298-302쪽.

로 시행된다는 것을 당연히 전제하고 있는 것으로 보이기 때문이다. 헌법 제51조 단서가 사문화되게 된다는 문제는 있지만 그럼에도 이것이 2년 주기의 절반선거를 명백하게 부정하는 것으로 보이지는 않는다.

5. 안건의 신속처리절차 등 의사진행촉진제도와의 조화

의사진행방해제도의 도입이 가져올 문제를 해소하는 방법으로서 한편으로 의사진행방해의 길을 터주면서 다른 한편으로는 의사진행촉진의 길을 터줌으로써 양자가 서로 상호보완이 될 수 있도록 의회 의사규칙을 만들어야 한다. 따라서 이 글은 안건의 신속처리절차 등 의사진행촉진제도를 다수파가 이용할 수 있도록 통로를 열어줌으로써 소수파가 이용할 수 있는 의사진행방해 수단과의 조화와 균형을 기할 것을 제안한다.

앞에서 살펴보았듯이 본회의 단계에서 무제한 토론을 제외하더라도, 위원회 단계에서 안건조정위원회의 구성, 가중다수 의결 요건의 활용, 의장의 직권 상정 제한 등을 통해 우리 국회법에는 저비용의 의사진행방해수단이 의사 절차의 전단계에서 기능할 수 있어서 순조로운 의사절차를 저해할 소지가 많다. 그러나 의사진행방해의 순기능을 보존하면서 역기능을 제거하기 위해서는 의사의 효율적 진행 촉진 수단과 의사방해의 수단이 모두 인정되어 균형을 이뤄야 할 것이다. 그러한 측면에서 소수파로서는 본회의에서 무제한 토론에 의해 자신의 이해를 반영하면 될 것이므로 그 이전단계에서는 다수파에게 안건의 신속처리 절차를 터주는 것이 바람직할 것이다.

국회법 제85조의2가 규정하고 있는 안건 신속처리제도는 신속처리대상 안건지정을 통하여 안건의 신속처리를 도모함으로써 다수파의 요구에 부응하는 기능을 하는 제도이다. 그러나 그 지정 요건이 재적의원 3/5 또는 소관위원회 재적위원 3/5의 동의를 얻도록 되어 있어 소수파가 이에 반대할 경우 전혀 신속처리제도로서 기능하지 못하는 단점이 있다. 따라서 신속처리대상안건의 요건을 과반수로 낮추어 진정으로 다수파가 의안을 신속하게 처리할 수 있는 통로로서 기능할 수 있도록 해주어야 할 것이다.

따라서 이러한 제도 개선이 실현된다면 전체 의사절차의 진행양상은 다음과 같이 된다. ① 먼저 위원회 단계에서 다수파는 신속처리안건 지정을 재적의원 또는 재적 위원 1/2의 동의에 의해 손쉽게 달성할 수 있어 의사의 원활한 진행에 도움이 된다. ② 한편 다수의 독주는 견제되어야 한다는 측면에서 안건이 본회의 단계로 올라왔을 때에는 소수파에게 무제한 토론에 의한 의사진행방해를 허용하여 다수파에 의한 일방적인 처리를 방지하고 사전적으로 소수파와 타협하도록 유도한다. ③ 더 나아가 종래 패스트트랙도 너무 느린 걸 감안하여 오히려 재적 3/5의 동의가 있는 경우에는 더 빠른 "초고속 트랙"을 신설하도록 해 의사절차의 효율을 기할 수 있도록 함이 좋지 않을까?

따라서 이러한 방식으로 제도화 되었을 때 위원회 단계에서 본회의 단계에 이르기까지 다수 지배의 원리와 소수 권리의 보호는 조화를 이룰 수 있게 된다. 그 결과, 의사절차가 잘 운영되었을 경우에는 모두가 원원할 수 있고 대립국면이 조성되는 최악의 경우에도 각자의 몫을 얻을 수 있기 때문에 제도적 안정성은 보장되고 의회기능의 마비는 최소화될 수 있다.

제5장
결 론

　1. 사회의 구조에 부합하는 정치제도의 탐구와 설계는 언제나 헌법학의 가장 큰 관심사이다. 다원주의 사회에서 이익갈등과 대립은 항상 존재하는 것으로 여겨지기 때문에 민주주의는 그러한 갈등과 대립을 나쁘게만 보지도 않고, 일률적으로 억압하려는 태도를 가지지도 않는다. 그러나 그러한 대립과 갈등이 과도해지는 경우에는 사회에 위해를 가져올 수 있으므로 일정한 범위내로 통제할 필요가 있다. 정치제도는 이처럼 다원주의 사회에 존재하는 갈등과 대립을 적극적으로 반영하고 조정, 제어하여 사회를 보다 조화롭고 평화롭게 발전·통합하는 것을 목적으로 한다. 그러한 정치제도 가운데 사회의 부분 이익간의 대립과 갈등을 가장 조화로운 방식으로 조정하고 해소하여 사회를 잘 통합할 수 있는 것이 의회라고 할 수 있다. 그러므로 의회가 그 제도적 역할을 잘 수행하는 것은 사회의 발전과 안정에 매우 중요한 일이며 바로 그 때문에 한 나라 의회의 수준은 그 사회발전의 수준을 나타내는 것이기도 하다.

　2. 우리나라는 남북 분단과 지역갈등, 짧은 시간 내에 이룩한 고도 산업화, 세대갈등 등의 여러 가지 사회적 요인들이 맞물려 사회적 갈등과 대립이 매우 심한 사회에 속한다. 그런데도 우리나라 국회는 그동안 사회가 정당하게 기대하는 갈등 조정적 역할을 제대로 수행하지 못하였다. 그리고 이러한 국회의 모습은 30여년의 짧은 역사를 지닌 헌법재판소가 그동안 헌법재판을 통해 보인 훌륭한 갈등해결자적 역할과 매우 대비된다. 행정수도 위헌결정이나 노무현 대통령 탄핵사건, 박근혜 대통령 탄핵사건 같

은 굵직한 사건들은 대표적으로 국회내의 정치적 갈등 또는 국회에서 해결할 수 있는 갈등이 더 커지고 외부화하여 헌법재판소로 넘어간 예에 해당한다. 헌법재판을 활성화하여 사회갈등을 해결하는 것도 중요하지만, 국회를 활성화하여 사회갈등을 세부적으로 잘 조율하는 방식으로 해결하는 것은 더 중요하다. 왜냐하면 국회는 본질적으로 정치적 기관이기 때문이다. 이러한 이유 때문에 국회의 정상화와 역할강화는 매우 중요한 과제가된다.

3. 그와 관련하여 의사진행방해제도를 주목해 볼 필요가 있다고 생각한다. 의사진행방해는 바로 소수파와 다수파의 이익대립이 치열하게 벌어지기 때문에 발생하는 것이지만, 이 제도를 통해 다수파와 소수파의 이익을 조정할 수 있고, 그러한 이익조정을 통해 원만한 타협에 이르는 것을 기대할 수 있기 때문이다. 다수와 소수 사이의 의견대립에서 발생하기 때문에 의사진행방해의 역사는 곧 다수지배 원리와의 투쟁의 역사라고 할 수 있다. 역사적으로, 의사진행방해는 다수결에 의한 의사결정의 결과에 대한 항의로 출발하지만, 다수결 원리에 의해 분쇄되기도 하고 소수 보호의 조건을 만나 의사규칙에 수용되기도 했다. 그러나 원리적으로, 다수파와 소수파가 항존하는 의회에서는 소수 보호의 필요성이 언제나 제기된다.

4. 헌법은 견제와 균형의 원리를 통하여 정치질서를 규율하려는 노력이다. 의사진행방해제도는 일정한 규모 이상의 크기를 가진 소수파에게 합법적인 의사방해권을 부여하는 것에 의해 의회내에서 다수파와 소수파간의 힘의 재균형화를 추구하는 제도이고, 그것은 다수결 원리에 의해 충분히 반영되지 않은 소수파의 대표기능을 회복하고 부당한 의사결정의 결과를 시정하기 위한 것이다. 이를 통해 다수파와 소수파 사이의 힘의 균형을 잡고 양보와 타협을 촉진할 수 있으며, 보다 민주적인 의사결정이 의회내

에서 실현될 수 있다.

5. 필리버스터 즉, 의사진행방해의 작동 메커니즘은 다음과 같다. 무제한토론형태의 의사진행방해는 다수파에게 시간적 압박을 가하는 것을 본질로 한다. 따라서 정책주도권을 가지고 여러 가지 법안을 처리해야 하는 여당 다수파로서는 처리 시간이 촉박할수록 소수파의 요구에 귀를 기울이고 협의에 나서지 않을 수 없다. 이러한 구조에서 의사진행방해는 소수파에게 지렛대를 제공하여 소수파의 의견에 실질적인 힘을 실어준다. 그 결과 의사진행방해는 "유권자인 국민->정당->의회->국가의사결정"이라는 정치질서 전체의 의사결정과정에서 소수파의 의사가 무시되지 않고 상당부분 국가의사결정에 실질적으로 반영되게 함으로써 결과적으로 국민의 의사에 따른 통치, 즉 국민주권의 실현을 보다 충실하게 구현하는 기능을 한다. 그리고 그러한 필리버스터의 실행이 선거에 보다 가깝게 갈수록 국민에게 그 정당성을 직접적으로 호소하는 기능도 가진다.

6. 의사진행방해제도의 발전과정에서 '소모전'에서 '가중다수에 의한 토론종결제도'로의 발달은 수에 의한 정치와 예측가능성을 부여하여 다수파와 소수파간에 힘의 대결보다는 합의를 유도하는 경향이 있음을 확인하였다. 따라서 토론종결제도는 의사진행방해의 제한을 위한 제도로 출발하였지만 다수파의 양보와 소수파의 보호를 제도화하여 의사진행방해를 한단계 더 발전된 제도로 정착시키는데 큰 기여를 하였다. 그러나 이러한 제도화는 정당이 깊이 관여하는 현대 의회의 상황을 반영하는 것이기도 했다. 이것은 일정규모 이상의 크기를 가지는 소수파 정당에게 의사결정에의 영향력을 일정부분 회복시켜 주려는 의지의 표현이다.

7. 미국의 경험을 통해 의사진행방해는 다수파로 하여금 소수파의 의견

을 반영하거나 협상에 나서도록 유도하는 기능을 하는 한편, 의사진행방해의 용인 여부가 궁극적으로 다수파의 결단에 달려있다고 할 수 있기 때문에, 다수파에 의한 그 폐지 위협은 상당한 효력을 발휘하여 소수파로 하여금 과도하게 필리버스터에 의존하는 것을 억제하는 경향이 있음을 확인하였다. 그러나 미국 상원의 의사진행방해는 그것이 정당뿐만 아니라 상원의원 개인이나 소규모 의원들에 의한 의사진행방해를 광범위하게 허용하고 또한 범위도 매우 광범위하다는 점에서 여전히 제한을 위한 개혁의 가능성이 존재한다. 미국 하원에서와 마찬가지로 미국 상원에서도 장기적으로는 의사진행방해의 제한을 향한 길을 계속 걸을 것으로 예상된다. 그러나 의원 개인의 발언의 가치를 존중하고 기본적으로 만장일치에 의해 의사절차를 진행하는 상원의 속성상 그 속도는 매우 완만할 것이다. 그러나 문제는 다수지배의 원리와 소수보호의 원리가 모두 충실히 구현되는 적절한 지점을 찾는 일이 사실 매우 어렵다는 데에 있다.

8. 앞서 본문에서 살펴본 미국의 사례가 보여주듯, 의사진행방해제도의 존속은 궁극적으로 다수파의 관용과 양보에 달려 있다. 그리고 소수 보호의 범위를 어느 정도까지 설정할 것이냐가 다수파와의 역학관계상 중요한 문제가 된다. 의사진행방해는 의회의 의사진행을 방해함으로써 그 기능을 발휘하게 되므로 원활한 의회운영에 어느 정도 지장을 초래하게 되는 것이 사실이다. 그리고 그 양상이 심화되는 경우에는 다수 지배의 원리에 비추어 다수파에게 관용을 기대하기 어려울 수 있다. 이처럼 다른 모든 제도와 마찬가지로 이 제도에도 긍정적인 면과 부정적인 면이 모두 존재한다. 따라서 진정으로 중요한 것은 부정적인 면을 최소화하면서 긍정적인 면을 극대화하는 일일 것이다.

9. 결론적으로 이 책에서 전개한 의사진행방해제도의 전체적인 구조와

그 모습을 전제로 하여 이해를 시도한다면, 의사진행방해의 용인과 가중
다수에 의한 토론종결의 제도화는 정당이 깊이 관여하고 있는 현대입헌주
의의 정치질서에서 다수파의 양보와 소수파의 보호를 제도화하여 다수파
에 대한 견제와 균형을 담당하는 중심점을 의회 안에 마련한다는 데 의미
가 있다고 볼 수 있다. 비교적 오랫동안 우리나라는 의회내 소수 보호의
측면에 노력을 기울이지 않았다. 정당간 대립이 강렬할수록 의회 의사절
차에서 소수파 보호의 필요성은 커지는데, 소수파 보호를 위한 제도적 장
치는 의회 안에 둘 수도 있고, 의회 밖에 둘 수도 있다. 제도적 선택이 가
능한 문제이다. 그러나 의회가 현대 민주주의에서 정치적 의사결정의 중
심적 기관임을 고려한다면 의회의 역할과 기능을 활성화 하는 것이 중요
한 과제가 된다. 그러므로 소수 보호장치를 의회 외부에 두는 방식인 추상
적 규범통제의 도입이나 또 하나의 의회를 만들어 양원제를 도입하는 것
도 의미가 있지만, 소수파 보호 장치를 의회 안에 마련하여 현재의 조건
아래에서 의회의 기능을 스스로 회복하도록 하는 것은 더욱 큰 의미가 있
다고 생각한다. 그 동안 우리나라의 민주주의는 헌법재판의 활성화에 의
해 사법적 해결이라는 방식을 통해 진행되고 촉진된 측면이 많았다. 그에
더해 이제 의사진행방해제도의 적절한 운용을 통해 의회의 활성화가 이루
어진다면 법치주의와 민주주의의 협치에 의해 우리 사회의 입헌민주주의
발전이 더욱 공고화 될 수 있을 것이다.

10. 마지막으로 이제 보다 장기적 시각으로 우리나라의 민주주의 발전
과정안에서 필리버스터의 의미를 생각해 볼 시점이다. 지난 20세기 우리
는 국권의 강탈과 분단, 권위주의 체제 하의 오랜 고통 속에서도 열렬하게
민주주의를 갈망하고 추구하였다. 그리고 마침내 1987년 헌법을 통해 대
통령 직선제를 핵심으로 하는 민주주의 체제를 수립하였다. 그것은 바로
"선거 민주주의의 확립"이었다. 그러나 선거 민주주의는 선거로 인해 결정

된 다수당의 횡포나 소수파의 좌절감을 치유해 주지 못하였고 이러한 문제들은 토론의 경시, 절차의 경시로 이어져 결과적으로 의사결정의 일방성과 폭력성으로 이어졌다. 여기서 한단계 더 나아간 것이 바로 "소수파의 보호"를 핵심으로 하는 "절차 민주주의"이다. 그 핵심에는 바로 소위 '국회선진화법'으로 불리는 개정 「국회법」상 필리버스터 조항 등으로 상징되는 국회내 의사절차의 개혁이 자리한다. 국민으로부터 출발하는 민주주의 권력은 선거를 거쳐 이제 선거 이후 "국회내 의사결정 과정"에서 여야가 서로 조화롭게 마주 앉아 정상적으로 대화와 타협을 할 수 있는 절차를 확립해 놓기에 이르렀다. 그러나 이로써 우리 민주주의의 문제가 해결되었다고 할 수 있는가? 최상의 바람직한 의사결정이 국회를 통해 도출되고 있다고 자신할 수 있는가? 따라서 이제부터 문제가 되는 것은 여전히 불만족스러운 그 "의사결정의 내용"의 질적 수준을 제고하는 일일 것이다. 따라서 "절차 민주주의"는 필리버스터의 제도화를 넘어 이제 제2기의 발전단계로 넘어가야 한다. 국민대표를 선출하고, 여야가 마주 앉게 한 정도의 "의사결정 절차의 확립"에서 그칠 것이 아니라 더 나은 내용의 의사결정 결과를 산출할 수 있는 의견수렴과 의사선택의 보다 복잡하고 섬세한 절차를 구축해나가야 할 것이다. 그런 의미에서 필리버스터는 앞으로 상당기간 지속되어야 할 절차 민주주의의 제도화라는 기나긴 과정에서 중요하고도 매우 큰 첫 초석으로서의 역할을 충분히 했고 또 지금도 하고 있다고 보아야 할 것이다.

참고자료

미국 「상원 의사규칙(Standing Rules of the Senate)」 중 토론관련 조항(번역)
(2013년. 1. 24. 개정본이고, 2021. 2. 현재까지 변화 없음)

*원문에서 직접 번역하되, 국회사무처 의사국 (2014), 영미 의사규칙. 을 참고하였음.

V. SUSPENSION AND AMENDMENT OF THE RULES

V. 규칙의 적용정지와 수정

1. No motion to suspend, modify, or amend any rule, or any part thereof, shall be in order, except on one day's notice in writing, specifying precisely the rule or part proposed to be suspended, modified, or amended, and the purpose thereof. Any rule may be suspended without notice by the unanimous consent of the Senate, except as otherwise provided by the rules.

1. 어느 규칙이나 그것의 일부의 적용정지, 변경, 수정을 위한 동의(動議)는, 정확하게 그 대상이 되는 규칙이나 그것의 일부를 특정하고 그 목적을 명시하여 문서로 하루 전에 통지한 경우를 제외하고는, 모두 규칙위반이 된다. 규칙에서 달리 정한 경우를 제외하고는, 어느 규칙이든 통지 없이도 상원의 만장일치합의에 의하여 적용정지될 수 있다.

2. The rules of the Senate shall continue from one Congress to the next Congress unless they are changed as provided in these rules.

2. 상원의 규칙은, 이 규칙에서 정한 대로 변경되지 않는 한, 한 대(代) 의회에서 그 다음 대 의회까지 계속된다.

XIX. DEBATE

1. (a) When a Senator desires to speak, he shall rise and address the Presiding Officer, and shall not proceed until he is recognized, and the Presiding Officer shall recognize the Senator who shall first address him. No Senator shall interrupt another Senator in debate without his consent, and to obtain such consent he shall first address the Presiding Officer, and no Senator shall speak more than twice upon any one question in debate on the same legislative day without leave of the Senate, which shall be determined without debate.

(b) At the conclusion of the morning hour at the beginning of a new legislative day or after the unfinished business or any pending business has first been laid before the Senate on any calendar day, and until after the duration of three hours of actual session after such business is laid down except as determined to the contrary by unanimous consent or on motion without debate, all debate shall

제XIX조 토론

1. (a) 상원의원이 발언을 하고자 할 때에는, 일어나 사회자를 불러야 하고, 승인이 될 때까지는 발언을 할 수 없다. 의장은 먼저 자기를 부른 상원의원에게 발언을 승인한다. 상원의원은 발언하는 상원의원의 동의 없이는 그의 토론을 방해할 수 없고, 그러한 동의를 얻고자 할 때에는 먼저 의장을 불러야 한다. 그리고 상원의원은 상원의 허가 없이는 토론중인 문제에 관하여 동일 입법일에 두 번 이상 발언할 수 없고, 그 허가여부는 토론 없이 결정된다.

(b) 새로운 입법일의 시작시에 있는 조회(朝會)시간을 종료할 때; 또는 미료 사안이나 계류중인 사안이 어느 달력일 날 상원 앞으로 처음 상정된 이후(부터) 그러한 사안의 상정 후 실제 회기상 3시간이 경과될 때까지는(다만 만장일치합의에 의하거나 토론 없는 동의(動議)에 의하여 반대로 결정된 경우는 제외한다), 모든 토론이 관련성이 있어야 하고 그 때에 상원에 계류중인 특정 문제에

be germane and confined to the specific question then pending before the Senate.

2. No Senator in debate shall, directly or indirectly, by any form of words impute to another Senator or to other Senators any conduct or motive unworthy or unbecoming a Senator.

3. No Senator in debate shall refer offensively to any State of the Union.

4. If any Senator, in speaking or otherwise, in the opinion of the Presiding Officer transgress the rules of the Senate the Presiding Officer shall, either on his own motion or at the request of any other Senator, call him to order; and when a Senator shall be called to order he shall take his seat, and may not proceed without leave of the Senate, which, if granted, shall be upon motion that he be allowed to proceed in order, which motion shall be determined without debate. Any Senator directed by the Presiding Officer to take his seat, and

한정되어야 한다.

2. 상원의원은 토론에서, 직접적으로든 간접적으로든, 어떠한 형태의 말로도 다른 상원의원이나 다른 상원의원들의 행동 또는 동기를 상원의원에게 부적절하거나 어울리지 않는다고 비난해선 안된다.

3. 상원의원은 토론에서 미국의 어느 주에 대하여 모욕하는 언급을 해선 안된다.

4. 사회자의 의견으로는 상원의원이 발언이나 그 외에서 상원의 규칙을 위반하고 있다고 보이는 경우, 사회자는 자신의 동의(動議)나 다른 상원의원의 요청에 따라서, 정숙을 명한다; 상원의원이 정숙을 명받은 때에는 자리에 앉아야 하고, 상원의 허가 없이는 더 진행할 수 없다. 그러한 허가는, 부여되는 경우에, 규칙에 맞게 진행하는 것을 허용한다는 동의(動議)에 기해야 하고, 그 동의는 토론 없이 결정된다. 사회자에 의해 자리에 앉도록 지시된 상원의원과 사회자에게 다른 상원의원을 자리에 앉히도록 요청한 상원의원은, 사회

any Senator requesting the Presiding Officer to require a Senator to take his seat, may appeal from the ruling of the Chair, which appeal shall be open to debate.

5. If a Senator be called to order for words spoken in debate, upon the demand of the Senator or of any other Senator, the exceptionable words shall be taken down in writing, and read at the table for the information of the Senate.

6. Whenever confusion arises in the Chamber or the galleries, or demonstrations of approval or disapproval are indulged in by the occupants of the galleries, it shall be the duty of the Chair to enforce order on his own initiative and without any point of order being made by a Senator.

7. No Senator shall introduce to or bring to the attention of the Senate during its sessions any occupant in the galleries of the Senate. No motion to suspend this rule shall be in order, nor may the Presiding Officer

자의 판단에 대해 항의를 제기할 수 있고, 그 항의에 대해서는 토론할 수 있다.

5. 상원의원이 토론에서 한 발언을 이유로 규칙준수를 명받은 경우, 그 상원의원 또는 다른 상원의원의 요청이 있으면, 그 이례적 발언은 문서에 기록되고 상원이 참고하도록 회의장에서 낭독된다.

6. 회의장이나 방청석에 혼란이 발생하거나, 방청석에 있는 방청인이 찬성이나 반대의 시위에 가담하는 경우, 직권에 의하여 질서를 회복하는 것은 의장의 의무이다. 이에 대하여 상원의원은 어떤 규칙위반의 이의도 제기할 수 없다.

7. 상원의원은 누구도 회기 중에 방청석에 있는 방청인을 소개하거나 데려와서 상원의 주목을 받도록 해선 안된다. 이 규칙을 적용정지하려는 동의(動議)는 규칙에 위배되고, 또한 의장은 만장일치합의에 의한

entertain any request to suspend it by unanimous consent.

8. Former Presidents of the United States shall be entitled to address the Senate upon appropriate notice to the Presiding Officer who shall thereupon make the necessary arrangements.

XX. QUESTIONS OF ORDER

1. A question of order may be raised at any stage of the proceedings, except when the Senate is voting or ascertaining the presence of a quorum, and, unless submitted to the Senate, shall be decided by the Presiding Officer without debate, subject to an appeal to the Senate. When an appeal is taken, any subsequent question of order which may arise before the decision of such appeal shall be decided by the Presiding Officer without debate; and every appeal therefrom shall be decided at once, and without debate; and any appeal may be laid on the table without prejudice to the pending proposition, and thereupon shall be held as

적용중지 요청에도 응하지 않는다.

8. 미국의 전임 대통령은 사회자에게 적절한 방식으로 통지하고 상원에서 연설할 수 있는 자격이 있다. 통지를 받은 사회자는 그에 의하여 연설에 관해 필요한 준비를 하여야 한다.

XX. 규칙위반의 문제

1. 규칙위반의 문제는, 상원의원이 투표중이거나 출석 정족수를 확인중인 때를 제외하고는, 절차의 어느 단계에서든 제기될 수 있다. 그리고 상원 앞으로 제출되지 않는 한, 토론 없이 사회자에 의해 결정되지만, 상원 앞으로 항의를 제기할 수 있다. 항의가 행해지면, 그 항의의 결정 이전에 제기되는 후속적 규칙위반의 문제는 의장에 의해 토론 없이 결정된다; 그리고 그때부터 모든 항의는 토론 없이 한번에 결정된다; 그리고 항의는 그 계쟁 문제를 해함이 없이 심의보류될 수 있고, 그에 의해 사회자의 결정을 지지한 것으로 간주된다.

affirming the decision of the Presiding Officer.

2. The Presiding Officer may submit any question of order for the decision of the Senate.

XXII PRECEDENCE OF MOTIONS

1. When a question is pending, no motion shall be received but

To adjourn.

To adjourn to a day certain, or that when the Senate adjourn it shall be to a day certain.

To take a recess.

To proceed to the consideration of executive business.

To lay on the table.

To postpone indefinitely.

To postpone to a day certain.

2. 사회자는 규칙위반의 문제를 상원 앞으로 제출하여 상원이 결정하도록 할 수 있다.

XXII 동의(動議)들의 우선순위

1. 어떤 문제가 계류 중인 때 다음의 것을 제외한 동의(動議)는 받아들여지지 않는다.

산회동의.

특정일까지의 산회동의, 즉 상원이 산회할 때 특정일까지 그렇게 하자는 동의.

휴회동의.

정부사안의 심의상정동의.

심의보류동의.

무기한연기동의.

특정일까지의 연기동의.

To commit.

To amend.

Which several motions shall have precedence as they stand arranged; and the motions relating to adjournment, to take a recess, to proceed to the consideration of executive business, to lay on the table, shall be decided without debate.

2. Notwithstanding the provisions of rule II or rule IV or any other rule of the Senate, at any time a motion signed by sixteen Senators, to bring to a close the debate upon any measure, motion, other matter pending before the Senate, or the unfinished business, is presented to the Senate, the Presiding Officer, or clerk at the direction of the Presiding Officer, shall at once state the motion to the Senate, and one hour after the Senate meets on the following calendar day but one, he shall lay the motion before the Senate and direct that the clerk call the roll, and upon the ascertainment that a quorum is present, the Presiding Officer shall,

위원회회부동의

수정동의.

이들 동의는 그 나열된 순서대로 우선권을 가진다 ; 그리고 산회와 관련된 동의들, 휴회동의, 정부사안의 심의상정동의, 심의보류동의는 토론 없이 결정한다.

2. 규칙 제II조나 제IV조 또는 상원의 다른 규칙에도 불구하고, 상원의원 16인의 서명으로 어떤 조치, 동의(動議), 기타 상원에 계류중인 안건, 미료 사안에 대한 토론을 종결하고자 하는 동의(動議)가 상원에 제출된 경우에, 사회자나 사회자의 지휘에 따라 서기는, 즉시 이를 상원에 알리고, 의장은 하루를 건너뛰고 그 다음날에 회의가 시작된 후 1시간이 될 때 그 동의(動議)를 상정하고, 서기로 하여금 호명하도록 지휘하여 정족수가 확인되면, 토론 없이, 가부의 표결에 부친다: "토론을 종결하는 것이 상원의 의사입니까?"

without debate, submit to the Senate by a yea-and-nay vote the question: "Is it the sense of the Senate that the debate shall be brought to a close?"

And if that question shall be decided in the affirmative by three-fifths of the Senators duly chosen and sworn -- except on a measure or motion to amend the Senate rules, in which case the necessary affirmative vote shall be two-thirds of the Senators present and voting -- then said measure, motion, or other matter pending before the Senate, or the unfinished business, shall be the unfinished business to the exclusion of all other business until disposed of.

그리고 재적 상원의원 5분의 3의 찬성이 있는 경우 -- 다만, 상원규칙을 개정하는 동의(動議)에 관하여는 출석 상원의원 3분의 2의 찬성으로 결정한다 -- 그 대상이 된 조치, 동의(動議), 기타 상원에 계류중인 안건, 미료 사안은 다 처리될 때까지 다른 모든 사안을 배제하는 미료 사안이 된다.

Thereafter no Senator shall be entitled to speak in all more than one hour on the measure, motion, or other matter pending before the Senate, or the unfinished business, the amendments thereto, and motions affecting the same, and it shall be the duty of the Presiding Officer to keep the time of each Senator who speaks. Except by unanimous consent, no amendment shall be proposed after the vote to

그 후로부터 상원의원은 그 조치, 동의(動議), 기타 상원에 계류중인 문제, 미료 사안, 그리고 거기에 대한 수정안 및 수정안에 대한 동의(動議)에 관하여 도합 1시간 이상 발언하지 못하고, 발언하는 상원의원이 시간을 지키도록 하는 것은 사회자의 의무가 된다. 만장일치합의에 의한 경우를 제외하고는, 제1단계의 수정안(원안에 대한 수정안)은, 토론종결 동의가 제기되고 그 다음날 오후 1

bring the debate to a close, unless it had been submitted in writing to the Journal Clerk by 1 o'clock p.m. on the day following the filing of the cloture motion if an amendment in the first degree, and unless it had been so submitted at least one hour prior to the beginning of the cloture vote if an amendment in the second degree. No dilatory motion, or dilatory amendment, or amendment not germane shall be in order. Points of order, including questions of relevancy, and appeals from the decision of the Presiding Officer, shall be decided without debate.

After no more than thirty hours of consideration of the measure, motion, or other matter on which cloture has been invoked, the Senate shall proceed, without any further debate on any question, to vote on the final disposition thereof to the exclusion of all amendments not then actually pending before the Senate at that time and to the exclusion of all motions, except a motion to table, or to reconsider and one quorum call on demand to establish the presence of a

시까지 문서로 의사록담당서기에게 제출된 것이 아닌 한, 그리고 제2단계의 수정안(수정안에 대한 수정안)은, 같은 방식으로 토론종결투표 개시 1시간전까지 제출된 것이 아닌 한, 토론종결투표 이후에는 어떠한 수정안도 제출할 수 없다. 어떤 의사지연적 동의(議事遲延的 動議), 지연적 수정안, 관련성 없는 수정안도 규칙에 합치되지 않는다. 관련성 문제를 포함하여 규칙위반의 이의와 의장의 결정에 대한 항의는 토론 없이 결정된다.

토론종결이 가결된 조치, 동의나 다른 문제에 관하여 최대 30시간의 심의가 있은 후, 더 이상의 토론 없이 상원은 최종 처리를 위한 투표를 진행한다. 그러면 그때 실제로 상원 앞에 계류되어 있지 않았던 모든 수정안은 배제된다. 그리고 심의보류 동의(動議)나 재심의(再審議) 동의 및 최종 표결이 시작되기 직전에 한 번의 정족수 확인 호명(그리고 정족수 확인을 위한 동의(動議))을 제외하고는, 모든 동의(動議)가 배제된다. 30시간은 동의(動議)의 채택에 의해

quorum (and motions required to establish a quorum) immediately before the final vote begins. The thirty hours may be increased by the adoption of a motion, decided without debate, by a threefifths affirmative vote of the Senators duly chosen and sworn, and any such time thus agreed upon shall be equally divided between and controlled by the Majority and Minority Leaders or their designees. However, only one motion to extend time, specified above, may be made in any one calendar day.

If, for any reason, a measure or matter is reprinted after cloture has been invoked, amendments which were in order prior to the reprinting of the measure or matter will continue to be in order and may be conformed and reprinted at the request of the amendment's sponsor. The conforming changes must be limited to lineation and pagination.

No Senator shall call up more than two amendments until every other Senator shall have had the opportunity to do likewise.

늘어날 수 있고, 토론 없이, 재적 상원의원의 5분의 3의 찬성에 의해 그것을 결정한다. 합의에 의해 늘어난 시간은 다수당 원내대표와 소수당 원내대표 또는 그들이 지정한 자들 사이에 균등하게 배분되고 조정된다. 그러나, 위에서 정한 바의 시간 연장을 위한 동의(動議)는 한 달력 일에 한번만 가능하다.

어느 조치나 안건이, 어떤 이유로든, 토론종결이 가결된 후 재인쇄된 경우에는, 그 조치나 안건의 재인쇄 이전에 규칙에 합치하였던 수정안은, 계속해서 규칙에 합치하게 되고 수정안 발의자의 요청에 따라 형태를 맞추고 재인쇄할 수 있다. 형태를 맞추는 변경은 줄과 페이지 조정에 한정된다.

상원의원은 누구도, 다른 상원의원이 똑같이 할 기회를 가지기 전까지는, 수정안을 2개를 초과하여 상정할 수 없다.

Notwithstanding other provisions of this rule, a Senator may yield all or part of his one hour to the majority or minority floor managers of the measure, motion, or matter or to the Majority or Minority Leader, but each Senator specified shall not have more than two hours so yielded to him and may in turn yield such time to other Senators.

Notwithstanding any other provision of this rule, any Senator who has not used or yielded at least ten minutes, is, if he seeks recognition, guaranteed up to ten minutes, inclusive, to speak only.

After cloture is invoked, the reading of any amendment, including House amendments, shall be dispensed with when the proposed amendment has been identified and has been available in printed form at the desk of the Members for not less than twenty four hours.

3. If a cloture motion on a motion to proceed to a measure or matter is presented in accordance with this rule

이 규칙의 다른 규정에도 불구하고, 상원의원은 그 조치, 동의(動議), 또는 안건을 담당하는 다수당이나 소수당 의안처리간사에게, 또는 다수당이나 소수당 원내대표에게, 1시간의 전부 또는 그 일부를 양보할 수 있다. 그러나 지정된 각 상원의원은 그렇게 양보된 시간을 2시간 이상 가질 수는 없고, 다른 상원의원에게 그 시간을 순차로 양보할 수는 있다.

이 규칙의 다른 규정에도 불구하고, 최소 10분도 쓰거나 양보하지 않은 상원의원은, 그가 발언의 승인을 구한다면, 도합 10분까지만 발언이 보장된다.

토론종결이 가결된 후에는, 제안된 수정안이 의원석에서 최소 24시간 이상 인쇄본 형태로 확인과 이용이 가능하도록 되었던 경우, 하원의 수정안을 포함하여, 수정안 독회는 생략한다.

3. 어떤 조치나 문제를 본회의에 상정하는 동의에 대한 토론종결동의가 이 규칙에 따라 제기되고 그에 다수

and is signed by 16 Senators, including the Majority Leader, the Minority Leader, 7 additional Senators not affiliated with the majority, and 7 additional Senators not affiliated with the minority, one hour after the Senate meets on the following calendar day, the Presiding Officer, or the clerk at the direction of the Presiding Officer, shall lay the motion before the Senate. If cloture is then invoked on the motion to proceed, the question shall be on the motion to proceed, without further debate.

당 원내대표, 소수당 원내대표, 소수당 상원의원 7인, 다수당 상원의원 7인을 포함하여 16인의 서명이 있는 경우에는, 다음 달력일 날 개회 후 1시간에, 사회자 또는 사회자의 지휘를 받는 서기가, 상원 앞에 상정한다. 그 때 토론종결이 가결된 경우, 본회의 상정동의는 더 이상 토론이 없는 문제가 된다.

참고문헌

1. 1차 자료

미국 상원 홈페이지
http://www.senate.gov
미국 하원 홈페이지
http://www.house.gov
대한민국 국회 홈페이지
http://www.assembly.go.kr
영국 하원 홈페이지
http://www.parliament.uk/business/commons
캐나다 하원 홈페이지
http://www.parl.gc.ca/About/House
프랑스 하원 홈페이지 (의사규칙)
http://www.assemblee-nationale.fr
독일 하원 홈페이지 (의사규칙)
http://www.bundestag.de/bundestag/aufgaben/rechtsgrundlagen/go_btg
일본 중의원 홈페이지 ; 참의원 홈페이지
http://www.shugiin.go.jp/ ; http://www.sangiin.go.jp/
대만 입법원 홈페이지
http://www.ly.gov.tw/
국가법령정보센터
http://www.law.go.kr

국회사무처 의사국 (2007), 미국의회 의사규칙.
국회사무처 의사국 (2006), 영국의회 의사규칙.
국회사무처 의사국 (2014), 영미 의사규칙.

국회사무처 (2012), 국회법 해설.

United States Congress, *Congressional Record*, Washington: The United States Government Printing Office. (http://www.senate.gov/legislative/ Congressional_Records/CR.htm에서 열람가능)

Farrad, Max, ed., *The Records of the Federal Convention of 1787*, Vol. 1. (http://memory.loc.gov/ammem/amlaw/lwfr.html)

2. 단행본

로널드 드워킨, 민주주의는 가능한가, 홍한별 옮김 (2012), 문학과 지성사.

(Dworkin, Ronald M. (2006), *Is Democracy Possible Here?*, Princeton University Press.)

로널드 드워킨, 자유주의적 평등, 염수균 옮김 (2013), 한길사.

(Dworkin, Ronald M. (2000), *Sovereign Virtue*, Harvard University Press.)

로버트 달, 미국헌법과 민주주의, 제2판, 박상훈·박수형 옮김 (2009), 후마니타스.

(Dahl, Robert Alan (2001), *How Democratic is the American Constitution?*, Yale University Press.)

샤츠슈나이더 지음, 절반의 인민주권, 현재호·박수형 옮김 (2008), 후마니타스.

(Schattschneider, Elmer Eric (1975), *The Semisovereign People*, New York: Holt, Reinhart and Winston.)

세이무어 마틴 립셋, 미국 예외주의, 문지영·강정인·하상복·이지윤 옮김(2006), 후마니타스.

(Lipset, Seymour Martin (1996), *American Exceptionalism*, W. W. Norton & Company, Inc.)

시에예스, 제3신분이란 무엇인가, 박인수 옮김 (2003), 책세상.

(Sieyès, Emmanuel Joseph (1789), *Qu'est-ce que le tiers-état?*)

알렉시스 드 토크빌, 미국의 민주주의 I, II, 임효선·박지동 옮김 (2009), 한길사.

알렉산더 해밀턴·제임스 매디슨·존 제이, 페더랄리스트 페이퍼, 김동영 옮김 (1995), 한울아카데미.

(Hamilton, Alexander; Madison, James; Jay, John, *The Federalist Papers*,

Rossiter, Clinton L. edit. (1961), New American Library.)

에버렛 칼 래드, 미국정당정치론, 최한수 옮김 (1994), 신유.

(Ladd, Everett Carll (1970), American Political Parties - Social Change and Political Response, New York: W. W. Norton & Company, Inc.)

앨런 브링클리, 있는 그대로의 미국사 1, 황혜성 등 옮김 (2011), 개정판, 휴머니스트.

월터 올레스젝, 미국의회 의사절차, 국회사무처 의사국 역 (2000).

(Oleszek, Walter J. (1996), *Congressional Procedures and the Policy Process*, Washington, D.C.: CQ Press.)

카를 슈미트, 현대의회주의의 정신사적 상황, 나종석 역 (2012), 길.

(Schmitt, Carl (1996), *Die geistesgeschichtliche Lage des heutigen Parlamentarismus*, 8. Aufl., Dunker & Humblot GmbH.)

한스 켈젠, 民主主義의 本質과 價値, 韓泰淵 譯 (1958), 隆宇社.

(Kelsen, Hans (1981), *Vom Wesen und Wert der Demokratie*, 2. Neudruck der 2. Aufl., Aalen, Scientia.)

강승식 (2007), 미국 헌법학 강의, 서울: 궁리출판.

강원택 (2005), 한국의 정치개혁과 민주주의, 고양: 인간사랑.

미국정치연구회 편 (2013), 미국정부와 정치 2, 오름.

박수철 (2012), 입법총론, 개정 증보판, 파주: 한울 아카데미.

서병훈 외 (2011), 왜 대의민주주의인가, 서울: 이학사.

성낙인 (2014), 헌법학, 제14판, 법문사.

송석윤 (2002), 위기시대의 헌법학, 정우사.

송석윤 (2007), 헌법과 정치, 경인문화사.

이보형 (2007), 미국사 개설, 개정판, 일조각.

이영록 (2006), 우리 헌법의 탄생, 서해문집.

임재주 (2013), 국회에서 바라본 미국의회, 개정증보판, 한울 아카데미.

임종훈 (2012), 한국입법과정론, 박영사.

鄭萬喜 (1995), 現代憲法과 議會主義, 法文社.

鄭宗燮 (2014), 憲法學原論, 제9판, 博英社.

鄭宗燮 (2004), 憲法研究 1, 제3판, 博英社.

조지형 (2013), 미국헌법의 탄생, 서해문집.

최장집 (2012), 민주화 이후의 민주주의, 개정 2판, 후마니타스.

한수웅 (2013), 헌법학, 제3판, 法文社.

Arenberg, Richard A. and Dove, Robert B. (2012), *Defending the Filibuster: the Soul of the Senate*, Bloomington: Indiana University Press.

Baker, Richard Allan (1988), *The Senate of the United States: A Bicentennial History*, Malabar, Florida: Robert E. Krieger Publishing Company.

Bell, Lauren C. (2011), *Filibustering in the U.S. Senate*, Amherst, New York: Cambria Press.

Binder, Sarah A. and Smith, Steven S. (1997), *Politics or Principle?: Filibustering in the United States Senate*, Washington D.C.: Brookings Institution.

Binder, Sarah A. (1997), *Minority Rights, Majority Rule*, Cambridge: Cambridge University Press.

Burdette, Franklin L. (1940), *Filibustering in the Senate*, Princeton: Princeton University Press.

Campbell, Colton C. and Rae, Nicol C. edit. (2001), *The Contentious Senate*, Lanham: Rowman Littlefield Publishers, Inc.

Erwin Chemerinsky (2011), *Constitutional Law: Principles and Policies*, 4th edit., New York: Wolters Kluwer Law & Business

Davidson, Roger H.; Oleszek, Walter J.; Lee, Frances E. (2010), *Congress and Its Members*, Washington D.C.: CQ Press.

Dion, Douglas (1997), *Turning the Legislative Thumbscrew: Minority Rights and Procedural Change in Legislative Politics*, Ann Arbor: University of Michigan Press.

Gold, Martin B. (2013), *Senate Procedure and Practice*, third edition, Rowman & Littlefield.

Goldsworthy, Jeffrey (2002), *The Sovereignty of Parliament: History and Philosophy*, Oxford: Clarndon Press.

Gould, Lewis L. (2005), *The Most Exclusive Club: A History of the Modern United States Senate*, Cambridge: Basic Books.

Koger, Gregory (2010), *History of Obstruction in the House and Senate*, Chicago: The University of Chicago Press.

Krehbiel, Keith (1998), *Pivotal politics: A Theory of U. S. Lawmaking*, Chicago: University of Chicago Press.

Ladd, Everett Carll (1970), *American Political Parties － Social Change and*

Political Response, New York: W. W. Norton & Company, Inc.

Levy, Leonard W. et al. edit. (2000), *Encyclopedia of the American Constitution*, vol.2, 2nd ed., New York: Macmillan Reference USA.

Madison, James; Hamilton, Alexander; Jay, John, *The Federalist Papers*, Kramnick, Isaac, edit. (1987), Penguin Books.

Maisel, L. Sandy (2007), *American Political Parties and Elections: A Very Short Introduction*, Oxford; New York: Oxford University Press.

Masket, Seth E. (2009), *No Middle Ground*, Ann Arbor: The University of Michigan Press.

Oleszek, Walter J. (2014), *Congressional Procedures and the Policy Process*, Washington D.C.: CQ Press.

Ritchie, Donald A. (2010), *The U.S. Congress: A Very Short Introduction*, Oxford: Oxford University Press.

Remini, Robert V. (2006), *The House: The History of the House of the Representatives*, New York: Smithsonian Books and Haper & Collins.

Sartori, Giovanni (1994), *Comparative Constitutional Engineering*, London: Macmillan Press Ltd.

Schickler, Eric (2001), *Disjointed pluralism: Institutional Innovation and the Development of the U.S. Congress*, Princeton University Press.

Schlaich/Korioth (2012), *Das Bundesverfassungsgericht*, 9. Aufl., C. H. Beck.

Sinclair, Barbara (1989), *The Transformation of the U. S. Senate*, Baltimore and London: The Johns Hopkins University Press.

Sinclair, Barbara (2006), Party Wars, Norman: The University of Oklahoma Press.

Smith, Steven S. (1989), *Call to Order － Floor Politics in the House and Senate*, Washinton, D.C.: The Brookings Institution.

Tocqueville, Alexis de, *Democracy in America*, Goldhammer, Arthur trans. (2004), New York: The Library of America.

Wawro, G. J. and Schickler, E. (2006), *Filibuster: Obstruction and Lawmaking in the U.S. Senate*, Princeton, N.J.: Princeton University Press.

3. 논문

곽진영 (2010), "다수제형과 합의형 의회모델 논쟁: 문헌연구를 중심으로", OUGHTOPIA 25(1), 경희대학교 인류사회재건연구원, 101-126쪽.

김면회 (2008), "신자유주의와 합의제 민주주의의 위기: 독일 적·녹연정과 대연정 시기를 중심으로", 글로벌정치연구, 한국외국어대학교 글로벌정치연구소, 제1권 1호, 167-196쪽.

김민전 (2008), "원내 의석분포, 대통령의 권력, 그리고 국회법개정의 방향: 민주화 이후 국회를 중심으로", 한국과 국제정치, 제24권 제4호(통권63호), 61-93쪽.

김용철 (2009), "의사규칙의 제도화와 정치적 현저성, 그리고 한국 국회의 의사진 행: 헌법재판소 청구사건들에 대한 분석", 의정연구, 제15권 제2호, 한국 의회발전연구회, 5-34쪽.

김정도·이상우 (2012), "미국 필리버스터제도의 경험과 한국에의 함의", 세계지역 연구논총 30(1), 215-245쪽.

김준석 (2009), "미국연방의회의 의사진행방해(filibuster) 제도의 실증적 접근 - 의사 진행방해란 무엇이며 왜 발생하는가", 한국과 국제정치 25(4), 119-153쪽.

김준석 (2010), "필리버스터의 제도화과정과 논란-미국 상원의 사례를 중심으로", OUGHTOPIA 25(1), 경희대학교 인류사회재건연구원, 157-190쪽.

박경철 (2009. 12), "입법절차의 위법과 법률안가결선포행위의 효력 -헌재 2009. 10. 29. 선고, 2009헌라8·9·10(병합)결정에 대한 헌법적 검토-", 공법연 구, 제38집 제2호, 한국공법학회, 285-319쪽.

박찬표 (2012), "제18대 국회의 국회법 개정과정에 대한 분석: "다수결 원리"와 " 소수권리"간의 타협은 어떻게 가능했나?", 의정연구, 제18권 제3호(통권 제37호), 한국의회발전연구회, 39-71쪽.

류재성 (2009), "미국 의회 의사규칙의 역사적 진화와 이론적 쟁점", 의정연구, 제 15권 제2호, 한국의회발전연구회, 35-66쪽.

선학태 (2012), "네덜란드 민주주의 동학: 합의제 정당정치와 조합주의 정치의 연 계", 한국정치연구, 제21집 제3호, 서울대학교 한국정치연구소.

성낙인 (2012. 3), "통일헌법의 기본원리 소고", 서울대학교 法學, 서울대학교 법 학연구소, 415-446쪽.

송석윤 (2008. 12), "양원제의 도입방안에 대한 연구", 憲法學硏究, 제14권 제4

호, 韓國憲法學會, 313-348쪽.

송석윤 (2010. 6), "4월 혁명의 헌정사적 영향과 의회민주주의 실현의 과제", 憲法學研究, 제16권 제2호, 韓國憲法學會, 147-192쪽.

申宇澈 (2013), "'양원제' 개헌론 재고(再考) -헌법연구자문위원회의 최종보고서에 부쳐", 比較憲法史論: 大韓民國 立憲主義의 形成과 展開, 法文社, 285- 313쪽. (본래 게재는 신우철 (2010. 6), "양원제 개헌론 재고(再考)", 법과 사회, 38, 99-124쪽.)

양태건 (2016. 6), "한국국회와 의사진행방해", 입법학연구, 제13집 1호, 49-87쪽.

음선필 (2010), "선진화를 위한 입법과정의 정비", 제도와 경제 4(1), 21-40쪽.

음선필 (2012), "국회입법과정의 분석과 개선방안 -제18대국회를중심으로-", 홍익법학13(2), 131-175쪽.

李瑀渶 (2007. 9), "대의제민주주의에서 소수자 보호의 헌법적 의의와 구조", 서울대학교 法學, 제48권 제3호, 162-196쪽.

이준일 (2014), "헌법과 소수자 보호", 안암법학, 43권, 1-29쪽.

임성호 (2010), "국회운영과정상 수(數)의 논리와 선호도(選好度)의 논리: 균형적 갈등조정 메커니즘으로서의 필리버스터제도", 의정연구 31, 191-227쪽.

정종섭 (2012. 3), "韓國에서의 大統領制政府와 持續可能性 - 헌법정책론적 접근", 서울대학교 法學, 서울대학교 법학연구소, 447-496쪽.

정진민 (2013), "국회선진화법과 19대 국회", 현대정치연구, 2013년 봄호(제6권 제1호), 5-30쪽.

차진아 (2009). "헌법재판: 추상적 규범통제제도 도입의 의미와 방향", 고려법학 55, 고려대학교 법학연구원, 73-100쪽.

허만형·정주원 (2012), "다중흐름이론 관점에서 본 "국회선진화법" 개정과정 분석", 한국행정연구, 제21권 제3호, 37-70쪽.

홍완식 (2012) "국회선진화법에 관한 고찰", 헌법학연구. 제8권 4호, 315-342쪽.

Beth, Richard S. and Heitshusen, Valerie (2013), "Filibusters and Cloture in the Senate", Congressional Research Service. (http://www.senate.gov/CRSReports/crs-publish.cfm?pid=%270E%2C%2APLW%3D%22P%20%20%0A: 2014. 7. 20. 검색)

Boldt, Hans (1997), "Parlament", Brunner, Otto; Conze, Werner; Koselleck, Reinhart (Hrsg.), in: Geschichtliche Grundbegriffe : Historisches Lexikon zur politisch-sozialen Sprache in Deutschland, Bd,4., 2.Aufl., Stuttgart:

Kletta-Cotta, 649-676쪽.

Bondurant, Emmet J. (2011), "The Senate Filibuster: The Politics of Obstruction", *Harvard Journal on Legislation*, Vol. 48, 467-513쪽.

Bruhl, Aaron-Andrew P. (2010), "Burying the Continuing Body Theory of the Senate", *Iowa Law Review*, Vol. 95, Issue 5, 1401-1466쪽.

Chafetz, Josh(2009), "Unconstitutionality Of The Filibuster", *Connecticut Law Review*, Vol. 43, Issue 4, 1003-1040쪽.

Chafetz, Josh and Gerhardt, Michael J. (2010), "Debate: Is the Filibuster Constitutional?", *University of Pennsylvania Law Review PENNumbra*, Vol. 158, 245-267쪽.

Eidelson, Benjamin (2013), "Majoritarian Filibuster", *The Yale Law Journal*, Vol. 122, Issue 4, 980-1023쪽.

Fisk, Catherine; Chemerinsky, Erwin (1997), "The Filibuster", Stanford Law Review, Vol. 49, Issue 2, 181-254쪽.

Fisk, Catherine; Chemerinsky, Erwin (2005), "In Defense of Filibustering Judicial Nominations", *Cardozo Law Review*, Vol. 26, Issue 2, 331-352쪽.

Gerhardt, Michael J. (2004), "Constitutionality of the Filibuster", *The Constitutional Commentary*, Vol. 21, Issue 2, 445-484쪽.

Gold, Martin B.; Gupta, Dimple (2004), "Constitutional Option to Change Senate Rules and Procedures: A Majoritarian Means to Over Come the Filibuster", *Harvard Journal of Law & Public Policy*, Vol. 28, Issue 1, 205-272쪽.

Harkin, Tom (2011), "Filibuster Reform: Curbing Abuse to Prevent Minority Tyranny in the Senate", *New York University Journal of Legislation and Public Policy*, Vol. 14, Issue 1, 1-10쪽.

Hamm, Brian R. D. (2012), "Modifying the Filibuster: A Means to Foster Bipartisanship while Reining in Its Most Egregious Abuses", *Hofstra Law Review*, Vol. 40, Issue 3, 735-770쪽.

Jellinek, Georg (1903), "Parliamentary Obstruction", *Political Science Quarterly*, Vol. 19, No. 4, *The Academy of Political Science*, 579-588쪽.

Kogan, Mark (2012), "Future of Limitless Debate: the Filibuster in the 113th Congress", *The Legislation & Policy Brief*, Vol. 4, Issue 2, 129-144쪽.

Koger, Gregory (2007), "Filibuster reform in the senate, 1913-1917", in: *Party, Process, and Political Change in Congress*, Vol. 2, edit. Brady, David; McCubbins, Mathew, Stanford University Press, 205-225쪽.

Koger, Gregory (2012), "The Rise of the 60-Vote Senate", Carl Albert Congressional Research and Studies Center, University of Oklahoma. (http://www.ou.edu/carlalbertcenter/extensions/winter2012/Koger.pdf)

Magliocca, Gerard N. (2011), "Reforming the Filibuster", *Northwestern University Law Review*, Vol. 105, Issue 1, 303-328쪽.

Marziani, Mimi (2010), "Filibuster Abuse", Brennan Center for Justice at New York University School of Law. (http://www.astrid-online.it/Elezioni-U/Studi--ric/Brennan-Center_Filibuster-Abuse_2010.pdf)

Marziani, Mimi; Backer, Jonathan; Kasdan, Diana (2012), "Curbing Filibuster Abuse", Brennan Center for Justice at New York University School of Law.
(http://www.astrid-online.it/--riforma-/studi--ric/BCJ_Filibuster_12_2012.pdf)

McGinnis, John O.; Rappaport, Michael B. (1995), "The Constitutionality of Legislative Supermajority Requirements: A Defense", *The Yale Law Journal*, Vol. 105, Issue 2, 483-512쪽.

Nussberger, Angelika; Özbudun, Ergun; Sejersted, Fredrik (2010), "Report on the Role of the Opposition in a Democratic Parliament", European Commission for Democracy through Law(Venice Commission).

Reed, Thomas H. (1889), "Obstruction in the National House", *The North American Review*, Vol. 139, No. 395, 421-428쪽.

Roberts, John C. (2013), "Gridlock and Senate Rules", *Notre Dame Law Review*, Vol. 88, Issue 5, 2189-2216쪽.

Rutherford, Geddes W. (1914). "Some Aspects of Parliamentary Obstruction", *The Sewanee Review*, Vol. 22, No. 2, The John Hopkins University Press, 166-180쪽.

Seitz, Virginia A.; Guerra, Joseph R. (2004), "Constitutional Defense of Entrenched Senate Rules Governing Debate", *A Journal of Law & Politics*, Vol. 20, Issue 1, 1-32쪽.

Shaheen, Jeanne (2013), "Gridlock Rules: Why We Need Filibuster Reform in the US Senate", *Harvard Journal on Legislation*, Vol. 50, No. 1, 1-19쪽.

Shampansky, Jay R.(2004), "Constitutionality of a Senate Filibuster of a Judicial Nomination", Congressional Research Service.

Sinclair, Barbara, "The "60-Vote Senate": Strategies, Process, and Outcomes", Oppenheimer, Bruce I., ed. (2002), *U.S. Senate Exceptionalism*, The Ohio State University Press, 241-261쪽.

Sinclair, Barbara (2009), "It's a Democratic Legislature", *Boston University Law Review*, Vol.89, 387-397쪽.

Udall, Tom (2011), "Constitutional Option: Reforming the Rules of the Senate to Restore Accountability and Reduce Gridlock", *The Harvard Law & Policy Review*, Vol. 5, Issue 1, 115-134쪽.

Wible, Bren (2005), "Filibuster vs. Supermajority Rule: From Polarization to a Consensus- and Moderation Forcing Mechanism for Judicial Confirmations", *William & Mary Bill of Rights Journal*, Vol. 13, Issue 3, 923-966쪽.

Wawro, Gregory J. (2010), "The Filibuster and Filibuster Reform in the U. S. Senate, 1917-1975"; Testimony Prepared for the Senate Committee on Rules and Administration, 205-225쪽. (http://www.columbia.edu/~gjw10/rules_ committee_statement_final.pdf; 2014. 7. 20. 검색)

김정현 (2011), "分占政府에 관한 憲法的 研究", 서울대학교 대학원 법학과 법학박사학위논문.

홍정 (2011), "한국 국회의 쟁점법안 처리에 나타난 폭력적 충돌에 대한 연구: 민주화 이후 13-18대 국회시기를 대상으로", 서울대학교 대학원 정치학과 박사학위논문.

박지현 (2008), "한국 국회의 입법교착 : 제17대 국회를 중심으로", 서울대학교 대학원 정치학과 석사학위논문.

송금동 (1971), "議事 妨害에 관한 研究 : 우리나라 國會를 中心으로", 서울大學校 行政大學院 석사학위논문.

4. 국회보고서 등

권건보·김지훈 (2012), 인사청문회제도에 대한 비교법적 고찰, 한국법제연구원.
곽진영·김준석·박경미 (2009. 12. 10), "입법과정에서의 소수당 배려: 의사결정과정의 대표성 확보 방안", 국회입법조사처.
성선제·서윤호 (2013), "미연방상원 의사규칙 분석 연구", 2013년도 국회사무처 연구용역보고서.
임종훈·길정아 (2012), "개정국회법에 따른 국회운영제도의 정착방안 연구", 2012년도 국회연구용역과제 보고서.
전진영 (2009. 12. 22), "미국의회의 입법과정과 우리 국회에 대한 시사점", 국회입법조사처.

5. 신문잡지 기사, 논평, 서평

전진영 (2012. 5. 1), "필리버스터 제도의 국회 도입: 논의 및 쟁점", 이슈와 논점, 제443호, 국회입법조사처.

동아일보 (2020. 12. 12), "코로나가 멈춰 세운 필리버스터 ⋯ 윤희숙 '12시간48분' 新기록".
머니투데이 (2014. 4. 2), "국회선진화법, '폭력' 사라졌지만 '발목' 잡았다?".
서울신문 (2013. 9. 26), "새누리, 국회 선진화법 수정 속앓이".
조선일보 (2013. 9. 26), "선진화법 충돌, 고치자는 최경환, 안된다는 황우여".
한겨레신문 (2013. 11. 28), "강창희 국회의장, 필리버스터 신청 뭉개고 상정·표결 '총대'".
한국경제신문 (2019. 12. 15), "심재철 "與 '쪼개기 국회'탓에 필리버스터 ⋯ 정당한 권리행사".

Beth, Richard (2012), Book Review on *History of Obstruction in the House and Senate*. By Gregory Koger. (University of Chicago Press, 2010.), *The Journal of Politics*, Vol. 74, Vo. 2, 1-2쪽.
Binder, Sarah (November 21, 2013), "Boom! What the Senate Will Be Like

When the Nuclear Dust Settles", *The Washington Post*.

_____ (November 24, 2013), "Fate of the Filibuster in a Post Nuclear Senate", *The Washington Post*.

Fisk, Catherine L.; Chemerinsky, Erwin (2000), "Filibuster", *Encyclopedia of the American Constitution*, Vol. 3, 2nd ed.

Flegenheimer, Matt (April 6, 2017), "Senate Republicans Deploy 'Nuclear Option' to Clear Path for Gorsuch", *The NY Times*.

Klein, Ezra (Dec. 26, 2009), "The Rise of the Filibuster: An Interview with Barbara Sinclair", *The Washington Post*.

Koger, Gregory (November 21, 2013), "Reid's Tactical Nuke and the Future of the Senate", *The Washington Post*.

Moscadelli, Vincent G. (2007), Book Review on *Filibuster: Obstruction and Lawmaking in the U.S. Senate*. By Gregory J. Wawro and Schickler. (Princeton University Press, 2006.), *The Journal of Politics*, vol. 69, no. 2, pp. 587-588.

Stolberg, Sheryl Gay (2005), "Senators Who Averted Showdown Face New Test in Court Fight", *The New York Times*, July 14, 2005.

찾아보기

양태건

서울대학교 법과대학 공법학과 졸업
서울대학교 대학원 법학과 석사(헌법전공)
서울대학교 대학원 법학과 박사(헌법전공)
(현) 한국법제연구원 연구위원

필리버스터의 역사와 이론
의회 의사진행방해제도의 헌법학적 연구

초판 인쇄 | 2021년 12월 20일
초판 발행 | 2021년 12월 27일

지 은 이   양태건

발 행 인   한정희
발 행 처   경인문화사
편   집   김지선 유지혜 박지현 한주연 이다빈
마 케 팅   전병관 하재일 유인순
출판번호   제406-1973-000003호
주   소   파주시 회동길 445-1 경인빌딩 B동 4층
전   화   031-955-9300 팩   스   031-955-9310
홈페이지   www.kyunginp.co.kr
이 메 일   kyungin@kyunginp.co.kr

ISBN   978-89-499-6608-3 93360

값 26,000원

● 학술원 우수학술 도서
▲ 문화체육관광부 우수학술 도서